中国社会科学院创新工程学术出版资助项目

经济新常态下
物流业发展研究

依绍华 等◎著

中国社会科学出版社

图书在版编目（CIP）数据

经济新常态下物流业发展研究/依绍华等著 . —北京：中国
社会科学出版社，2016.10
ISBN 978 - 7 - 5161 - 9156 - 9

Ⅰ.①经… Ⅱ.①依… Ⅲ.①物流—产业发展—关系—经济
发展—研究—中国 Ⅳ.①F259.2 ②F124

中国版本图书馆 CIP 数据核字（2016）第 261083 号

出 版 人	赵剑英
责任编辑	王　曦
责任校对	周晓东
责任印制	戴　宽

出　　版	中国社会科学出版社
社　　址	北京鼓楼西大街甲 158 号
邮　　编	100720
网　　址	http://www.csspw.cn
发 行 部	010 - 84083685
门 市 部	010 - 84029450
经　　销	新华书店及其他书店

印　　刷	北京明恒达印务有限公司
装　　订	廊坊市广阳区广增装订厂
版　　次	2016 年 10 月第 1 版
印　　次	2016 年 10 月第 1 次印刷

开　　本	710 × 1000　1/16
印　　张	17.5
插　　页	2
字　　数	265 千字
定　　价	66.00 元

目 录

第一章　物流业与经济发展
关系研究综述

近年来，我国经济增长速度进入换挡期，结构调整经历阵痛期，对前期刺激政策还处于消化期，"三期叠加"使经济运行处于特殊阶段，经济发展面临新常态。新常态下，作为实体经济运行重要支撑的物流业正面临新的发展机遇，当然也迎来了新的挑战。通过回顾国内物流领域的相关研究成果，考察物流业与国民经济发展之间的关系，为研究新常态下的物流业发展提供理论支撑。

关于物流业的文献数量庞大，内容比较广泛。本部分在总结物流基本概念和相关理论基础上，重点回顾物流业与国民经济之间的关系以及物流业对经济发展的影响，并对物流产业政策研究进行梳理，对经济新常态下的物流业发展走势进行了文献跟踪。主要综述内容如下。

第一节　物流基本概念及物流理论演进

一　物流概念界定

物流作为商品生产过程中的必要活动，伴随着生产分工的进行而分离出来，逐渐成为一个独立的产业。物流思想可追溯至亚当·斯密，在其巨著《国民财富的性质和原因的研究》中，亚当·斯密指出分工会受市场范围的限制，认为运输方式的发展与进步能够有效扩大市场覆盖范围，从而提高社会整体生产效能。[①] 随着社会分工细化的

---

① 亚当·斯密：《国民财富的性质和原因的研究》，商务印书馆 1983 年版。

不断深化，产能不断扩大，市场覆盖范围也随之扩展，物流运输业也就应运而生并不断走向专业化。

一般认为，现代物流概念有两种来源。① 一种是经济起源说，1915 年美国学者阿奇·萧（Arch W. Shaw）出版了《市场流通中的若干问题》（*Some Problems In Marketing Distribution*）一书，用"Physical Distribution"即"物资分配"来表示物流，认为物流是"物质资料从供给者到需求者之间的物理性运动"。另一种是军事起源说，认为物流概念产生于军事需要：1905 年，美国少校琼西·贝克提出，"那个与军备的移动与供应相关的战争的艺术的分支就叫物流"。这里的物流概念用 Logistics 表示，被称为军事后勤。第二次世界大战期间，军队后勤得到巨大发展；二战结束后，大量军队后勤装备转为民用，并逐渐由 Logistics 取代了"物资分配"的概念。

现代物流产业是随着物流分工的演进而不断发展的。在物流产业萌发之初，运输、包装、装卸等分散的物流活动处于完全分割的无序状态，专业的物流企业尚未出现，因此各企业的物流活动完全依赖自给自足的物流体系。随着生产技术的发展和管理水平的提高，分工进一步细化，企业竞争日益激烈，生产成本可以压缩的空间越来越小，利润平均化趋势开始凸显；为了进一步压缩成本，挖掘利润空间，一些生产厂商将目光瞄向了物流成本，物流业开始成为"第三利润源"。当企业内部分工细化到一定程度后，管理成本增加，分工带来的成本削减无法抵消企业组织边界限制导致的交易成本增加，因此企业内部分工不可能无限细化，需要将内部分工外包一部分给外部市场，通过扩大市场范围来进一步提升专业化分工水平，从而实现更高的生产效率。正是在从企业内部分工到外部分工的扩张过程中，专业化程度更高的第三方物流企业逐步开始出现，物流产业的外延进一步扩展。

尽管分工在一定程度上可以提升效率、降低成本，但是对于物流企业而言，物流活动各环节之间的各自为政往往造成损益矛盾，这就是物流理论中著名的"效益悖反"学说。20 世纪 80 年代后，随着经

---

① 张振文、谭欣、皮修平：《物流的由来与发展》，《衡阳师范学院学报》2015 年第 1 期。

济全球化的不断推进和信息技术的快速发展，物流活动各环节衔接之间的沟通变得更加便捷，使解决物流各环节之间的损益矛盾成为可能。随着物流信息化水平的提高，物流企业开始向上下游企业拓展，加强上下游企业之间的分工与协作，并由此催生了供应链管理思想。通过实施供应链管理，可以更好地协调链上各相关企业之间的分工与协作，进一步提升专业化水平，减少损益矛盾，挖掘利润空间。至此，物流产业进入供应链阶段，物流产业的内涵和外延得到扩展。因此在 1985 年，美国物流管理协会将物流概念重新定义为："为迎合顾客需求而对原材料、半成品、产成品以及相关信息，从生产地向消费地的高效率、低成本流动和储存而进行的规划、实施与控制过程。"据此定义，现代物流已经发展为运用现代化的新兴技术、现代化的组织管理方式、现代化的装备设施以及现代化的实现手段来完成所需的综合化过程。

　　"物流"概念引入我国是在 20 世纪 70 年代末期。随着我国计划经济向市场经济转轨过程中市场交易的不断繁荣，物资流通越来越频繁，对物流系统的要求也越来越高，物流业也开始由计划经济时代单纯的物流调配，逐渐发展为专门的高度市场化的现代物流业。但是，我国在物流概念界定方面，与实践相比较为滞后，直到 2001 年发布的国家标准《物流术语》中，物流才第一次被正式定义为：物品从供应地向接收地的实体流动过程。根据实际需要，将运输、储存、装卸、搬运、包装、流通加工、配送、信息处理等基本功能实施有机结合。2006 年修订为：物品的实体流动过程。包括对运输、储存、装卸、搬运、包装、流通加工、配送、信息处理等基本功能的实施和管理。

　　由于物流业发展较快，国内学界对其界定有多种观点，大体分为两类。一类从行业的角度出发：以王之泰（2002）[①]为代表的一些学者将所有直接或间接参与物流服务的行业都纳入物流业范畴，认为物流基础设施业、物流服务业、货主物流业、物流装备制造业、物流信息技术及物流系统业五大业种构成的集合就是物流业。这种定义比较

---

① 王之泰：《新编现代物流学》，首都经济贸易大学出版社 2005 年版。

宽泛，导致物流业的边界比较模糊，受到了一些质疑。因此有学者从"产业是具有某类共同特征的企业集合"这一角度出发，提出了更为精细的界定标准，认为只有专门从事社会物流服务的企业才属于物流产业范畴。然而，对哪些物流企业构成物流业也存在分歧，比如王佐（2003）① 认为，只有专门从事物流服务的第三方物流企业才属于物流企业。王之泰、高艳（2005）② 则认为，传统的运输、仓储、货代等企业也可以归结为物流企业。杨春河等（2005）③ 则采取了一种折中的观点，认为物流业存在一个广义和一个狭义的概念，狭义的物流业特指第三方物流企业，广义的物流业则是以第三方物流为主体的多层次的产业群。宋则、常东亮（2008）④ 认为与其他产业相比，现代物流业具有跨部门、跨地区、跨行业等特点，因此物流业的边界比较复杂，难以做出清晰界定。但是现代物流业包含了信息技术和现代管理思想，技术和智力含量较高，具有高科技产业特征，与传统的交通运输及仓储业有本质区别。

从物流概念的演进过程可以看出，由于经济技术条件的不断发展，物流的内涵和外延在不断扩大，尽管对物流业的界定还存在许多不同的看法，但是物流不只是"物质资料从供给者到需求者之间的物理性运动"这一点已达成共识。物流起源于生产活动的分工和专业化，但现代物流则在分工的基础上，除了运输、储存、装卸、搬运、包装、配送等环节，还包含了信息流通和处理等内容，物流业已成为一项综合了交通运输、信息技术与运筹学等学科的系统工程。⑤

二 物流相关理论

物流业涉及管理学、经济学以及系统工程等多个领域，与之相关

---

① 王佐：《物流到底是不是产业——兼论物流企业的界定》，《中国物流与采购》2003年第3期。

② 王之泰、高艳：《怎样界定物流产业和企业》，《物流时代》2005年第14期。

③ 杨春河、张文杰、孟燕萍：《现代物流产业概念内涵和外延的理论研究》，《物流技术》2005年第10期。

④ 宋则、常东亮：《现代物流业的波及效应研究》，《商业经济与管理》2008年第1期。

⑤ 张余华：《现代物流管理》，清华大学出版社2010年版。

的各类理论学说也较多，本书主要就几个具有代表性的物流相关理论加以概述。

（一）物流冰山理论

日本学者西泽修发现，企业财务报表上记录的物流费用主要是对外支付的运输费和仓储费用等，而企业内部物流费、物流设施建设费等则混在了制造成本、销售成本和管理成本等费用之中，通常不会反映在财务报表上，因此财务报表中统计的物流费用只能反映物流成本的一部分。真实的物流费用如同一座冰山，而财务报表上的物流费用只是露出水面的冰山一角，导致人们对物流费用的了解与实际物流支出之间存在巨大差异，这就是"物流冰山理论"。物流冰山理论促使更多的学者关注物流成本问题，使物流成本的定义和研究不断细化。

（二）黑暗大陆理论

彼得·德鲁克在1962年发表的论文《经济领域的黑暗大陆》中指出流通是经济领域里的黑暗大陆。由于物流领域的模糊性，"黑暗大陆"逐渐转向对物流的认知，指现有的物流研究和实践领域还有广阔的未被认识或知晓的领域，在这一领域内很可能存在能够研究和实践的潜力。黑暗大陆理论推动了学界对物流领域的关注，促进了物流业的发展。

（三）成本中心理论

该理论认为物流活动只会影响企业营销活动的成本，认为物流活动是企业成本的重要来源。强调成本优化问题，把物流当作"降低成本的宝库"，主要研究如何通过物流管理以降低企业运营成本，而不关心物流如何保障和支持其他企业经营活动。

成本中心理论激起了人们对物流成本的关注和研究，有利于降低物流成本提升物流效率，一定程度上推动了物流业的发展。但是，该理论过于关注物流的成本属性，认为改进物流的根本目标在于降低企业经营成本，这种观点忽略了物流在企业发展战略中的重要作用和地位，一定程度上限制了物流本身的进一步发展。

（四）第三利润源理论

日本学者西泽修在其1970年出版的《流通费用》一书中指出，能够为企业大量提供利润的领域一是资源领域，二是人力领域，由于受到科技和管理水平的发展限制，这两大利润源潜力越来越小。而物流业作为连接市场与消费者的重要流通渠道，可以为企业带来直接或间接的利润，成为"第三利润源"。

（五）效益悖反理论

对于物流企业而言，原材料采购、产品包装、装卸、运输、运输、仓储等物流活动各环节之间的各自为政往往造成单个环节成本最小化的目标之间发生损益矛盾，这就是物流理论中著名的"效益悖反"学说。在物流的各个环节中，单纯的某一个环节的优化必然会对其他环节产生一定的利益损失；反之亦然。比如，在物流过程中，将铁路运输改为航空运输，虽然增加了运费，却提高了运输速度，不但可以减少库存，还降低了库存费用。选择低运费则要牺牲物流速度，要加快快递速度则会增加运费，这就是一种"效益悖反"。物流系统的效益悖反使整个物流系统的效率低下，意味着在设计物流系统时，要综合考虑物流活动的各个环节，使整个物流系统运行效率最优化。效益悖反理论是供应链管理思想的理论基础。

（六）服务中心理论

美国学者鲍尔索克斯在其著作《物流管理——供应链过程的一体化》一书中指出，物流活动存在的唯一目的是要向国内外顾客提供及时而又精确的产品递送。认为发展物流的目的不是为了降低企业成本或是增加企业的营业收入，而是为了满足客户多样化的要求，强调服务保障的重要性。这种理论强调物流的服务功能，认为物流活动最重要的功能在于为客户提供优质的产品递送服务，为此得到了美国和欧洲国家一些学者的共鸣。

综上所述，经过几十年的发展，关于物流的基础理论已趋于完善。但是随着物联网和大数据技术的发展，物流领域有可能发生颠覆性的变革，现有的物流理论能否继续解释物流活动仍然需要时间来检验。只要对物流业有一个更加清晰明确的界定，随着数据分析技术的提升，"物流冰山"可以浮出水面，"黑暗大陆"理论也会清晰呈现。

第二节　物流业与经济增长

现代物流与经济发展之间的关系一直是学者关注的焦点：一方面，物流业作为实体经济的重要支撑，为宏观经济运行提供了强大动力；另一方面，经济的发展也会诱发更多的物流需求，进而推动物流业发展。围绕这一问题，国内学者进行了大量有益的探索和研究。当前，国内学者对物流业发展与经济增长关系的研究主要集中在"物流业与国民经济关系研究"和"物流业与区域经济关系研究"两个方面，前者主要关注物流业与国民经济之间的相互作用及其机理，后者则重点关注某一地区物流业与当地经济发展的关联关系。

一　物流业与国民经济关系研究

国内较早对物流业与国民经济关系进行研究的学者是李冠霖（2001）[①]，基于产业经济学的角度，以 1997 年投入产出表为基础，计算了物流业的中间投入率、中间需求率、感应度系数、影响力系数，发现物流业的发展对第二产业和第三产业具有极大的带动作用，从而能够提高国民经济的运行效益，他认为"我国物流业的发展水平较低，但存在巨大发展空间"，建议将物流业作为主导产业进行发展。此后，投入产出分析方法被大量应用于物流产业的经济效应分析：韩嵩、朱杰（2010）[②] 以 2007 年编制的投入产出表为基础，计算了直接消耗系数、完全消耗系数、影响力系数、感应度系数等指标，分析了物流业的产业特征和产业关联效应，发现我国物流产业具有中间产品型产业的特征，对国民经济发展的推动作用和辐射效应仅次于第二产业；此外，物流业作为生产性服务业，对经济发展的影响力高于其他的一般性服务行业。盛晏（2012）[③] 分别以 1997 年、2002 年和

---

① 李冠霖：《我国物流业的投入产出分析》，《中国流通经济》2001 年第 6 期。
② 韩嵩、朱杰：《中国现代物流业与国民经济联系研究》，《统计与决策》2010 年第 17 期。
③ 盛晏：《中国物流业的经济效应及其变动分析——基于历次投入产出表视角》，《工业技术经济》2012 年第 2 期。

2007 年编制的投入产出表数据为基础，计算了物流产业的感应度系数、影响力系数等指标，以比较分析物流业经济效应的动态变化，发现我国物流业的性质已经从中间产品型基础产业发展为中间产品型产业，物流业的产业关联效应越来越强，且物流产业对其他产业的支撑作用大于带动作用，物流产业对经济发展的推动作用大于经济发展对物流产业发展的促进作用。

另一个测度物流产业经济效应的重要方法是计量经济模型。王俊（2004）[①] 分别以国内生产总值（GDP）和货物周转量来衡量国民经济发展水平和我国物流发展水平，建立 Logistic 增长模型，对经济发展的作用做了实证分析，结果表明，GDP 会随着物流规模的增大而增长，但是当货物周转量达到一定量并继续增长时，GDP 的增加额会出现边际递减效应。

孟庆春、黄伟东、马硕（2015）[②] 以 1991—2014 年我国国内生产总值与同期物流业增加值作为基础变量，建立计量模型，发现物流业与 GDP 增长之间有显著的相关关系，物流业是推动我国 GDP 增长的重要原因，认为物流业尚未实现规模经济，当期物流业发展水平滞后于我国国民经济发展水平，未来仍然存在较大的发展空间，物流业对国民经济发展的推动作用会越来越强，建议优先发展物流产业。

上述学者从不同角度或者以不同的方法揭示了物流业发展与经济增长之间的关系，认为物流业的发展有利于国民经济的提升。但是，物流业属于国民经济部门的一部分，不是一个外生变量，而是内生于整个国民经济体系，经济的发展也会对物流业发展产生影响。因此也有学者对此问题进行研究。

李力、杨柳（2006）[③] 以我国 1996—2005 年的物流业相关数据为基础，在引入能源价格的基础上建立了 VAR 模型，就物流产业发展

---

① 王俊：《中国物流业对经济增长作用的实证分析》，《科技情报开发与经济》2004 年第 1 期。

② 孟庆春、黄伟东、马硕：《我国物流业对国民经济影响的实证研究——基于 Logistic 函数和脉冲响应分析》，《山东社会科学》2015 年第 7 期。

③ 李力、杨柳：《物流产业与国民经济之间关系的实证研究》，《武汉理工大学学报》2006 年第 6 期。

（以全社会物流周转量衡量）、国民经济（以实际 GDP 衡量）和能源价格（以煤油电的价格指数衡量）三者之间的关系进行了实证检验，发现物流业发展与 GDP 增长之间存在单向格兰杰因果关系，物流业的发展对 GDP 增长具有重要的促进作用，但 GDP 的增长对物流业发展的影响并不显著；与此同时，能源价格对我国经济增长和物流业发展具有显著影响，说明物流业和经济发展过于依赖能源，处于"粗放式"发展阶段。

尚文芳、桂寿平（2010）[1] 选取 1991—2008 年物流业相关指标，构造物流业生产函数，对物流业的投入产出关系进行了回归分析。根据劳动、资本、技术三大要素对物流业贡献份额的变化，认为 1991—2008 年物流业发展经历了三个阶段，技术进步对物流业产出的贡献份额越来越大；但总体而言，我国物流业产出增长速度低于要素投入的增长速度，依然没有实现规模效益。

赵立波（2012）[2] 独辟蹊径选取社会物流总费用作为衡量物流发展的指标，以 GDP 作为经济发展指标，考察了我国物流产业发展与经济增长之间的关系，发现物流业与经济发展之间存在双向互动关系，经济增长会带动物流业发展，物流业的发展又会反过来推动经济增长。但是，从长期来看，经济增长对物流发展的影响要远大于后者对前者的影响。

万红燕、汪志东（2014）[3] 认为，现有文献缺少对物流业发展与经济增长关系之间的互动研究，利用 1991—2011 年的相关数据，选取了物流基础设施建设、市场、信息等影响物流业发展的 8 个因素共18 个指标，将物流业与经济增长的互动分解至各因素与经济增长之间以及各因素之间的互动，发现物流基础优化度对经济增长的影响最大，而市场化程度则需要与当前物流基础建设及产业结构相适应。

---

[1]　尚文芳、桂寿平：《1991—2008 年中国物流业生产函数的实证分析》，《物流技术》2010 年第 16 期。

[2]　赵立波：《物流产业发展与经济增长关系实证分析》，《中国流通经济》2012 年第10 期。

[3]　万红燕、汪志东：《我国物流产业与经济增长关系的实证研究》，《湖南医科大学学报》（社会科学版）2014 年第 2 期。

学者们在物流业与经济关系研究方面取得了丰硕成果。现有文献对物流产业与经济增长之间关系的研究，主要以物流产值或类似物流产值的指标为基础，或者从影响物流能力的因素入手，探讨这些因素与经济增长的互动方式，得出的结论基本都认同长期来看物流业与经济增长之间存在均衡互动关系。尽管成果丰硕，但是少有文献探讨二者互动的内在机理，缺少物流业宏观作用实现路径的定量分析，具体而言，较少以定量方法评估物流业效率提升在吸纳社会就业、吸引投资、拉动贸易与内需方面的作用，未从定量角度研究物流业发展对优化经济结构的意义。

二 物流业与区域经济关系研究

物流业与区域经济关联度极高，对区域经济的发展有着直接影响，因此也是学者们研究的重点，尤其是对发达地区物流能力及物流业发展与地方经济增长关系，成果较多。有代表性的文献包括：谭清美、冯凌云、葛云（2003）[①] 构建了综合货物周转当量这一指标以衡量物流供给能力，从物流主体所能提供的物流服务能力方面考察了1956—2001年江苏省物流产业对江苏省 GDP 增长的贡献率。徐杰、鞠颂东（2003）[②] 以长江经济区为例，系统分析了长江经济区域的空间结构、经济运行特征以及区位发展条件，探讨了这些条件对安徽省物流需求的影响，认为其区域经济运行特征及区域经济一体化战略分别决定了安徽省的物流需求状况和需求变化，产业结构升级则改变了安徽省的物流需求结构。

刘南、李燕（2007）[③] 利用浙江省1978—2003年的相关数据，选取物流供给能力、物流需求、物流发展成效及经济增长4个指标，对浙江省物流发展与经济增长之间的实证关系做了因果关系检验，发现浙江省现代物流业与经济增长之间存在双向互动关系，即物流业发展

[①] 谭清美、冯凌云、葛云：《物流能力对区域经济的贡献研究》，《现代经济探讨》2003年第8期。

[②] 徐杰、鞠颂东：《区域经济的发展对地区物流需求的影响——长江经济区发展对安徽地区物流需求影响的实证分析》，《数量经济技术经济研究》2003年第4期。

[③] 刘南、李燕：《现代物流与经济增长的关系研究——基于浙江省的实证分析》，《管理工程学报》2007年第1期。

水平与经济增长相互促进、互为因果，但物流业对经济增长的推动作用不如经济增长对物流业发展的带动效果显著。高秀丽、王爱虎、房兴超（2012）[①] 采用1978—2009 年广东省经济与物流发展的相关数据，通过计量模型对广东省经济增长与物流业发展之间的关系进行了研究，得出类似的结论。

邵扬（2009）[②] 把空间因素拉入分析框架，在考虑省域物流之间的空间异质性的同时，还引入空间相关性。基于 1978—2007 年我国30 个地区的面板数据分析，发现各个地区 GDP 和物流都有显著的空间相关特征，地区经济发展水平越高的地方，物流水平也越高，且相邻地区之间的 GDP 和物流发展具有明显的空间溢出效应。

金芳芳（2012）[③] 以 1995—2009 年上海、浙江等地的物流相关统计数据为基础，利用计量模型分析了物流产业与经济增长之间的相关关系；然后采用经济增长模型，从"不同时期"和"不同地区"两个层面测算了物流业对经济增长的贡献率。结果发现我国物流产业发展对经济增长具有积极的带动作用，但贡献率较低，且不同时期和地区的物流业对经济增长的贡献程度也存在差异。

范林榜（2012）[④] 以物流货运量和 GDP 为指标，选取江苏省苏北徐州市、苏中南通市和苏南苏州市三个经济发展水平存在显著差异的典型代表地区，探讨了"不同经济发展阶段"和"不同区域"的物流发展与经济增长关系，认为物流业与区域经济发展的关系受经济发展程度影响：在经济欠发达地区，物流业发展推动经济增长；在经济发达地区，经济增长拉动物流发展；在经济发展程度居于其间时，物流业发展与经济增长互为因果，相对平衡，共同发展。

---

① 高秀丽、王爱虎、房兴超：《广东省区域物流与区域经济增长关系的实证研究》，《工业工程》2012 年第 1 期。

② 邵扬：《中国省际经济增长与物流的空间面板计量分析》，《技术经济与管理研究》2009 年第 6 期。

③ 金芳芳：《物流产业发展对经济增长带动作用的实证研究》，《经济问题探索》2012 年第 3 期。

④ 范林榜：《物流发展与经济增长的关系——以苏北、苏中、苏南典型地区为例》，《中国流通经济》2012 年第 7 期。

覃伟赋（2013）[①] 探讨了物流业发展对区域经济增长作用的内在机理，认为区域物流对区域经济发展起基础保障作用，并且物流业能形成区域经济的"增长极"。此外，区域物流对区域经济增长也有促进作用，一是可以进一步深化分工；二是可以促进技术进步；三是可以改善投资环境、吸引外资；四是吸收劳动力，增加就业机会。

在物流业与区域经济增长作用方面，较少关注不同地区资源禀赋的差别，资源禀赋是外生的，但某种程度上又内生于区域经济，资源禀赋尤其是自然地理条件对物流业发展会产生巨大影响。

第三节　物流产业政策研究

政策往往对经济活动产生重要影响，物流政策与物流业发展息息相关，进而间接影响经济发展。学者们从物流政策的内涵、现有政策体系、物流法规建设、物流税收政策等方面对物流政策做了很多研究，剖析了现有物流政策的一些缺陷，并提出了有益的建议。

夏春玉（2004）[②] 认为，物流政策是社会公共机构对全社会物流活动的公开介入和干预，具体包括有关物流的法律、法规、规划、计划、措施，以及政府对全社会物流活动的直接指导等。在研究我国现行物流政策结构体系的基础上，分析现行物流政策体系存在的诸如系统性不够、缺乏可操作性等问题，给出了构建我国物流政策体系的基本思路。

王健（2004）[③] 从阐述政府制定物流政策的必要性入手，分析政府在物流产业发展中的重要作用。由于物流基础设施的"公共品"特性和物流企业存在外部效应，物流领域可能出现"市场失灵"，市场失灵导致物流目标难以全面实现，因此需要政府介入。而政府介入的主要手段在于制定各项产业政策和法律法规。

---

① 覃伟赋：《区域物流对区域经济的作用及内在机理分析》，《市场周刊：理论研究》2013 年第 10 期。

② 夏春玉：《中国物流政策体系：缺失与构建》，《经济研究参考》2004 年第 82 期。

③ 王健：《现代物流发展中的政府作用》，《中国流通经济》2004 年第 10 期。

海峰、张丽立、孙淑生（2005）① 研究了我国现代物流产业政策体系。从现代物流业的产业内涵着手，剖析了物流产业发展中存在的问题及原因。结合产业政策体系框架，探讨构筑发展我国现代物流业的政策体系及内容，认为产业政策体系包括产业结构政策、产业组织政策、产业发展政策三个方面。

还有一些学者从立法的角度来考察物流政策。林勇和王健（2006）② 梳理了我国物流领域相关政策法规，认为这些政策法规存在一些局限性，并据此提出了构建我国现代物流政策体系的基本思路：近期目标是"制定全国物流发展纲要等促进现代物流发展的综合性政策"，中期目标是利用3—5年时间，"初步建立现代物流发展政策体系"，远期目标是经过十年左右的时间，制定一部促进现代物流发展的综合性法律《物流法》。孟琪（2011）③ 通过对发达国家尤其是美国、日本和欧洲一些国家的物流法建设进行系统的分析和研究，给出了我国物流立法未来走向的建议，建议制定《物流基本法》以充"物流宪法"之用，同时建议整合现有法规，并加强重点领域法制建设。李璐玲（2013）④ 结合现代物流发展的特点和要求，分析了我国物流立法现状，就物流立法的完善提出了建议，她认为没必要再制定一部专门的《物流法》，重点在于修订和补充完善现有法律体系，打通各单行法律法规之间的联系，形成一个层次分明、结构严谨的物流法律框架。

也有学者通过税收角度来考察物流政策。夏杰长、李小热（2008）⑤ 研究了我国物流业税收政策的现状与问题，认为物流业税

---

① 海峰、张丽立、孙淑生：《我国现代物流产业政策体系研究》，《武汉大学学报》（哲学社会科学版）2005年第5期。

② 林勇、王健：《我国现代物流政策体系的缺位与构建》，《商业研究》2006年第18期。

③ 孟琪：《从发达国家物流法建设看我国物流立法未来走向》，《中国物流与采购》2011年第9期。

④ 李璐玲：《从现代物流发展看我国物流立法的现状与完善》，《湖北社会科学》2013年第5期。

⑤ 夏杰长、李小热：《我国物流业税收政策的现状、问题与完善机制》，《税务研究》2008年第6期。

收领域仍然存在重复纳税、部分税费界限混乱等问题，并据此提出了完善我国物流业税收政策机制的建议。王贵平、苏钰杰（2013）① 研究了税收制度对我国物流业发展的影响，认为"税收政策是调整和振兴物流业最重要的政策杠杆"，但是我国物流税收领域仍然存在一些问题，并从税制和税收政策两方面入手提出了解决方案，与夏杰长等的研究结果基本一致。

第四节　新常态下物流业发展

当前，我国经济已经进入新常态。新常态下，经济增长速度放缓，增长动力转换，产业结构面临调整。作为支撑国民经济发展的"基础性、战略性产业"，物流业的发展必然会受到经济新常态的影响，不可避免地产生了一些新的特征，也面临着新的发展机遇和挑战，一些学者对此进行了研究。

何黎明（2014）② 认为，新常态下我国物流业发展呈现出新的特征，主要是：（1）行业进入温和增长阶段；（2）资源要素进入高成本时代；（3）内需成为增长主要动力；（4）整合与创新助推转型升级；（5）物流基础网络初步成型。杨春、刘飞翔（2015）③ 以常州市物流产业发展现状为例，探讨了新常态下城市物流发展形势与对策，提出了以空间布局、科技创新、协同发展为突破口，构建城市物流发展新模式的建议。张彤（2015）④ 研究了新常态下物流服务推动制造业升级的机理，在此基础上提出了物流服务推动制造业升级的四条路

---

① 王贵平、苏钰杰：《税收制度对我国物流业发展的影响》，《中国流通经济》2013 年第 6 期。
② 何黎明：《"新常态"下我国物流与供应链发展趋势与政策展望》，《中国流通经济》2014 年第 8 期。
③ 杨春、刘飞翔：《新常态下城市物流发展形势分析与对策研究——以常州市为例》，《物流技术》2015 年第 13 期。
④ 张彤：《新常态下物流服务推动制造业升级的机理与路径选择》，《商业经济研究》2015 年第 23 期。

径选择。宋则（2015）[①] 对新常态下物流业功能定位作了详尽的阐述，认为我国现代物流业快速发展的时机已经成熟，有望成为推动国民经济节能降耗、提质增效的重要抓手，提出将发展第三方物流、优化供应链流程和降低传统制造业的物流成本作为"十三五"期间物流政策的落脚点，建议在编制"十三五"物流发展规划时，要把解决物流领域长期存在的突出问题作为核心主线及政策抓手，尽可能对能耗指标、效率指标、质量指标等明确细化，通过市场化手段，强化政策落实，实现物流产业的转型升级和现代化。

由于经济"新常态"的概念从提出到目前为止时间不长，虽然一些文献对新常态下物流业转型发展进行了研究，但是成果还有待进一步丰富。比如，新常态下经济增速放缓，经济增速放缓将对物流业需求产生多大影响？在经济结构转变过程中，物流业如何实现向集约化、效率化转型？这些问题都有待进行更深入细致的研究。

---

① 宋则：《"十三五"期间促进我国现代物流业健康发展的若干要点》，《财贸经济》2015 年第 7 期。

第二章 经济新常态下物流业功能定位

在经济新常态下，我国经济整体面临转型升级，由追求速度和规模扩张，向重视增长质量和效益转变，经济发展趋势正逐渐向形态更高级、分工更复杂、结构更合理的阶段演化。在这样的情况之下，作为实体经济运行重要支撑的物流业也面临着转型升级的任务，既有压力和困难，也有机遇和挑战。为了更好地把握机遇、应对挑战，需要对新常态下的物流业功能定位及发展要求加以明确，进而"引领新常态"，实现物流业转型升级。

第一节 经济新常态含义与特征

2014年5月，习近平总书记在河南考察时第一次提出了经济"新常态"的概念。同年11月，在亚太经合组织（APEC）工商领导人峰会上，对"新常态"作了系统阐释，认为新常态的主要特点有三：其一，从速度看，中国经济"从高速增长转为中高速增长"；其二，从结构看，"经济结构不断优化升级"；其三，从动力看，经济增长"从要素驱动、投资驱动转向创新驱动"。

从经济增长理论的角度分析，经济发展新常态指的是伴随经济总量规模的扩张，经济体内生的资源禀赋和投入产出结构发生了实质性的转变，从而引发经济增长速度和增长结构自然演进的过程。具体而言，这些转变主要体现在以下几个方面。

第一，从消费需求角度看，个性化、多样化消费逐渐取代过去的"模仿型排浪式"消费。过去我国居民跟风式消费现象非常普遍，无论是电饭煲、马桶盖等日常生活用品的购买，还是对 LV 手包、爱马仕皮带等奢侈品的消费，带有明显的"模仿型排浪式"消费特征，受限于收入状况、消费文化等方面的影响，生存型消费、大众化消费是主流。但是，随着人均居民收入水平的迅速提高和新兴消费手段的不断发展，新型消费内容不断涌现，新兴消费群体开始崛起，消费文化、消费方式逐渐多元化，大众化消费阶段基本结束，个性化、多样化消费渐成主流。新常态下，为适应新的消费需求，需要关注供给侧改革，保证产品质量安全、释放消费潜力，使消费继续在推动经济发展中发挥基础作用。

第二，从投资需求角度看，传统产业相对饱和，但是新的技术密集型产业形态不断涌现，催生出大量新的投资需求。改革开放 30 多年来，投资一直是中国经济最重要的增长引擎之一，传统的投资需要主要体现在制造业、基础设施建设、建筑业等领域，多属于劳动密集型和资本密集型产业。经过 30 多年的发展，传统的投资领域日趋饱和，产能过剩问题日趋凸显。新常态下，面对产业优化升级的新特点，需要寻找新的投资领域。在"一带一路"等基础设施互联互通领域，还有一些新技术、新产品、新业态、新商业模式的涌现，尤其是现代服务业的发展，将带来新的投资机会。必须善于把握投资方向，消除投资障碍，使投资继续对经济发展发挥关键作用。

第三，从出口和国际收支角度看，出口竞争优势依然存在，但并不明显。改革开放以来尤其是加入 WTO 以来，凭借廉价的人力资本和灵活的汇率优势，我国一直保持着巨额的贸易顺差，出口成为拉动经济快速发展的重要引擎。但是随着 2008 年国际金融危机爆发，一方面，全球经济总需求不振，市场份额急剧收缩，导致贸易保护主义有一定程度的抬头，国家之间的贸易摩擦时有发生；另一方面，随着人口红利的逐渐耗尽，劳动市场供给不足，劳动力价格开始上升，低成本比较优势逐渐丧失。这两方面的原因，导致我国出口竞争优势受到影响。在经济新常态条件下，需要转变发展思路，加快培育新的比较优势，尤其是要大力推动高科技创新，建设"创新型国家"，变"中国制造"为"中国创造"，用技术优势替代价格优势。

第四，从生产能力和产业组织方式的角度看，必须加快产业升级步伐，实现创新驱动发展。新常态下，传统制造业产能大量过剩，增长潜力有限，新兴高科技产业、服务业、小微企业作用更加凸显，生产小型化、智能化、专业化将成为产业组织新特征。要加快推动"互联网＋"战略的实施，实现产业优化升级。

第五，从生产要素相对优势的角度看，过去30年来，大量廉价的劳动力由农村涌入城市，劳动力从第一产业向第二、第三产业大量转移，劳动供给价格相当低廉，面对如此庞大的劳动力供给市场和产品需求市场，只要引进技术、管理和设备，就能迅速生产产品，创造GDP，实现经济发展。随着刘易斯拐点的逼近，农村富余劳动力逐渐减少，再加上人口老龄化形势日益严峻，人口红利逐渐消失，过去那种依靠要素驱动的发展模式难以为继，经济增长将更多依靠人力资本质量和技术进步，必须让创新成为驱动经济发展的新动力。

第六，从市场竞争特点看，长期以来主要是数量扩张和价格竞争，随着互联网技术的发展，信息传播速度加快，价格竞争只会造成利润空间的进一步挤压；再加上消费者的消费行为也在不断变化，消费需求日趋多元化，有量无质的数量扩张逐渐失去竞争优势，市场竞争正逐步向质量型、差异化转型，必须深化改革，加快形成统一规范、有序竞争的市场环境。

第七，从资源环境约束看，过去那种高能耗、高污染的生产方式无法持续，必须推动绿色发展。随着工业化进程的加快，很多地方出现了"只要金山银山，管它绿水青山"的掠夺式发展，经济发展过程中，环境严重污染，资源利用缺乏效率，环境承载能力已经接近上限，资源供给难以持续。为了实现可持续发展，建设美丽中国，必须顺应人民群众对良好生态环境的期待，树立绿色发展观念，推动形成绿色低碳循环发展新方式。

第八，从经济风险积累和化解角度看，过去30余年的高速发展掩盖了一系列矛盾，随着经济增速下滑，各类隐性风险逐步显现，大量行业产能过剩，必须警惕出现泡沫的风险；另外，地方政府的大量投资，导致地方融资平台举债过多，一些省市杠杆率过高的问题也值得关注。未来一段时间，这些问题将愈加突出，但是风险总体可控，必须标本兼治、对症下药，建立健全化解各类风险的体制机制。

第九，从资源配置模式和宏观调控方式看，由于存在资本边际报酬递减效应，经济刺激政策的边际效果明显递减。一方面要杜绝盲目投资，避免产能持续过剩；另一方面要发挥市场机制作用探索未来产业发展方向，实现产业转型升级。必须全面把握总供求关系新变化，尤其要关注需求结构的改变，同时在供给侧作出相应的调整，更加注重供给侧的质量和效率问题，科学进行宏观调控，合理配置资源。

第二节 新常态下物流业功能定位和主要任务①

当前，我国经济正逐渐向形态更高级、分工更复杂、结构更合理的阶段演化，经济发展的特点发生了明显变化。在这种新常态下，作为实体经济运行重要支撑的物流业面临新的机遇和挑战。毋庸讳言，物流效率低下、成本高企等问题已经成为制约国民经济提质增效的"瓶颈"之一，近年来受到了决策层及社会的广泛关注。面对"十三五"规划期间艰巨的改革、发展任务，培育现代物流产业，推动传统物流业转型升级，将有助于宏观经济从高速增长向中高速增长的平稳回落，有助于提升经济潜在增长率，有助于提高经济发展质量，有助于形成新的经济增长点。从物流产业转型升级的实现路径来看，尊重物流业发展的客观规律，按次序、分步骤、有重点地推进，是"十三五"规划期间物流产业政策制定的基本出发点。强化市场主体的能动性，通过物流功能升级，让物流产业逐步摆脱传统的简单、粗放、低门槛的竞争环境，成长为依托技术创新、引领制造业转型发展的新动力，同时稳步增强物流经营主体的盈利能力，是物流业适应新常态的必然要求。

一 物流业功能提升

新常态下，传统的经济增长引擎从资本和劳动力的外延式扩张向创新驱动的内涵式增长转变。宏观经济调控的重点也顺势从需求创造

---

① 本部分内容作为创新工程项目中期成果已发表在《财贸经济》2015 年第 7 期，题目为《"十三五"期间促进我国现代物流业健康发展的若干要点》，作者为宋则研究员。

向供给管理转移。就像第一次工业革命催生了蒸汽时代、第二次工业革命进入电气时代一样，新的技术创新最先提升的是供给端的产出效率。物流业作为融合运输、仓储、信息等产业的复合型服务业，是支撑国民经济发展的基础性、战略性产业，是优化供给端资源配置、提升供给端效率的重要枢纽。因此，可以认为，现代物流业未来不仅是支持国民经济健康运行的一个重要的产业门类，也是技术创新运用最集中、科技要素支撑最明显的一个领域，物流业最终可能实现从传统的低门槛、劳动密集型产业向依托高科技、资金密集型产业的蜕变。特别值得重视的是，在经济发展新常态的大背景下，物流业将扮演科技发展引领产业创新的急先锋，真正发挥行业辐射和产业融合的重要作用。

当前，我国经济增长速度正从高速转向中高速，经济发展动力正从传统增长点转向新的增长点。一方面，通过扩大消费拉动经济增长的压力日益凸显，在全球采购、全球消费的大环境下，个性化、多元化的消费需求成为市场主流，尤其是电子商务快速发展对传统流通方式产生了革命性的影响，对传统物流企业提出了更高要求。另一方面，经济增长放缓所带来的就业压力不断向服务业的劳动力蓄水池传导，进入门槛较低的传统物流业成为重要的吸纳就业的渠道，这也为物流业的转型升级带来了新的难题。

根据 2014 年国务院出台的《物流业发展中长期规划》对物流业的定位，物流业作为专门从事物流活动的国民经济战略性支撑产业，它的发展层次集中反映了宏观经济的运行效率水平。因此明确物流业的宏观职能，是破除当前经济发展的效率"瓶颈"，进而顺利实现增长方式转变与经济增速换挡的必然要求和重要基础。

伴随着经济增长动力从生产向消费、从制造业向服务业、从产品出口向资本输出、从"中国制造"向"中国创造"的历史性转变，物流业的服务对象、服务半径、服务需求以及活动方式都将发生前所未有的变化。物流业除了降低成本、提升效率的客观要求之外，还面临如何加快经济运行节奏、提供生产和消费动态信息，以及通过物流便利化打通市场边界，从而创造新的市场和消费需求等一系列问题和重大课题。在经济发展方式从规模速度型粗放增长转向质量效率型集约增长的过程中，农业、制造业、商贸服务业和物流业本身都面临着竞争与创新的压力，而化解物流领域的"冰山成本"，需要改变行业费用结构，实现整体升级。并且，基于物流成本节约而发生的企业间联合与合作，将对产业组织形式产生重要影响。

从微观层面探讨物流企业效率优化的实现路径，分析市场机制能够发挥的作用，需要对政策引导的关键环节加以认识。目前我国物流成本高、第三方物流发展缓慢、物流效率难以提升等一系列问题，反映了产业运行背后缺乏有效的政策引导和规制。

在我国，物流业规范监管又与三十多个政府管理机构息息相关，由此引发的行政管理成本居高不下。从"充分发挥市场的决定性作用、更好发挥政府作用"的角度来看，现代物流业"十三五"规划期间面临的具体问题和细节十分庞杂，其中绝大部分问题通过简政放权、松绑改革，可以放手由行业协会和企业自行解决，而少数事关全局和长远的方向性、战略性重大判断和决策要点，则需要从宏观层面统筹规划、因事施策，并纳入制定"十三五"物流业发展规划的重点课题。

二　物流业成本进一步降低

面对全球化浪潮和时尚消费潮流的快速传播，产品不仅要被大规模地生产出来，还要尽可能以竞争性、低成本、高效率、快节奏的流通方式，"把产品输送到最应该去"的各个角落，从而实现更大规模、更大范围的空间转移。于是，在传统运输、仓储业的基础上，逐渐衍生出功能强大、横跨众多领域的复合型现代物流业。

现代物流业借助信息技术和供应链理念，整合商品货物的产、供、销、储、运等各种资源，优化流程，大幅度提高效率、降低成本，为广大生产流通企业提供了低成本、高效率、多样化、精益化的物流服务，推动制造业专注核心业务和商贸业优化内部分工，以新技术、新管理为核心的现代物流体系日益形成。回顾发达经济体在构建现代物流业方面的成功经验，我们发现以信息化和现代物流技术为依托展开"经济节奏快慢的较量"，正在成为 21 世纪最值得关注的新动向和新主题。从全球看，"成本挤压"的重点和注意力，正在从余地越来越有限的制造环节向时间、空间广阔的流通环节转移。

为商品、货物提供运输、仓储服务的传统货运业在我国历来存在，并正处于向现代物流业快速转变的重要阶段。从已经掌握的国内外趋势和动向来看，在"十三五"规划时期，运用物联网、大数据、云计算、无人机、机器人以及其他人工智能技术对传统物流设施和运作流程进行升级改造，将极大地降低物流成本、提高物流效能，对于提升我国传统制造业、壮大现代服务业、优化产业布局、增加就业、改善民生、节能降耗都具有全局性的战略意义。

目前，物流业的全局性、基础性影响力越来越大，已成为居民生活和经济运行中"无处不在"的产业。国民经济发展与改革战略要点中也多次显现了物流业的身影，"一带一路"战略、新型城镇化、制造业改造升级、基础设施建设、自贸区建设、服务业发展、民生农产品流通、铁路公路体制改革等都离不开物流业的强力支撑。

但是，与经济发展"新常态"和现代物流业发展趋势相悖的是，我国物流业整体上盈利能力不强、运行效率不高、综合费用率居高不下；这样的矛盾制约了物流业在新时期宏观经济环境下的健康发展。

以全社会物流费用率为例，2013 年我国全社会物流总费用占国内生产总值的比重高达 18%，高于发达国家水平 1 倍左右，也显著高于巴西、印度等发展中国家的水平。[①] 在盈利能力方面，我国物流业总增加值占国内生产总值的比重在"十二五"期间保持在 6.8% 左右；在物流费用率大幅度增长的背景下，物流业的盈利水平改善有限，究其原因，是低下的物流效率和畸高的作业成本制约了物流业的快速、健康发展，也因此制约了宏观经济的运行质量和效率提升。

在当前经济发展进入新常态的大背景下，加快发展现代物流业的需求极为强烈、时机已经成熟。伴随经济总量的扩张，不仅带来了资源、能源和环境方面的巨大压力，而且越来越无法容忍陈旧、低效、粗放、高耗的商品流程，发展现代物流业、改造传统货运业、降低全社会基础性的综合物流成本，在经济总量急剧增大的当下显得尤为迫切。

---

① 根据《2014 中国采购发展报告》，2013 年我国社会物流总费用超过 10 万亿元，占 GDP 比重为 18%，是美国 8.5% 的两倍多，物流成本明显偏高。

在不断增长的社会物流总费用当中，相当大一部分来自采掘业和加工制造业，由此发生的货运、仓储和管理活动所付出的社会物流总成本多年居高不下。这种局面使原来理解的产品生产时间和生产成本发生了新的结构性变化，即在越来越大的程度上被物流时间和物流成本所取代。根据中国物流信息中心的重点企业调查，2012 年我国工业、批发和零售企业物流费用占销售额的比重为 8.6%，高于日本调查企业 3.9 个百分点，也高于美国调查企业 0.7 个百分点[①]，从而成为扩大内需、增进消费的新障碍。

伴随全球化消费浪潮向中国的迁移，物流规模和物流活动的范围将进一步扩大，尤其是电子商务引发的新流通革命让中国和全世界一起站在了历史潮头。商品实体的空间转移决定了物流业劳动生产率的提升滞后于电商的发展，流通电子化降低商流成本的能力，远远大于降低物流成本的能力。因此，物流领域发生的人工成本、能源成本、减排成本刚性上升的势头难以扭转。我国经济运行面临的一个重大转变是生产环节的相对成本趋低，但流通环节的相对成本趋高，生产时间趋短，但流通时间很长。因此，发展现代物流业，缩短物流耗时，降低物流成本，不仅关系到物流业本身的转型、升级和竞争力的提升，而且关系到国民经济整体的提质增效。

包括物流成本在内的流通成本总量和结构性变化值得重新认识、深入分析。流通成本是指商品在流通过程中所发生的各种费用的总称，主要包括商流费用、物流费用、信息流费用、资金流费用，物流费用又可以进一步拆分成运输费用、仓储费用和管理费用。我国流通成本畸高的成因十分复杂，物流企业的成本核算尚且缺乏完整、统一的核算标准和方法，更不用说制造业内生的大量物流活动，让自下而上的统计体系很难对实际发生的流通成本完整准确地识别、剥离、量化。从体制和政策角度看，流通成本还可以划分为经济性成本与体制性成本。前者是流通领域正常经营活动中所必然发生的成本，属于不可避免、需要补偿的合理成本；后者则是由于管理体制和政策缺陷引

[①]　数据来自中国物流信息中心曾庆宝撰写的《2013 年中国物流运行情况分析与 2014 年展望》。

发的不合理成本。前者是设法降低的问题，后者是坚决剔除的问题。而在全面深化改革的新阶段，彻底铲除流通过程中的体制性成本理应是今后的战略重点和主攻方向。

经典的经济学教程出于简化分析的需要，把宏观经济学的分析范畴固定在了商品市场、劳动市场和货币市场；却给自由市场的信奉者留下了"任何流通成本都是多余的，只要把流通环节消灭掉，流通成本就可以轻易消失"的印象。在我国，经济分析和宏观调控往往着眼于从供给端入手，而忽视了需求端的投入产出结构变化，从而导致了重生产、轻流通的局面。"生产端的钱舍得花，而流通用的钱舍不得花"的观念根深蒂固。这是长期以来重生产、轻流通在成本问题上的极大误解。对社会必要的流通费用问题从来没有受到过与生产成本一样的同等重视和对待，导致产品的储运购销资金和物流基础设施投入也是多有欠缺。而在生产和流通日益融合，市场信息、流通渠道、流通成本正在成为国民经济提质增效的"瓶颈"和制约因素的情况下，市场体制的整体效能和供求平衡，已经越来越取决于物流业的发展，并有赖于物流活动的顺畅运行。因此，理论界有必要对流通成本包括物流成本做出实事求是的具体分析。

多年来，许多看起来是生产环节的问题，实际上都是流通不畅、供需信息不对称、物流活动粗放落后所致。这些由流通环节特别是物流活动的粗放、落后所导致的损失和浪费，最终都摊入产品定价，从而推动我国居民消费价格的被动上涨，甚至出现了"国内生产的产品在国外的售价反而比国内低"的怪象，以此引发的流通业增加值和整体税收的重大流失让人痛心。从国民经济持续、健康发展的角度考虑，只有切实降低物流业和其他流通领域的隐性成本和体制性成本，才能有效保障我国经济结构转型的政策红利和可持续的经济增长。

为了说明体制性因素对于物流成本的加成效应，我们以运输成本当中的道路通行费为例，来说明物流基础设施的改善为什么没有带来物流效率的提升和综合成本的下降。随着我国高速公路网的建设完善，初步形成了国内城际间的公路干道动脉体系，但是从高速公路建成开始，收费还贷就成为一项永远无法完成的任务，即使收费总量早就超出了当初的贷款本息和设定的收费年限，收费仍在继续。从国道、省道到县、乡公路，层层设卡，以至于出现了货车宁肯走普通公路也不愿走高速公路的怪象，货车司机出于节约成本的考虑做出的"逆向选择"，让物流业承载了"成本和效率不可兼得"的无奈。根据商务部、发改委和中国商业联合会在 2012 年的一项调研结果，公路收费占企业运输成本的 20% 以上，这尚且不包括"三乱"。乱收费吞噬了 70% 的物流设施改善带来的益处，罚款—超载—再罚款—再超载的恶性循环也由此而来。① 与此同时，林林总总的收费站点，也造成了流通效率方面巨大的延迟耽搁，用户被迫付费得到的却是严重拥堵的慢速公路，蒙受了低劣服务带来的巨大物流损失。

深化行政制度改革，彻底铲除流通过程中的体制性成本，降低全社会隐性负担，是降低物流成本、提升物流效率的政策设计中不可回避的一个关键问题。2014 年 11 月国务院出台了《关于促进内贸流通健康发展的若干意见》，是迄今为止应对体制性成本，改革力度最大、针对性最强的重要举措。加快推进行政审批制度改革，系统评估和清理涉及内贸流通领域的行政审批、备案等事项，最大限度取消和下放；对按照法律、行政法规和国家有关政策规定设立的涉企行政事业性收费、政府性基金和实施政府定价或指导价的经营服务性收费，实行目录清单管理，不断完善公示制度；加大对违规设立行政事业性收费的查处力度，坚决制止各类乱收费、乱罚款和摊派等行为。这些前所未有的政策举措，将对我国商贸物流领域高额的体制性成本釜底抽薪，加紧落实这些举措，特别是体现在基层的政策执行中，是发挥政策效力，改善物流产业投资环境的首要任务。

三　发展第三方物流与优化供应链管理

随着社会分工不断深化和经济迅速发展，物流业发展到一定阶段必然会出现第三方物流。发达经济体的物流业发展进程表明，当第三方物流服务占全社会物流费用 50% 以上时，物流产业才能真正形成，因此第三方物流的发展程度反映和体现了一个国家的物流业发展整体水平。

---

① 来自 2014 年 2 月 12 日中国物流与采购网李玲的学术论文《改善物流：比一比中国物流成本有多高？》。

近年来，随着物流业的迅猛发展，我国很多原来从事运输、仓储、配送等业务的物流企业都有向第三方物流发展的趋势，也涌现了不少实力雄厚的大型第三方物流企业集团。但是同发达国家相比，我国物流业发展水平整体上相对落后；第三方物流作为一个新兴产业，无论在产业规模、结构还是在行业集中度、产业绩效等方面，都与发达国家存在不小的差距。

在社会总产品中，工业生产资料产品约占总量的75%，工业品物流总额占全社会物流总额的91%以上，这些产品的市场流通，绝大部分是在工业企业之间直接进行的。[①] 很多大中型工业企业还沿袭了"大而全、小而全"及其普遍"自办物流"的低效格局；对工业企业自设的采购、库存、储运、销售部门所形成的巨额投入以及成本和效率状况几乎心中无数。这个深不见底的巨大黑洞正是中国物流产业落后、物流效率低下、粗放扩张、流程恶化的要害所在，也是今后改进的潜力所在。面对我国已经走入后重化工业时期的现状，尤其不能放任工业企业物流成本持续偏高的趋向延续，否则重化工业的竞争力将过快消失，从而不利于国民经济的平稳转型升级。

根据内部测算，在历年来的社会消费品零售总额和工业生产资料投资品销售总额中，工业企业自采自销比重高达70%。比较工业企业自办物流和第三方物流供应商统计的运营指标就会发现，在不考虑企业物流内生化带来的沟通协调好处的情况下，传统制造业把全供应链的物流服务外包给第三方物流供应商，通过优化整合产、供、销的商品周转流程，可降低现有物流成本50%—60%。因此，在"十三五"规划时期发展现代物流业，特别是大力发展"第三方物流"和"优化供应链流程"，是一条实施难度较低而经济回报丰厚的政策路径，将切实促进国民经济从静态化、慢节奏、高成本、低效率到动态化、快节奏、低成本、高效率的重大转变。

发展第三方物流和优化供应链流程，是企业改善物流运作的两个互为相关的手段。通过引入第三方物流，外包部分或整体物流作业，

---

① 转引自《2014中国采购发展报告》，根据国家统计局发布的全社会物流总额构成数据测算，2013年工业品物流总额占全社会物流总额比重达到91.76%。

可以强化对整个供应链的管理，从而降低企业的库存和运输成本，提高企业的长期竞争力。根据美国390家制造业企业引入第三方物流之后的结果来看，原材料采购减少6%—12%，运输成本下降5%—15%，供应链库存下降10%—30%，整个供应链运作费用下降15%—25%。对第三方物流的服务需求，几乎存在于所有的行业。外包物流服务给第三方物流供应商最多的行业是电子科技业，87%的企业物流活动外包给第三方物流；其次是化工原料和消费品生产行业，各有79%的物流活动外包给第三方物流。[①]

为了推动第三方物流的快速发展，当前亟须解决好比较突出的几个问题：一是要突破条块分割体制，打破信息孤岛"瓶颈"，充分运用第三方信息技术和第三方共享平台，实现铁路、公路、水路、航空、集装箱、车站码头、物流节点的动态化实时无缝衔接。而打造功能齐全、转换便捷的物流节点城市是建立物流供需大数据网络的关键一步和基础工程。

二是合理规划布局物流园区，解决好第三方物流的"车货匹配"。目前，由于信息不对称，导致车找货，货找车，跑空率居高不下的现象十分普遍。借助物流服务园区，削减相互寻找等待的时间成本，实现车货匹配，可降低跑空率至少40%。

三是要推动城乡快递公司连锁化和信息共享，构建由物联网支撑的可追溯跟踪系统和大数据环境下的公共编组配货平台。伴随着互联网消费的崛起，起初是做网商、网店的企业普遍忽视物流和快递发展，随后又一窝蜂跑马圈地、各自为政自办物流快递，小、散、差、乱随处可见，跑空率居高不下。我国需要探索低成本高效率的社会化、专业化、信息化、智能化、标准化支撑的物流配送共享平台，办法是提升行业集中度，通过战略联盟，培养行业内优秀的第三方大型物流企业；通过信息共享平台，整合优化第三方物流企业与电子商务企业，重点发展服务承接功能多样化的大型连锁便利店。促进线上线下融合发展，推广"网订店取""网订店送"等新型配送

---

① 数据来自美国物流管理协会的研究调查结果报告"20133PL Brand Recognition RFP and Profit Margins Report"，2007年该协会更名为供应链管理专业委员会。

模式。①

四是促进"一带一路"、大通关和国际物流大通道建设过程中的对等贸易、双向开放，依托国际化第三方物流平台和信息平台，让各地经过新疆到达中亚和欧洲的货运专列，在回程时也能够满载而归，缩短回程配货时间，降低列车空驶风险，稳步减少政府补贴。

五是进一步支持物流行业和第三方物流企业发展，督促已出台政策的有效落实，尽快构建物流网络化发展的基础设施和制度环境。

在积极稳妥发展的前提下，尤其要避免新一轮的重复建设，防止把"第三方物流"作为泡沫来炒作。针对我国现代物流业发展滞后、格局散乱、家底不清的情况，需要就目前的物流资源进行全面的普查摸底。重点是各地区、各部门、各行业仓储设施和运输能力的种类、结构、分布、水平、闲置状况以及现代化升级改造、存量重组的可能性等，以便为制定宏观决策和发展战略提供可靠依据。当前尤其要制止各地采用违背物流规律的办法，到处圈地办物流的倾向。对配送中心和物流园区等"第三方物流"领域的投资行为，应当采取最严格的政策措施，强化指导和规划，注重存量重组、升级改造，避免铺新摊子，滥上项目。

四 进一步提升物流效率

总结发达国家发展物流业的成功经验，可以发现随着经济结构转型升级，运输成本经过大幅度降低后通常会趋于稳定；而凭借信息技术，整合运输流程、加快了周转，库存成本的下降空间会更大。

随着社会化物流活动的增长以及第三方物流供应商的发展，生产型企业更容易接受运输物流活动外包。首先，运输物流的需求通常是间断性的，服务标准化程度高，且社会化程度也最高；其次，运输物流是最具有规模效应的物流活动，企业自建运输部门表现为明显的规模不经济。基于这两个特点，物流业发展的初期更容易实现突破的环节就是运输物流。

现代物流业的发展之所以区别于传统物流，不仅体现在硬件环境的大幅度改善以及科技含量的提高；而且反映在物流软实力，即物流

---

① 参见 2014 年 11 月国务院办公厅印发的《关于促进内贸流通健康发展的若干意见》。

管理和协调运作的改进，这在供应链管理方面更加突出。

供应链管理的本质在于通过产业链上下游之间的沟通、协作，实现供应链整体物流成本最小化。达成这样的目标，背后离不开供应链各环节之间的信任配合，最终让供应链成为一个利益共同体。通过彼此的无缝对接，让商品物流活动在供应链各个环节顺畅、无停滞地流动，就会大幅降低企业用于预防断货所需的冗余库存，从而达到降低库存的目标。

因此，现代物流业在发展到更高级的形态时，随之而来的是对于供应链管理和上下游协作的更高要求，此时，物流业发展的最大益处将体现在库存成本的大幅减少。依托上下游之间的高度协同，日本制造业在20世纪90年代提出了"消灭库存"的雄伟目标。在零库存的环境中，企业要保证生产的正常有序运行，必然会要求供货商在正确的时间准确配送零配件到生产车间，这种生产方式后来被称为"Just In Time"或者"精益生产"。可以说，零库存不仅是日本"精益生产"的最终目标，也是物流综合效率提升的最高境界。

在"十三五"规划期间，要统筹兼顾、科学谋划，借助现代物流技术创新及其广泛应用，率先改善大宗货物的物流效率。重点体现在充分运用信息技术和现代储运技术，在全国要素资源价格趋于统一的前提下，减少远距离运输的盲目性，注重产销调配的合理化，特别是加强铁路、公路、水路、海上、航空和管道等不同运输方式各个转换节点上的有效衔接（节点过多、转换迟滞、耽搁停顿是我国物流整体效率低下致命的"短板"）。①

在运输成本明显降低并趋于稳定的基础上，要结合国民经济结构转型升级，将发展现代物流业、节能降耗的重点转向库存控制。为此，对工业企业在加快资本周转、降低物流成本、消除库存积压、优化产品流程等方面提出有针对性的指导意见和具体要求；促进工业企业采购、销售、储运业务和流程的外包，推动社会化第三方物流供应

---

① 转引自《2013年物流运行情况分析与2014年展望》，我国海铁联运比例远低于全球平均水平，目前国际港口集装箱的海铁联运比例通常为20%，美国为40%，我国2013年该比例仅为2.6%左右。

商的发展，改变工业企业"家家有仓库、户户有车队"的低效局面，提高企业物流的社会化、专业化、集约化、现代化水平，逐年降低全社会的库存比率。

五 提高农产品冷链物流水平

按照集约型经济增长方式的评价标准，我国目前的经济运行质量仍然不高。主要表现为工农业产品生产和流通过程中流程粗放、效能低下、成本高昂、周转缓慢、产成品库存积压严重、经济损失和浪费惊人。不仅制造业产能过剩带来的巨额工业品库存积压日益突出，农产品的产成品现状也触目惊心。据农业部测算显示，我国粮食产后损失率高达 7%—11%，每年因此损失的粮食超过 500 亿斤；蔬菜每年损失率更是超过 20%，其中，叶菜类损失率超过 30%，每年只有60%—70% 的蔬菜能得到有效利用。[①] 生鲜农产品冷藏、冷冻、冷运的冷链物流建设落后，是我国农产品流通和食品安全监管中最薄弱的环节，也是农民增产不增收的重要原因之一。而由流通环节落后所导致的损失和浪费，最终都将摊入农产品总成本，从而推动农产品价格上涨。因此，要从动态的新财富观视角出发，突出强调稳市场、保流通与保生产并重，尤其是大力发展以冷链物流为重点的农产品流通现代化迫在眉睫。

随着食品安全诉求日益升温，在农产品流通领域未来必然会出现两个趋势，一是流通环节简化，减少中间批发商的转手次数；二是农产品生产环节的可追溯，在生产源头堵塞食品污染的漏洞。

存在于农产品生产和流通环节的两个趋势，从机制上降低了消费者的采购成本，也有利于减少损耗和保鲜。但要从根本上解决食品安全问题，还必须在冷链物流上增加投入，表现在农产品生产环节，配置冷库仓储；在农产品运输环节，全程使用恒温运输。在冷链物流设施投入不足的情况下，再好的机制设计和立法保障，都无法完全杜绝食品安全事件的发生。

迅速改变农产品流通的落后局面绝非易事，有两个要害问题是绕不过去的：一是冷链物流所需要的巨额启动资金从哪里来？在得到冷

---

① 李慧：《农产品高损耗难题怎么办？》，《光明日报》2012 年 7 月 5 日。

链建设的种种好处、明显减少涉农产成品的损失和浪费之前，必须偿还长期以来累积的历史欠账，在农产品冷链基础设施和技术装备方面增加巨额的先期投入。鉴于这项投入明显带有社会公益性质，在很大程度上还要依靠公共财政提供支持，采用政府出资、监管，企业化运作的办法。二是已经启动、处于运营中的冷链物流体系如何保证可持续发展？在保障食品安全标准与冷链物流降低能耗之间如何权衡？冷链物流的各个环节如何实现无缝化衔接？目前，由于相关企业无力承担冷链物流的巨额投入，生鲜农产品冷藏、冷冻、冷运的覆盖面极小，低温保鲜程度远未达标，冷链流程不够完整，各个环节协调衔接涩滞，在途"脱链现象"十分普遍，因而对食品安全构成了极大威胁。这些核心问题都需要在理论和实践中不断探索加以解决。

按照这个思路，需要进一步研究的具体问题包括：冷链物流提供商和冷链物流用户的投资—成本—价格—盈利等经营指标和综合经营状况；农产品和食品冷链保鲜管理现状；如何实现既能保证生鲜农产品—食品冷链物流全流程绝对安全，又能将冷链物流成本、碳排放维持在冷链物流提供商、冷链物流用户和消费者可以承受的范围内；基于冷链物流基础设施和技术装备的公益性质，国家相关部委对冷链物流的财税支持政策设计及其效果评价；冷链物流冷库吞吐机制与生鲜产品市场供求及价格稳定的关系；突发事件后应急冷链物流能力体系建设；等等。

对上述一系列问题的理论研究和实证分析，有助于化解长期以来对农产品冷链物流的种种理论误区。在应对政策方面，加强鲜活农产品冷链物流设施建设，支持"南菜北运"和大宗鲜活农产品产地预冷、初加工、冷藏保鲜、冷链运输等设施设备建设，形成重点品种农产品物流集散中心，提升批发市场等重要节点的冷链设施水平，完善冷链物流网络。

我国物流产业连接上下游多个产业，对经济带动性强，且处于快速发展的阶段。一方面，我国物流业基础网络日益完善且一直以来受到政府大力支持；另一方面，我国物流业还存在信息化程度低、行业分散、效率较低、中间环节多等诸多不足。当前，物流业呈现出竞争主体多元化的特点，目前正从低集中度、分散化日益走向专业化、规模化。

从产业发展趋势来看，现代物流业正在朝"全球化、网络化、信息化"方向发展，物流规模和物流活动的范围进一步扩大；与此同时，物流企业向集约化与协同化发展，不断采用新的创新性技术改造物流装备和提高管理水平。因此，物流业本身也必须在系统化、集约化、组织化等方面经历不断发展的过程，才能够通过承担社会物流职能来提升总体经济效率。

我国已经提出了"中国制造2025规划"，作为新常态下中国经济提质增效的政策纲领。要达成这样的战略目标，必须辅之以现代物流业的强有力支撑。而现代物流技术创新和信息技术发展，为我国物流产业实现赶超式发展提供了关键契机。依托互联网为代表的信息交换和大数据分析，辅以机器人、无人机、物联网等人工智能技术，现代物流业完全可能成为高科技改造升级传统产业的示范标杆和科技创新的试验田，从而达到对我国物流业高耗低效的状况进行改造升级的目的，真正实现空间上产业结构调整与时间上产品流程优化两者之间的促进融合。

总之，"十三五"规划期间发展现代物流业，要明确将工业企业流程优化、节能降耗、降低社会物流总成本作为主攻方向，同时高度关注事关民生的农产品、食品冷链物流和快递物流。在编制"十三五"物流业发展规划时，应避免四平八稳、面面俱到，关键要把解决物流领域长期存在的突出问题作为核心主线及政策抓手，尽可能对能耗指标、效率指标、质量指标等明确细化，通过市场化手段，强化政策落实，实现物流产业的转型升级和现代化。

第三章　物流业的宏观作用
及运行机理

物流业是融合运输业、仓储业、货代业和信息业等的复合型服务产业，是国民经济的重要组成部分，涉及领域广，吸纳就业人数多，促进生产、拉动消费作用大，在促进产业结构调整、转变经济发展方式和增强国民经济竞争力等方面发挥着重大作用。

关于现代物流与经济增长的关系，从经济学的视角分析，现代物流的发展能够促进经济的发展，即"现代物流是经济发展的加速器"。其理论依据来自：从分工理论的角度，现代物流的发展促进了社会分工的进一步分化，从而促进了经济的增长；从新兴古典经济学的超边际分析理论出发，物流联盟的出现通过对交易费用的降低从而促进了经济的增长；从区域经济学的角度，如果没有物质实体的交换、流动，就不会有增长的极化和扩散效应，增长极就不会产生，梯度推移也就不会实现，区域经济的基本运转就会中断。

从实证研究的角度出发，国内外学者采用定量研究的方法对物流业对国民经济的影响做了大量的分析。分析工具包括投入产出法、计量经济学方法、系统动力学理论、灰色关联理论等。

本书在探讨物流业对国民经济的影响时，从经济发展内涵的两个方面展开，分别是经济总量增长和产业结构优化。

第一节　物流业对经济总量增长的
影响机理分析

物流业从产业分类上属于第三产业，在其提供物流服务的过程中耗费必要的资源，其增加值直接计入第三产业增加值当中，最终成为GDP 的一部分。物流业通过对其上下游产业的关联作用，间接促进了经济总量的增长。物流业创造的效益直接构成 GDP 的部分就是物流业的直接贡献，而其通过上下游产业的关联、波及作用对经济总量产生影响的部分就是物流业的波及效应，其中包括前向、后向以及消费波及效应。这两部分加总就构成了物流业对经济总量的影响，可以通过其量化的变动情况来衡量物流业对经济总量增长的影响。

中国已经成为全球最大、最具潜力的物流市场。从 2013 年开始，中国成为世界物流总量第一大国，按美国供应链调研与咨询公司统计分析，2013 年中国物流市场占全球物流市场的 18.6%，超过美国15.8% 的水平。2014 年国务院通过了《物流业发展中长期规划》，把物流业明确为"基础性、战略性产业"。其基础性主要是指物流业对国民经济发展的贡献度，2014 年，物流业增加值为 3.5 万亿元，占GDP 的 5.6%、服务业的 11.6%；其战略性，主要是指物流业对国民经济发展的引领度，用现代物流特别是供应链管理去提升与改造传统工业、农业和服务业。

无论是我国物流市场规模，还是物流业对其他产业的波及和辐射效应，都能看出物流业在国民经济中起着举足轻重的作用。但是，正是因为物流业具有庞大的市场规模和深远的产业影响力，所以更有必要把物流业作为宏观经济增长和产业结构升级的重要抓手，发挥其应有的作用。

第二节　物流业对产业结构优化的影响机理分析

物流业对产业结构优化的促进作用主要体现在三个方面：一是物流业作为第三产业的重要组成部分，其市场规模和 GDP 贡献率增大，意味着经济增长动力从第二产业向第三产业转移，这会促进经济结构的优化。二是现代物流业属于技术密集型和高附加值的高科技产业，凭借物流业对其他产业既有的辐射和带动作用，技术外溢效应传导到其他产业，并助推产业结构优化升级。三是物流业作为电商崛起背后的重要支撑，现代物流业的发展会改善消费环境，促进流通便利化；反过来，电商的崛起将颠覆传统的市场分销体系，促进生产环节的柔性化和快速响应，带动产业形态的优化。

产业结构优化的基本特点是产业合理化和高度化。物流业作为前端产业，会对服务业、信息业、金融保险业等第三产业产生显著的关联效应，并改善第三产业的内部结构和运行方式，促进产业结构的转型升级。

当前，以"互联网＋"作为突破口的新经济加速发展。电子商务发展迅猛，不仅创造了新的消费需求，引发了新的投资热潮，而且正加速与制造业融合，推动服务业转型升级，催生新兴业态，成为经济发展新的原动力。以快递为代表的电子商务物流既是电子商务实施的重要环节和发展推力，又受益于互联网创新成果的深度融合，是支撑电子商务发展的重要支柱。

在产业结构的转型过程当中，传统产业和新兴行业的分化越发严重。这实际上是经济的"破坏性创造"，虽然痛苦，但是产业升级的必由之路。落后的生产方式、商业模式将被淘汰，新的生产力将取而代之，科技创新将彻底颠覆产品和服务的提供方式。当对传统行业的改造充分完成之后，我们才能看到全产业的复兴。

具体到产业结构的升级路径上，会由信息技术相关的产业最先开始启动，传导到传统行业分化出的子行业，在完成对市场观念的改造和模式的革新后，整个大行业会发生彻底的变革。现代物流业植根于信息技术的传播，因其自身的技术进步和管理创新，逐步带动第一产业和第二产业由劳动密集型向技术密集型的转型升级。

第三节　经济新常态下的物流业功能提升

现阶段，我国正处于经济发展的"新常态"时期，即经济发展要实现从速度型向质量型升级，从投资拉动向消费拉动转型。而完成这个转变的重要特征就是要使经济在低成本环境下高效运行，实现经济高效率、低成本和可持续发展。在此背景下，现代物流业的发展就显得尤为重要，一方面，工业物流作为生产性服务业渗透到产业链的各个环节，通过降低物流成本可以为企业节能降耗和提升利润率；另一方面，伴随内贸流通的繁荣以及互联网经济的兴起，快递物流作为电商消费的重要环节，解决了传统消费"最后一公里"的难题，不仅推动了网购和电商市场急剧增长，也带动了商业业态和传统消费模式的转型。

党的十八大以来，新一届中央领导集体对我国现代物流业发展高度重视。2014 年 6 月 11 日，国务院常务会议讨论通过了《物流业发展中长期规划》，这次规划的出台是继 2009 年《物流业调整和振兴规划》后又一项更具针对性和可操作性的国家战略规划，深化了市场经营主体对物流产业地位的认识，明确了未来物流业发展方向和目标；尤为重要的是明确了现代物流业在稳增长、调结构、惠民生方面的作用。现代物流业之所以能够承担这样的战略任务，核心在于其已经成为科技创新和技术进步的产业高地；最终让现代物流业对整个社会经济的发展起到一个至关重要的引领、推动和支撑作用。

正是依托现代科技的发展和技术进步的推动，物流业的战略地位才得到了明显提升，并取得比国民经济增速更快的持续高速增长。过去十多年来，推动物流产业发展的主要技术创新包括空间技术、信息技术、物联网技术、海运航空和高铁技术等。物流科技对物流业发展的作用，在未来会显得越来越重要。

一 技术创新是实现物流现代化的必由之路

当前，我国经济已经进入"新常态"，依靠科技进步带动产业创新发展，成为当前宏观经济政策制定者的共识。从 1912 年奥地利经济学家熊彼特出版《经济发展理论》，提出"创新理论"[①] 开始，到 20 世纪 50 年代以后，技术创新受到全球广泛关注。联合国工业发展组织在《工业发展报告 2013》中介绍了 18 世纪以来的六次创新浪潮。可以看到，伴随着每一次重大技术创新的出现，首先带动的是以运输技术为代表的物流效率的提升。

[①] 他认为，企业创新是引入一种新生产函数，就是生产要素的一种新组合，并提出了企业创新的五种形式：新产品、新工艺、新原料来源、新市场和新企业组织形式。

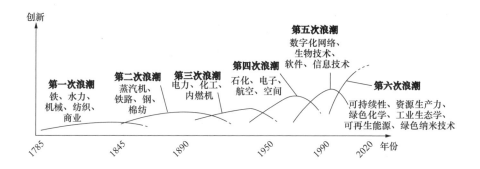

图 3 - 1　18 世纪以来技术创新的六次浪潮

资料来源：UNIDO，2013；Hargroves，Smith，2005。

第一次技术创新的浪潮出现在 1785—1845 年，以水力、纺织和铁的广泛利用为代表，帆船成为远洋航海的动力源泉，由此建立了英、法、荷兰和西班牙遍布全球的殖民地，内陆河道系统也开始筑建，生产和运输成本都显著降低。

第二次技术创新的浪潮形成于 1845—1900 年，煤作为主要能源，推动了蒸汽动力的广泛应用，这一时期，铁路运输系统获得了巨大发展，成为资源运输和市场开拓的重要推动力。蒸汽船在航海技术中代替了帆船，带动了全球贸易的扩张。

第三次技术创新的浪潮以电气化为代表，在 1900—1950 年发展成熟。电气化让城市轨道交通系统首次呈现在世人面前，特别是地铁和电车的开通。另一个重要的技术进步来自内燃机，它的使用让人类进入了真正的汽车时代。

第四次技术创新的浪潮发生在 1950—1990 年，"二战"后的全球经济增长黄金期促进了以塑料为代表的新材料的广泛应用。喷气发动机让航空业第一次进入大众市场，航空快递业的兴起和成熟成为物流技术进步的又一个典型案例。

第五次技术创新的浪潮始于 1990 年，接下来预计在 2020 年可能出现新一波技术浪潮。在此期间，信息技术成为技术创新的"弄潮儿"，它为人类提供了新的通信方式、更高效的生产和物流系统，而电商的发展成为现代物流技术发展和物流产业转型的助推器。

从历史上的五次重大技术创新来看，它们的出现都与经济环境的变迁紧密相连，也由此推动了物流技术进步，特别是在交通运输领域。可以说，经济环境的变化对于物流产业形态有着至关重要的影响，而物流业的发展也为国民经济不断向前发展提供了关键的推动力。回顾历次重大技术创新的时间间隔，就能发现技术创新的周期正在缩短。第一次技术创新周期历时 60 年，到了第四次技术创新周期仅持续了 40 年左右；这反映了技术创新更快速地向商业世界传播和得到应用。

技术创新的车轮周而复始，跟踪技术发展的预言家认为下一次重大技术创新可能出现在 2020 年，届时的技术创新的代表可能是机器人及可持续的生产生活方式。像物流机器人、货运无人机、货运无人驾驶汽车、新能源货运交通方式，以及其他新型的快速、绿色、可转换的运输手段，将为物流业的发展描绘一幅与当前截然不同的作业场景。

二 新常态呼唤中国物流业变革

我国经济发展进入新常态，意味着经济增速正从高速增长转向中高速增长，经济发展方式正从规模速度型粗放增长转向质量效率型集约增长，经济结构正从增量扩能为主转向调整存量、做优增量并存的深度调整，经济发展动力正从传统增长点转向新的增长点。

2014 年中央经济工作会议首次从消费需求、投资需求、出口和国际收支等九大方面阐释了"新常态"的含义。归根结底，新常态的一个重要特征就是经济增长从要素驱动、投资驱动向创新驱动的转变。换句话说，新常态经济是创新驱动型的经济，必须将提升科技创新能力和应用转化能力放在促进形成新常态经济的核心位置。

中国经济发展已经进入新常态，向形态更高级、分工更复杂、结构更合理阶段演化，这是当前各个产业门类共同面对的基本现实和关键主题。就物流业而言，其表现形态是依托科技创新引领，实现产业从传统到现代化的脱胎换骨，现代物流业将具备信息化、智能化、自动化、全球化、可视化、低碳高效六大特征。

为了促进物流业的健康发展，结合当前我国物流业的现状，"十三五"规划期间需要重点做好以下六个方面的变革。

一是传统的外向型和国内大宗物资为主的物流体系将逐渐转变为满足内需的国内物流体系（见图 3 - 2）。

二是传统物流服务向内陆延伸，而高端物流服务将在沿海产生。根据我国地区产业分布和梯次转移的战略规划，为了承接产业转移带来的物流需求，今后五年内陆省份的固定资产投资增速将远高于沿海地区，从而带动沿海传统强势产业陆续向内陆转移。[①] 统计显示，2008—2013 年，五个主要内陆省份四川、重庆、湖北、陕西、河南的固定资产投资年均复合增长 23%，同期其他内陆地区的固定资产投资年均复合增长 24%，二者都高于同期全国固定资产投资平均增速 21%，更高于沿海地区 12 个省份的固定资产投资年均增速 19%。与此同时，沿海经济发达地区的行业将产生越来越多新的物流需求。除了提升速度及可靠性、安全性、无货差等基础物理服务的品质之外，一些全新的物流需求也逐渐涌现出来，比如逆向物流、国际国内网络衔接、供应链金融、仓储增值服务等。

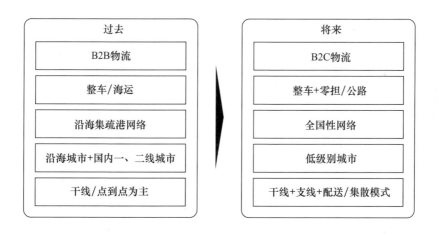

过去	将来
B2B物流	B2C物流
整车/海运	整车+零担/公路
沿海集疏港网络	全国性网络
沿海城市+国内一、二线城市	低级别城市
干线/点到点为主	干线+支线+配送/集散模式

图 3 - 2 经济增长模式由外向型向内需型转变过程中物流体系的变化

资料来源：《迎接中国经济的新常态》，科尔尼管理咨询，2015 年。

———————

① 从主要产业转移的路径来看，沿海省份的医药产业将陆续向东北地区转移和聚集；机械产业将陆续向中部地区转移；电子信息产业将陆续向中部地区和西部地区转移和聚集；服装产业将陆续由苏南向苏北拓展，由粤南向粤北和东西两翼发展，由福建省、浙江省、山东省逐渐向周边地区扩散。

三是以消费者需求为中心的竞争模式要求供应链变得更加灵活。当经济增长从依靠投资拉动转变成依靠消费拉动的时候，物流服务必须迅速适应经济发展的要求，在供应链的不同环节作出相应的调整。以消费为主导的经济增长模式，对供应链的要求反映在三个方面。其一，从正向供应链管理向反向供应链管理转变；其二，从过去注重物流成本向注重服务和效率转变；其三，物流分工更加模糊、物流响应速度更加快速、物流服务更加灵活。具体来看，传统物流运作模式是跟随生产流程被动分割式管理，从采购、生产、物流到销售，往往会经历如下作业流程：单次采购量大、整车运输、等待时间长、单次投产产量高、存货变动大、大规模生产、生产周期固定。但现代物流管理必须顺应消费浪潮的变化，对物流作业流程作出调整，随之而来的是根据客户需求安排柔性生产的过程，首先是预测需求；其次是单次采购量少、采购频率高；再次是采用零担运输、要求隔天运达；最后是单次产量少、基本不准备存货。物流服务的目标变成了通过小批量定制，以及灵活的供应链策略满足客户不断变化的需求，避免需求波动导致的产品滞销，在这样的服务导向下，物流管理的宗旨从成本最小化变成了服务和效率最大化。

四是人口红利的消失倒逼行业整体减少劳动密集型运营方式，提高运营效率。我国物流业经过多年发展，虽然在现代物流理念方面已经深入人心，但是大多数经营主体仍然处于物流发展的初级阶段，一个形象的描述就是"小、散、乱、差"。比如，全国有20多万家物流企业，普遍经营规模较小；90%以上的公路运力掌握在个体经营者手里；市场秩序较乱，竞争行为不规范；服务质量差，经营效益差。另一个与现代物流理念格格不入的现状是我国物流业缺少对新技术的应用，手搬肩扛仍然能看到，机械化、自动化和信息化投入不足。

但是，面对中国劳动人口总量下降的现状，物流业自身的转型升级已经迫在眉睫。根据国家统计局的数据，2015年中国劳动人口总量将首次出现负增长，"十二五"规划期间中国职工的工资水平年复合增长12%，人口数量红利正在逐渐消失。物流业应对人口红利消失，就是实现从劳动密集型向技术和资金密集型的产业转型升级，核心在于提高运营效率。为此，可以在三个方面着手作出改进。首先，实施物流设备的标准化和共享，推广应用卡车拖箱及托盘，实现铁路、公路、海运集装箱化；其次，提高物流作业的机械化、自动化水平；最后，整合供应链流程，全面推动行业信息化水平，减少人工录入、确认和沟通的环节。

五是电子商务绕过传统的经销商渠道，直接接触消费者，带动了网购热潮和快递业的繁荣。电子商务的出现促进了快递业的飞速发展。根据艾瑞咨询的数据，2007—2014 年网购交易规模从 56 亿元增长到 2.8 万亿元，年均复合增长 75%；与之相呼应的是快递业务量的喷发，快递量在这 7 年间从 12 亿件增长到近 140 亿件，年均复合增长 42%，快递企业的收入也从 343 亿元增长到 2045 亿元。根据测算，我国的快递业务量未来三年将维持年均 30% 的增速，增长主要来自四个因素。

（1）网购消费潜力依然巨大。一方面是现有网民已经对网购产生了很强的依赖性，而网购物流对快递依赖度也极大；另一方面移动互联网渗透率进一步提高，带来新的电商增量。

（2）国民经济转型升级带动快递需求。经济转型升级意味着知识密集型产业和高附加值产业在国民经济中占据越来越大的比重；高价值产品特别是需要维持较低存货率的产品，如电子元器件，对快递服务的依赖程度很大。

（3）我国快递收入仍处于快速增长时期。根据国外快递业的发展趋势，当快递行业收入占 GDP 比重在 0.2%—0.5% 时，行业迎来快速发展机会；当这个比重超过 0.5% 时，增速趋于平稳。目前美国、欧洲的快递收入占 GDP 比重普遍在 0.8%—1%，而 2014 年我国快递行业收入占 GDP 比重约 0.3%，已经达到了需求快速增长的临界点。

（4）我国年均快递使用量仅为美国的 1/4，增长空间巨大。根据邮政行业发展统计公报，年人均快递使用量从 2008 年的 1.1 次上升至 2013 年的 6.8 次，约是美国年人均快递使用量的 1/4，我们认为人均使用快递量还有很大的发展空间，同时也会带动人均快递支出上升。

六是对低碳经济和循环经济的日益重视，要求物流业进一步降低单位运输量的能耗及设施设备的空置率。根据不同运输方式运行效率的对比，水路运输单位周转量的碳排放量仅为 13 克/吨千米，是最节能的运输工具。其次是铁路，单位周转量的碳排放量为 17 克/吨千米。公路单位周转量的碳排放量达到 56 克/吨千米。相比之下，航空不仅运输费用最贵，而且最不环保，比如航空单位周转量的碳排放量高达 1300 克/吨千米。但航空物流仍然获得了越来越多的市场份额，原因在于航空物流更加快捷，更适合现代供应链对于速度和服务的高水平要求。

国内外物流设施设备的空置率，反映了一个国家物流装备的使用效率。当前，我国各地数量众多的物流园区空置率高达 60%，美国物流园区的空置率一般低于 20%，巨大的差异背后是我国物流园区和物流设施的低水平重复建设。再来看卡车空载率指标，我国卡车运输的平均空载率达 40% 左右，同期美国卡车的平均空载率仅 10%，德国卡车的平均空载率达 18%。仅从卡车空载率这一项指标来看，中国的卡车运输对于运力的耗费约为美国的 4 倍，为德国的 2 倍多。未来节能降耗的空间非常广阔。

第四节　物流业促进产业结构优化升级

正如物流业与经济增长之间相互促进的关系一样，当经济增长进入一个新的阶段，产业结构的转型升级成为历史必然，这时的物流业在产业定位和内部结构上也会出现许多新的变化。物流业这些变化的发生，必将伴随创新技术的应用，并反馈到产业结构优化的进程中。从而出现了物流业的创新发展与产业结构优化升级的正反馈效应。

一　产业结构优化升级对物流业的深层次影响

产业结构升级会带来更多的工业物流需求。长期以来，人们普遍认为随着经济增长，发达国家生产的商品数量将逐渐减少，反映在物流业，意味着物流货运量增速将远低于经济增长速度。但从发达国家的物流实践来看，这个论断与事实恰好相反，因为发达国家的经济活动外包导致了企业内部和企业之间分工的深化，最终反而带动了物流货运量更快地增长。物流密度，作为衡量单位生产数量所对应的物流活动在许多商品门类上都出现了明显的上升趋势；在价值链的不同阶段，产品的零配件和半成品被周转的次数更多了，这不仅是在企业内部，而且在企业之间也可以看到这种现象。

经济增长方式转变改写了物流业的产业特征。中国经济增长方式转变的两个重要特征就是从出口导向型向内需拉动型的转变以及从投资依赖型向消费主导型的转变。传统的出口导向型和投资依赖型的经济增长模式强调的是"大交通、大物流"的理念，但随着进出口规模转为低速增长，物流资源的配置将更多地向内需和消费端倾斜，这时的物流需求特征表现为碎片化、不可预测及明显的波动性。

新型城镇化和人口结构变化凸显了城市物流的重要性。新型城镇化会引导居民逐渐向城市或中小城镇集聚，同时人口老龄化的压力也会让更多的年轻人走入城市寻找就业机会，这将带动经济和人口增长逐渐以城市为中心展开，城市物流的高效运转和更多的资源投入将成为未来社会的物流重心。

生活水平的提升改变了物流业的需求结构。随着经济增长，中产阶级人数和高价值的产品数量增加，进一步增加了对快递物流的需求，同时要求物流配送的服务更加方便快捷。由于物流配送价格占商品价值的比重下降，最终会带动航空运输和公路运输服务占比的上升，铁路货运和内陆水运因为速度更慢而导致货运量和货运周转量占比下降。

区域经济协同发展推动了物流市场的一体化。都市圈和经济区域的扩张会促进跨地区运营的综合物流服务供应商的发展。根据我国区域经济发展规划，未来将建成环渤海城市群、珠三角城市群、长三角城市群、长江中游城市群、成渝城市群、中原城市群、呼包鄂豫城市群、哈长城市群等重点区域，城市群内部和城市群之间的物流市场将互联互通，成为内贸流通一体化的先行者和样板。

可持续发展的理念掀起了绿色物流的勃兴。物流活动对生态环境的破坏体现在废气污染、噪声污染、资源浪费、交通堵塞、废弃物增加等，这些弊端将阻碍产业结构的转型升级。绿色物流作为经济可持续发展的重要方面，未来将与绿色制造、绿色消费共同构成一个节约资源、保护环境的绿色经济循环系统。

二 物流业依托技术创新带动产业结构优化升级

（一）科技创新让物流业成为产业结构优化升级的排头兵

当前，调整产业结构的引导方向之一是，加快发展现代服务业，通过提升生产性服务业和高端服务业的层次和水平，下大力气发展新型消费性服务业，满足人民群众不断增长的服务性需求，以此推动经济增长动力从制造业和建筑业向服务业转变。物流服务一端联系工业企业，另一端联系电商等新型消费领域，是生产性服务业和高端服务业的集中反映。这是物流业之所以获得宏观经济决策层高度重视并成为重点发展领域的关键原因。

前文曾提到，现代科技创新的历史就是一部物流技术应用代际更替的发展史。在我国物流业由传统物流向现代物流过渡的过程中，科技创新在其中起到了至关重要的作用。其中，操作创新、技术创新、管理创新、经营创新等各种层出不穷的创新模式，使很多传统物流企业改变了原来的经营模式，走上了又快又好的发展之路。

信息化推动了物流和供应链管理的精干高效，自动化立体库、输送分拣设备让仓储管理变得轻松快捷，机器人、无人机、无人驾驶汽车的应用让未来的快递业变成了高科技的游戏场，传感器、卫星导航、地理信息系统让人、车、货物的流动完全可视化，新能源汽车的推广让大货车彻底摆脱了"大气污染杀手"的称号，全球交通基础设施互联互通让跨境物流变成了一场"海淘"的盛宴。

当今最新的科技前沿都在物流领域获得了巨大的应用前景，这传承了科技创新改变物流世界的历史规律，并会促成我国物流产业弯道超车，通过最新科技的应用，把传统物流产业一下子提升为现代高科技武装的产业高地，并引领其他产业走上依靠科技创新带动转型升级的光明大道。

（二）物流服务创新促进工业生产转型升级

作为生产性服务业的代表，工业生产所需的物流服务为保持工业生产过程的连续性、促进工业技术进步和产业升级、提高生产效率提供了重要的保障服务。加快发展现代物流业，促进现代物流业与先进制造业的有机融合、互动发展是促进工业生产转型升级的重要途径。正如日本企业的"零库存"理念和"JIT"供应链管理推动了"精益生产"模式的诞生，没有物流领域的高效、集约型运作，就不可能有工业生产的转型升级。

伴随组织创新和信息化浪潮的发展，现代物流服务不仅更加优质、高效、低耗，而且会带动一些全新的物流服务产生，这些全新的物流服务将扮演加速推动传统工业转型升级的角色。比如，国际物流、通关一体化和供应链金融服务的导入将助推传统装备制造业的转型升级，受益的产业包括航空、海工、船舶及轨道交通装备制造业、节能环保设备制造业和通信网络装备制造业、发电与输变电装备制造业等。逆向物流、国际物流和仓储增值服务的兴起将改造提升传统的服装纺织业，受益的产业门类包括纤维材料、高档服装生产等。供应链金融的繁荣将加快升级传统能源及资源型产业，受益的高端制造业包括烯烃及下游产业、高分子材料及复合材料。通关一体化和仓储增值服务的应用将促进生物医药产业的转型升级。

（三）智慧物流的导入改善了消费环境，促进了流通便利化

当前，阻碍我国物流业转型升级的最大难题就是如何化解不断增长的公路运输和快递需求与日渐拥堵的城市交通之间的矛盾。建设城市智慧物流系统，是用科技创新改造传统物流作业模式的新案例。近年来，我国物流业需求结构发生巨变，以干散货、大宗商品等为代表的传统物流需求增速放缓，甚至物流货运量出现绝对下滑，而以快递、零担为代表的电商物流异军突起。随之而来的是，铁路作为传统货运渠道的货运量出现了停滞，而民营快递和公路物流企业得到了高速发展。2014年，铁路货运收入约2000亿元，近几年几乎没有增长；而快递行业收入也接近2000亿元，较2009年增长超过300%。

互联网不仅改变了传统的商业业态，也改写了物流产业的内部结构。产业结构的转型必将带动经济增加值逐渐从生产端向消费端转移，这意味着作为居民生活类物流的快递业务量的增长速度将会远远超过作为生产性服务业的工业物流增长速度。就像每年的"双11"电商促销都会导致快递量激增并严重延误到货时间一样，快递业务量的井喷式增长反而会加重城市交通困难，并影响到消费体验和经济增长。

造成我国物流成本居高不下的主要原因之一是公路运输的卡车空

驶现象。在物流市场分割、货源信息不对称的情况下，卡车空驶将在未来很长一段时间内成为物流业的短板，并增加拥挤的道路交通的负担。智慧物流针对当前物流业的痛点，运用现代信息技术，以移动互联网为媒介、地图为载体、云计算为保障，促进物流业高效低耗发展。建设城市智慧物流系统，重点是实现货源和车辆快速匹配、选择货车最佳行驶路线、对货车和货物实时监控。通过便捷快速的物流服务，改善购物消费体验，促进流通便利化。

（四）物流引领"一带一路"和区域经济规划的实施

根据国家发改委、外交部、商务部三部委联合发布的《推动共建丝绸之路经济带和 21 世纪海上丝绸之路的愿景与行动》，基础设施互联互通是"一带一路"建设的优先领域。为此，要抓住交通基础设施的关键通道、关键节点和重点工程，提升道路通达水平；推进建立统一的全程运输协调机制，促进国际通关、换装、多式联运有机衔接；畅通水陆联运通道，加强海上物流信息化合作；加快提升航空基础设施水平。

为配合区域经济发展规划，建设全国统一的大市场，物流将率先启动互联互通。修建城际铁路、撤销跨省公路收费关卡、实行通关一体化、地方物流信息平台联网接入、物流基础设施标准和规制统一，这些做法都将为货流畅通创造必要条件，进而带动产业地区内转移，形成技术、市场、人才外溢效应，真正创造区域经济协同发展的局面。从这个角度看，物流业是"一带一路"政策和区域经济规划的先导产业，其发展是跨区域生产和消费的必要前提。

第四章 物流业发展与
产业关联影响

物流业作为国民经济的神经和血脉，在经济发展中发挥着巨大作用。改革开放以来，我国物流业发展迅速，由计划经济时期的企业内部物流逐渐分离出来，并逐渐发展成为独立的物流产业，为经济运行和发展提供保障和支撑。进入 20 世纪 90 年代中后期，随着我国经济水平的不断提升，物流业始终保持较高速度增长，1997—2014 年物流业增加值年均增长率达 12.1%，高于 GDP 的年均增长率 10.1%，同时物流业增加值占 GDP 的比重接近 7.0%，充分显示出物流业在国民经济发展过程中的重要地位。物流业作为我国国民经济中基础性、服务性的产业部门，与其他产业部门紧密相关，既相互影响又不断互动，因此在进入经济新常态情况下，通过投入产出表纵向考察 1997—2010 年物流业的产业关联效应，判断在国民经济中的地位与作用，分析物流业的产业关联效应及其作用机理，对于在当前经济新常态下，清晰地认识物流业的战略性和基础性地位、推动物流业持续健康发展、充分发挥物流业在国民经济中的功能和作用具有重要意义。

第一节 物流业发展现状

20 世纪 90 年代以来，我国物流业取得巨大进步，产业地位不断提升，尤其是在促进产业结构调整和转变经济增长方式方面，发挥着重要作用。从 1997 年起，在社会物流总额及增长率方面（见图 4 - 1），除 1998 年受亚洲金融危机影响以及 2008—2009 年全球金融危机影响，社会物流总额增长率出现大幅下滑以外，每年同比增长率均保持在20%左右。2011年以后，随着我国经济增速减缓，国民经济处于"增速换挡期""结构调整政策期""前期刺激政策消化期"三期叠加的特殊时期，物流业的发展也开始有所放缓，但其同比增长率仍高于同期GDP同比增长率，表明物流业仍处于中高速增长期。

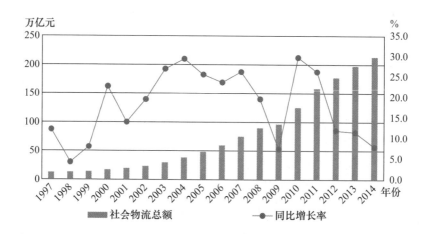

图4-1　1997—2014年社会物流总额及同比增长率

资料来源：国家统计局，Wind数据库。

从社会物流总额的构成情况来看（见图4-2），2000—2013年，工业品物流占物流总额的比重持续增加，而进口货物、农产品、再生资源、单位与居民用品所占比例基本不变或有所下降，表明我国物流业中工业品物流仍占据绝对主导地位。

图4-2（a）　2000年社会物流总额构成

注：图中数据进行四舍五入处理。

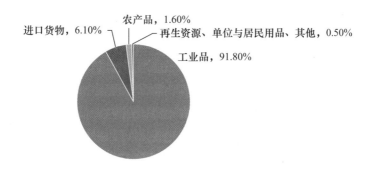

图4-2（b） 2013年社会物流总额构成

注：图中数据进行四舍五入处理。

资料来源：国家统计局，银联信息中心。

从社会物流总费用情况来看（见图4-3），虽然社会物流总费用的绝对值在不断增长，但其所占GDP比例却逐年呈下降趋势，同比增长率也在大幅度收窄，显示出我国经济社会物流运行成本正在稳步降低。

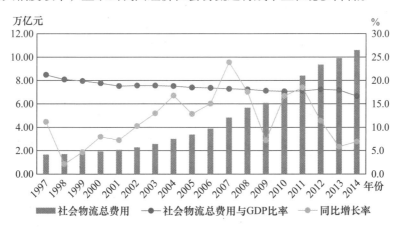

图4-3 1997—2014年社会物流总费用、同比增长率及其与GDP比率

资料来源：国家统计局，中国物流与采购联合会，Wind数据库。

从物流业增加值及其同比增长率来看（见图4-4），1997—2014年期间，我国物流业增加值的同比增长率基本超过同期GDP同比增长率。从2007年开始，由于受到美国次贷危机引发的全球性金融危机影响，物流业增加值增速开始放缓，但仍高于GDP增速。

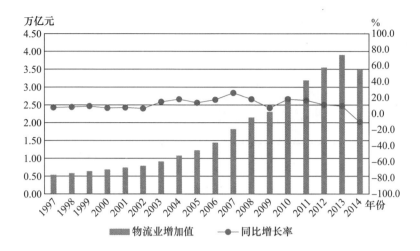

图4-4 1997—2014年物流业增加值及其同比增长率

资料来源：国家统计局，Wind 数据库。

从物流业增加值占 GDP 和第三产业的比重来看（见图4-5），我国物流业增加值占 GDP 的比重基本稳定，在7.0%上下徘徊。物流业增加值占第三产业比重的走势与在 GDP 中所呈现的态势相一致。

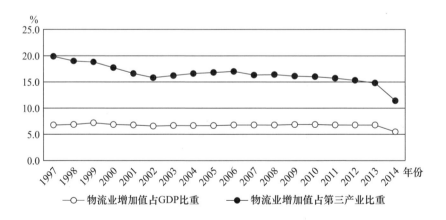

图4-5 1997—2014年物流业增加值占 GDP、第三产业比重

资料来源：国家统计局，Wind 数据库。

从社会物流需求系数情况来看（见图4-6），我国社会物流需求系数基本呈逐年攀升态势。这表示创造单位 GDP 所需求的物流规模在逐步扩大，同时说明我国国民经济对物流业的依赖程度在逐年提高。但在 2014 年，社会物流需求系数近 5 年以来首次开始降低，表明创造单位 GDP 所需求的物流规模有所下降，也就是说，随着经济增长模式的转变、产业结构的不断优化，传统"高能耗、高物流"的增长方式正在向"低能耗、高效率"转变。

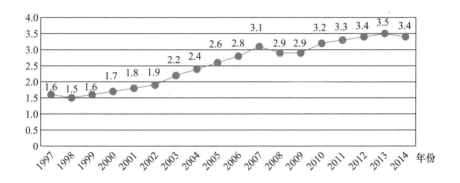

图 4 - 6　1997—2014 年社会物流需求系数

资料来源：国家统计局，Wind 数据库。

综合上述各项指标来看，我国物流业在经历了十多年的高速发展后，自 2011 年发展速度有所放缓，但增长速度仍高于 GDP 增长速度，处于中高速发展增长区间。与此同时，物流业在国民经济中的地位更加重要，社会物流运行成本逐年降低，其基础性和服务性的产业特质越发凸显。但与欧美等发达经济体相比，我国物流业无论在产业结构上还是在运行效率上都还有很大差距。到目前为止，物流业依然以工业物流为主导，服务业物流占比很小，而美国、日本等发达国家的服务业物流占比已达 15% 以上。但是，随着近些年电子商务的蓬勃发展，我国服务业物流具有十分广阔的发展空间，物流业的重心也将逐步转移。

第二节　物流业关联效应分析

物流业作为一个集复合型产业与生产性服务业双重属性于一身的新兴产业，不仅仅只是交通运输及仓储业与邮电业的简单叠加，而是通过优化整合各方面资源为三次产业提供服务，从而提高产业运行效率、提升经济发展质量。由于各个产业部门之间存在广泛而密切的经济与技术联系，因此，一个产业的细微变化都会对其他各产业产生一定的影响，也就是我们这里所说的"波及"。通过利用投入产出表的计算，可以量化产业之间的关联程度和波及程度，进而客观判断产业发展对相关产业的影响程度，从而为制定和调整产业政策提供理论依据。

本部分主要介绍投入产出表的基本结构及内部逻辑关系，并对1997—2010年[1]四期投入产出表进行计算，分析其结果，纵向考察物流业对其他产业的关联作用，以及物流业在国民经济中的地位变化趋势。[2]

一　投入产出表及其基本结构

投入产出表又称部门联系平衡表，是反映一定时期各部门间相互联系和平衡比例关系的一种平衡表。投入产出表可全面系统地反映国民经济各部门之间的投入产出关系，揭示生产过程中各部门之间相互

---

[1]　本报告采用了1997年、2002年、2007年投入产出表和2010年延长表，由于2012年投入产出表中物流相关部门统计口径发生变化，无法与前三期进行比较，故采用了2010年的延长表。

[2]　从统计角度看，本报告计算周期内的历年投入产出表中编制分类和统计口径都略有出入。1997年为40个部门，2002年、2007年为42个部门，2010年为41个部门，其中涉及物流业的变动，是将1997年表中的邮电业分离成邮政业和信息传输、计算机服务和软件业；货物运输及仓储业以及旅客运输业合并为交通运输及仓储业。虽然分类方法和统计口径发生了一些变化，但是物流业的总体发展趋势并未受分类和统计口径改变的影响，如未做特殊说明，本章下面的论述暂且忽略这一变化，直接使用交通运输及仓储业、邮政业来反映。其他涉及调整的项目均在表4-5、表4-6的注释中说明。这些部门类别和统计口径的变化不一而足，但是本书中用到这些数据时或做相关处理，或只使用总体数据，或只需要考虑三大产业部门而无需考虑细分产业类别，因此部门类别名称的改变不影响本书的分析过程和结论。

依存和相互制约的经济技术联系。一方面反映国民经济各部门的产出情况，以及这些部门的产出是怎样分配给其他部门用于生产或分配给居民和社会用于最终消费以及出口等；另一方面还反映出各部门自身进行生产从其他部门取得的中间投入产品及其最初投入的状况。投入产出表不仅反映了各个部门在生产过程中直接的经济技术联系，更重要的是揭示了各部门之间间接的经济技术联系。

下面，具体来看一下投入产出表的基本结构及构成。

表 4－1 投入产出表基本结构

		中间使用			最终使用			进口	总产出
		第一产业	第二产业	第三产业	消费	投资	出口		
中间投入	第一产业	d_{11}	d_{12}	d_{13}	F_1^C	F_1^I	E_1	M_1	X_1
	第二产业	d_{21}	d_{22}	d_{23}	F_2^C	F_2^I	E_2	M_2	X_2
	第三产业	d_{31}	d_{32}	d_{33}	F_3^C	F_3^I	E_3	M_3	X_3
增加值		V_1	V_2	V_3					
总投入		X_1	X_2	X_3					

资料来源：沃西里·里昂惕夫：《投入产出经济学》，崔书香等译，中国统计出版社1990年版。

在表 4－1 中，每个 d_{ij} 都具有双重意义：从行来看，代表的是第 i 产业生产过程中对第 j 产业产品的需求；从列来看，代表的是第 j 产业生产过程中对第 i 产业产品的投入量。即行表示某产业部门生产的货物或服务的去向；列表示某产业部门生产的货物或服务的价值组成。

（一）投入产出表平衡关系

1. 投入产出表行平衡关系

表行的数据，表示某产业部门向包括自身在内的各个产业部门提供由其生产的中间产品的情况。表行的平衡关系为：

$$\sum_j d_{ij} + f_i^C + f_i^I + e_i - m_i = x_i (i, j = 1, 2, \cdots, n) \quad (4.1)$$

用矩阵形式表示为：

$$D + F^C + F^I + E - M = X \quad (4.2)$$

即：

中间使用 + 最终使用 - 进口 = 总产出

2. 投入产出表列平衡关系

表列的数据，表示某产业部门向包括自身在内的各个产业部门购得中间产品的情况。

$$\sum_i d_{ij} + v_i = x_j (i, j = 1, 2, \cdots, n) \tag{4.3}$$

用矩阵形式表示为：

$$D + V = X \tag{4.4}$$

即：

中间投入 + 增加值 = 总投入

3. 投入产出表总量平衡关系

即一个产业部门的总投入等于其总产出，扩大至整个国民经济就是所有产业部门的总投入等于总产出。

$$\sum x_i = \sum x_j (i, j = 1, 2, \cdots, n) \tag{4.5}$$

观察表 4 - 1 还可以发现，中间投入等于中间使用。

（二）各主要系数

1. 中间需求率

中间需求率 G_i，反映了国民经济各产业部门的总产品之中有多少中间产品（即原材料）为其他各产业部门所需要。中间需求率越高，表明该产业部门就越带有原材料产业的性质。依据中间需求率，就能较为准确地计算出各产业部门产品用于生产资料和消费资料的比例，从而较准确地把握各产业部门在国民经济中的地位与作用。

$$G_i = \sum_{j=1}^n d_{ij} / X_i (i, j = 1, 2, \cdots, n) \tag{4.6}$$

2. 中间投入率

中间投入率 F_j，反映了国民经济各产业部门在本部门生产过程中，为生产单位产值的产品需要从其他各产业购进的原料在其中所占的比重。一个产业的中间投入率越高，该产业的附加价值率就越低，高中间投入率产业就是低附加价值率的产业部门。

$$F_j = \sum_{i=1}^n x_{ij} / X_j (i, j = 1, 2, \cdots, n) \tag{4.7}$$

3. 直接消耗系数

直接消耗系数 a_{ij}，揭示了国民经济各产业部门之间的技术经济联系，衡量部门之间相互依存和相互制约关系的强弱。a_{ij} 越大，说明第 j 产业部门对第 i 部门的直接依赖性越强；a_{ij} 越小，说明第 j 产业部门对第 i 部门的直接依赖性越弱。

$$a_{ij} = \frac{x_{ij}}{X_j} \ (i, \ j = 1, \ 2, \ \cdots, \ n) \tag{4.8}$$

4. 影响力系数

影响力系数 T_j，反映国民经济中某产业部门在增加一个单位最终使用时，对国民经济各产业部门产生的生产需求波及程度。影响力系数小于1，说明该产业部门生产对其他产业部门所产生的波及影响程度小于平均影响水平；影响力系数大于1，说明该产业部门生产对其他产业部门所产生的波及影响程度大于平均影响水平。

$$T_j = \sum_i b_{ij} \Big/ \Big(\frac{1}{n} \sum_i \sum_j b_{ij} \Big)(i,j = 1,2,\cdots,n) \tag{4.9}$$

5. 感应度系数

感应度系数 E_i，反映国民经济中各部门均增加一个单位最终使用时，某一产业部门因此而受到的需求感应程度。感应度系数小于1，表明该产业部门所受到感应程度低于各产业部门感应度的平均水平，对国民经济的制约能力较弱；感应度系数大于1，表明该产业部门所受到的感应程度高于各产业部门感应度的平均水平，对国民经济的制约能力较强但同时受国民经济发展的拉动也较大。

$$E_i = \sum_j b_{ij} \Big/ \Big(\frac{1}{n} \sum_i \sum_j b_{ij} \Big)(i,j = 1,2,\cdots,n) \tag{4.10}$$

（三）计算过程与结果

1. 计算过程

根据表 4-1，

定义中间需求率 $G_i = \sum_{j=1}^{n} d_{ij}/X_i (i,j = 1,2,\cdots,n)$，

定义中间投入率 $F_j = \sum_{i=1}^{n} x_{ij}/X_j (i,j = 1,2,\cdots,n)$，

根据式（4.2），其中，

$$D = \begin{bmatrix} d_{11} & \cdots & \cdots & \cdots & d_{1n} \\ \cdots & \cdots & \cdots & \cdots & \cdots \\ \cdots & \cdots & \cdots & \cdots & \cdots \\ \cdots & \cdots & \cdots & \cdots & \cdots \\ d_{n1} & \cdots & \cdots & \cdots & d_{nn} \end{bmatrix}, \quad F^C = \begin{bmatrix} f_1^C \\ \cdots \\ \cdots \\ \cdots \\ f_n^C \end{bmatrix}, \quad F^I = \begin{bmatrix} f_1^I \\ \cdots \\ \cdots \\ \cdots \\ f_n^I \end{bmatrix}, \quad E = \begin{bmatrix} e_1 \\ \cdots \\ \cdots \\ \cdots \\ e_n \end{bmatrix},$$

$$M = \begin{bmatrix} m_1 \\ \cdots \\ \cdots \\ \cdots \\ m_n \end{bmatrix}, \quad X = \begin{bmatrix} x_1 \\ \cdots \\ \cdots \\ \cdots \\ x_n \end{bmatrix}$$

同时，根据 a_{ij}、$\overline{m}_{ij}$ 的定义，

$$X = AX + F^C + F^I + E - [\overline{M}^A \times AX + \overline{M}^F \times (F^C + F^I)]$$

其中，

$$A = \begin{bmatrix} a_{11} & \cdots & \cdots & \cdots & a_{1n} \\ \cdots & \cdots & \cdots & \cdots & \cdots \\ \cdots & \cdots & \cdots & \cdots & \cdots \\ \cdots & \cdots & \cdots & \cdots & \cdots \\ a_{n1} & \cdots & \cdots & \cdots & a_{nn} \end{bmatrix}, \quad \overline{M^A} = \overline{M^F} = \begin{bmatrix} m_1 & 0 & \cdots & \cdots & 0 \\ 0 & m_2 & \cdots & \cdots & 0 \\ 0 & 0 & \cdots & 0 & 0 \\ 0 & 0 & 0 & \cdots & 0 \\ 0 & 0 & \cdots & \cdots & m_n \end{bmatrix}$$

经运算后，

$$X = [I - (I - \overline{M^A})A]^{-1} \times [(I - \overline{M^F})(F^C + F^I) + E] = B \times G$$

其中，

$$B = [I - (I - \overline{M^A})A]^{-1}, \quad G = [(I - \overline{M^F})(F^C + F^I) + E]$$

元素为 b_{ij}，

定义影响力系数 $T_j = \sum_i b_{ij} \Big/ \left(\dfrac{1}{n} \sum_i \sum_j b_{ij} \right) (i,j = 1,2,\cdots,n)$

定义感应度系数 $E_i = \sum_j b_{ij} \Big/ \left(\dfrac{1}{n} \sum_i \sum_j b_{ij} \right) (i,j = 1,2,\cdots,n)$

对 X 的结果进一步分解，

$$X = [I - (I - \overline{M^A})A]^{-1} \times (I - \overline{M^F}) \times F^C + [I - (I - \overline{M^A})A]^{-1} \times (I - \overline{M^F}) \times F^I + [I - (I - \overline{M^A})A]^{-1} \times E = BF^{DC} + BF^{DI} + BE$$

算式表明了产出 X 与各部分之间的关系。

2. 计算结果

根据 1997 年、2002 年、2007 年三期投入产出表和 2010 年延长表进行计算，将交通运输及仓储业、邮政业的相关计算结果汇总至表 4－2。

表 4－2　　　　　　　　投入产出表物流业主要系数

年份	产业部门	中间投入率	中间需求率	影响力系数	感应度系数
1997	交通运输及仓储业	0.4343	0.8500	0.8316	1.0922
	邮政业	0.4253	0.8035	0.8615	0.6826
2002	交通运输及仓储业	0.5160	0.7525	0.9351	1.9163
	邮政业	0.6005	0.6135	1.0459	0.4440
2007	交通运输及仓储业	0.5387	0.7721	0.8844	1.4680
	邮政业	0.5095	0.8842	0.8555	0.3818
2010	交通运输及仓储业	0.6053	0.8978	0.9267	1.6033
	邮政业	0.6146	0.9275	0.9321	0.3783

资料来源：由国家统计局、中国物流与采购联合会网站整理所得。

考察交通运输及仓储业系列系数的变动情况（见图 4－7），交通运输及仓储业中间投入率、中间需求率、影响力系数上升，感应度系数相对 2007 年均有所上升。

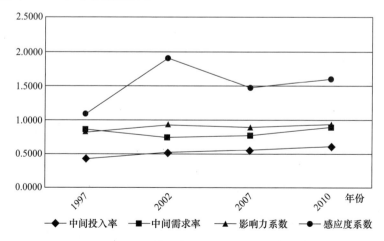

图 4－7　交通运输及仓储业系列系数的变动情况

资料来源：国家统计局，Wind 数据库。

考察邮政业系列系数的变动情况（见图 4-8），邮政业中间投入率、中间需求率、影响力系数相对 2007 年上升，感应度系数下降。

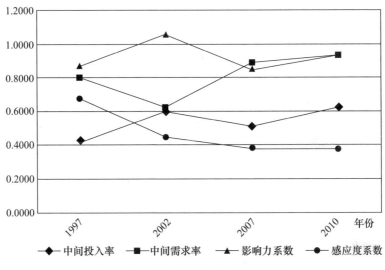

图 4-8　邮政业系列系数的变动情况

资料来源：国家统计局，Wind 数据库。

二　物流产业关联特性分析

（一）物流产业中间需求与中间投入分析

1. 总量与结构分析

一般来讲，国民经济划分采用三部门划分法，从这个角度来看，交通运输及仓储业和邮政业属于第三产业。随着工业化进程的加快，服务业比重持续上升，国民经济发展的重心逐步向第三产业转移，这一点从下文的图 4-9 也得到印证。因此，为了便于阐明交通运输及仓储业和邮政业与其他各产业部门之间的关系，将交通运输及仓储业和邮政业（即本书所指物流业）从三次产业中划分出来并单独列出。

从图 4-9 中可以发现，1997—2014 年，第一产业增加值占 GDP 比重不断降低；第二产业基本呈倒 V 字形走势，自 2006 年以后趋于平缓；第三产业（不含物流业，下文同）近几年逐步攀升，并于 2014 年超过第二产业在 GDP 中所占比重；物流业自 1997 年以来在 GDP 中所占比重一直在 5% 左右徘徊，但自 2001 年开始由 6.23% 缓慢下降至 2013 年的 4.43%，在 2014 年略有反弹。

综合来看，目前我国物流业面临着产业转型的挑战，未来几年将逐步从工业物流主导转变为服务业物流主导，尤其是快递业，自2011年起连续三年保持超过两位数的高速增长，成为物流业发展中的新增长点。

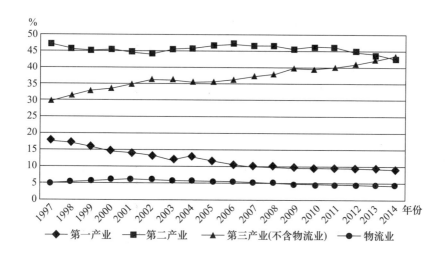

图4-9　1997—2014年三次产业与物流业增加值占GDP比重

资料来源：国家统计局。

2. 中间需求率与中间投入率分析

根据1997年、2002年、2007年和2010年投入产出表，分别固定交通运输及仓储业、邮政业所在行，并按列求和，最后分别除以二者的总产出，求出二者的中间需求率 G_i（见式4.6）。

交通运输及仓储业、邮政业的中间需求率结果如表4-3所示：

表4-3　　　　　交通运输及仓储业、邮政业中间需求率

年份	交通运输及仓储业	邮政业
1997	0.8500	0.8035
2002	0.7525	0.6135
2007	0.7721	0.8842
2010	0.8978	0.9275

资料来源：国家统计局网站，Wind 数据库整理所得。

图 4-10 中列出了交通运输及仓储业、邮政业历年中间需求率的变动情况。通过观察可以发现，自 1997 年起，交通运输及仓储业与邮政业的中间需求率波动上升，说明整个物流业在整个国民经济中的地位越发重要。由于一个产业部门产品的中间需求率越高，说明该产业部门的产品越带有中间产品的性质，也就越能对国民经济起到带动作用。到 2010 年，交通运输及仓储业与邮政业的中间需求率均超过 0.85，说明物流业产品绝大部分都被国民经济各产业部门以中间产品的形式投入生产中，也从侧面印证了物流业为其他产业发展及国民经济增长提供支撑，属于服务性产业。

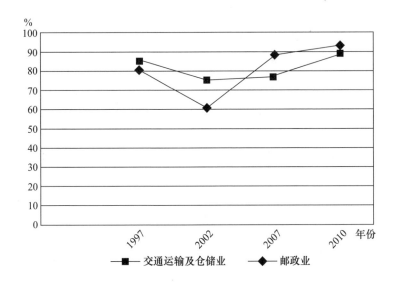

图 4-10 交通运输及仓储业、邮政业中间需求率变动趋势

资料来源：国家统计局。

根据四期投入产出表，分别固定交通运输及仓储业、邮政业所在列，并按行求和，最后分别除以二者的总投入，求出二者的中间投入率 F_j（见式 4.7）。

交通运输及仓储业、邮政业的中间投入率结果如表 4-4 所示：

表 4-4　　　　　　　　交通运输及仓储业、邮政业中间投入率

年份	交通运输及仓储业	邮政业
1997	0.4343	0.4253
2002	0.5160	0.6005
2007	0.5387	0.5095
2010	0.6053	0.6146

资料来源：国家统计局，Wind 数据库。

　　图 4-11 中显示出交通运输及仓储业、邮政业历年中间投入率的变动情况。一般来讲，中间投入率以 0.5 为分界线，中间投入率高于 0.5 的属于"低附加值、带动作用强"的产业，中间投入率低于 0.5 的属于"高附加值、带动作用弱"的产业。考察交通运输及仓储业、邮政业自 1997 年起中间投入率的变动趋势可以发现，1997 年物流业属于"高附加值、带动作用弱"的产业；而 2002 年开始，上述产业的中间投入率均高于 0.5，并在 2010 年达到 0.6，也就意味着物流业逐渐转化为"低附加值、带动作用强"的产业。表明物流业在国民经济中的基础性、服务性地位愈加凸显，对国民经济的其他产业部门的带动作用越来越强。

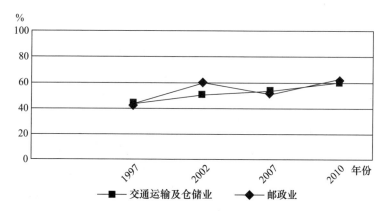

图 4-11　交通运输及仓储业、邮政业中间投入率变动趋势

资料来源：国家统计局。

（二）直接消耗系数分析

1. 直接消耗系数

直接消耗系数 a_{ij} 的计算公式见式（4.8）。

分别计算物流业对各产业部门的直接消耗系数和各产业部门对物流业的直接消耗系数，并对其进行排序。本书选取直接消耗系数排序前五名进行分析，主要原因是排名前五的产业部门与交通运输及仓储业、邮政业的关联程度最大，而且能比较直观地观察出第一产业、第二产业、第三产业的各细分产业部门在排名前五的聚集情况。

完整的计算结果详见附表1、附表2。

2. 物流业对各产业部门的直接消耗系数分析

从表4-5中可以看出，在这四个投入产出表的编制期间，物流业对各产业部门的直接消耗系数发生了结构性转变，主要是第三产业的地位上升明显。具体如下：

在交通运输及仓储业中，交通运输及仓储业对各产业部门的直接消耗系数排名变化不大。1997年直接消耗系数排名前五的产业部门除自身以外均属于第二产业，但自2002年起，排名前5位中出现了第三产业——金融业的身影。石油加工及炼焦业、交通运输设备制造业等排名基本稳定，这几个产业部门属于交通运输及仓储业的上游产业，是为其提供生产资料、生产工具的产业，因此交通运输及仓储业依赖于这几个产业的发展；反之，交通运输及仓储业的发展也会极大地带动这几个产业的发展。此外，交通运输及仓储业也比较依赖于自身的发展。

在邮政业中，在四个编制期内邮政业对各产业部门的直接消耗系数排名比较稳定。交通运输及仓储业、交通运输设备制造业、建筑业、批发零售业基本稳居前五。从2007年以后，邮政业高度依赖交通运输及仓储业及交通运输设备制造业的发展。

综合来看，我国物流业的重心正逐步由工业物流转向服务业物流，但综合全部排名来看，目前我国物流业仍然以工业物流为主导。值得一提的是，交通运输及仓储业对农林牧渔业的直接消耗系数从1997年的第26位逐步攀升至2010年的第6位，这也从一个侧面反映出目前我国农产品物流正在飞速发展，已经成为物流产业的一个新的增长点。

表 4 - 5 交通运输及仓储业、邮政业对各产业部门的直接消耗系数

	位次	各产业部门	货物运输及仓储业对各产业部门的直接消耗系数	各产业部门	邮电业对各产业部门的直接消耗系数
1997 年	1	石油加工及炼焦业	0.103271	电气机械及器材制造业	0.096650
	2	交通运输设备制造业	0.054691	社会服务业	0.044409
	3	货物运输及仓储业	0.043685	机械设备修理业	0.038626
	4	机械工业	0.024844	建筑业	0.033536
	5	化学工业	0.023187	造纸印刷及文教用品制造业	0.028985
	位次	各产业部门	交通运输及仓储业对各产业部门的直接消耗系数	各产业部门	邮政业对各产业部门的直接消耗系数
2002 年	1	石油加工、炼焦及核燃料加工业	0.126664	造纸印刷及文教用品制造业	0.116408
	2	交通运输及仓储业	0.112440	交通运输及仓储业	0.066863
	3	交通运输设备制造业	0.066484	建筑业	0.057164
	4	金融保险业	0.050554	交通运输设备制造业	0.047995
	5	通用、专用设备制造业	0.023914	批发和零售贸易业	0.044399

续表

	位次	各产业部门	交通运输及仓储业对各产业部门的直接消耗系数	各产业部门	邮政业对各产业部门的直接消耗系数
2007 年	1	石油加工、炼焦及核燃料加工业	0.18636	交通运输及仓储业	0.09612
	2	交通运输及仓储业	0.06821	交通运输设备制造业	0.08611
	3	交通运输设备制造业	0.06649	批发和零售业	0.05929
	4	金融业	0.04983	邮政业	0.03402
	5	通用、专用设备制造业	0.02052	石油加工、炼焦及核燃料加工业	0.03382
2010 年	1	石油加工、炼焦及核燃料加工业	0.18643	交通运输及仓储业	0.14421
	2	交通运输及仓储业	0.08440	交通运输设备制造业	0.08000
	3	交通运输设备制造业	0.07038	批发和零售贸易业	0.07585
	4	金融业	0.05898	建筑业	0.04277
	5	通用、专用设备制造业	0.02408	邮政业	0.04243

注：采用了1997、2002、2007、2010年四张投入产出表数据。由于产业分工的演进和统计需要，产业分类标准以及国民经济统计口径在报告期内存在调整，投入产出表中的部门分类和统计口径也相应地存在调整。其中，"石油加工及炼焦业" 2002年后调整为"石油加工、炼焦及核燃料加工业"。"货物运输及仓储业" 2002年后与"旅客运输业"合并为"交通运输及仓储业"。"邮电业" 2002年后调整为"邮政业"与"信息传输、计算机服务和软件业"。"机械工业" 2002年后调整为"通用、专用设备制造业"。"批发和零售贸易业" 2007年调整为"批发和零售业"，2010年恢复。

资料来源：国家统计局，中国物流信息中心。

3. 各产业部门对物流业的直接消耗系数分析

从表4-6中可以发现各产业部门在四个投入产出表的编制期间排名变化。在交通运输及仓储业中，交通运输及仓储业、非金属矿采选业、建筑业一直对交通运输及仓储业的消耗较大，邮政业更是自2007年起占据首位。这说明这些产业是交通运输及仓储业的下游产业，需要消耗大量的交通运输及仓储业产品。综合前十名来看，自2007年起租赁和商品服务业、综合技术服务业、批发和零售业打破了以往第二产业部门一统天下的局面，第三产业部门开始大量需求交通运输及仓储业的产品。

从邮政业的角度看，自1997年起，邮政业高度依赖自身发展。综合各产业部门对邮政业的直接消耗系数来看，前十名基本被第三产业部门所占据，这说明第三产业高度依赖邮政业的发展。邮政业自身的不断发展与完善可以极大带动公共管理和社会组织、租赁和商务服务业、金融业、研究与实验发展业等第三产业发展，保证第三产业的服务质量。

表4－6 各产业部门对交通运输及仓储业、邮政业的直接消耗系数

	位次	各产业部门	各产业部门对货物运输及仓储业的直接消耗系数	各产业部门	各产业部门对邮电业的直接消耗系数
1997年	1	金属矿采选业	0.054485	行政机关及其他行业	0.04474
	2	非金属矿采选业	0.047315	非金属矿采选业	0.03536
	3	旅客运输业	0.045016	教育文化艺术及广播电影电视业	0.02606
	4	货物运输及仓储业	0.043685	建筑业	0.01843
	5	煤气生产和供应业	0.041652	金属制品业	0.01837
	位次	各产业部门	各产业部门对交通运输及仓储业的直接消耗系数	各产业部门	各产业部门对邮政业的直接消耗系数
2002年	1	旅游业	0.161357	文化、体育和娱乐业	0.008953
	2	交通运输及仓储业	0.112440	公共管理和社会组织	0.008530

续表

	位次	各产业部门	各产业部门对交通运输及仓储业的直接消耗系数	各产业部门	各产业部门对邮政业的直接消耗系数
2002 年	3	非金属矿采选业	0.068634	邮政业	0.00450
	4	邮政业	0.066863	金融保险业	0.00422
	5	燃气生产和供应业	0.062020	卫生、社会保障和社会福利事业	0.00339
2007 年	1	邮政业	0.096117	邮政业	0.03402
	2	批发和零售业	0.089292	公共管理和社会组织	0.00870
	3	建筑业	0.075320	教育	0.00342
	4	交通运输及仓储业	0.068213	金融业	0.00293
	5	非金属矿及其他矿采选业	0.064316	文化、体育和娱乐业	0.00237
2010 年	1	邮政业	0.144211	邮政业	0.04243
	2	建筑业	0.093063	公共管理和社会组织	0.01022
	3	交通运输及仓储业	0.084399	租赁和商务服务业	0.00465
	4	批发和零售贸易业	0.066287	金融业	0.00430
	5	非金属矿及其他矿采选业	0.064388	文化、体育和娱乐业	0.00228

注：采用了 1997、2002、2007、2010 年四张投入产出表数据。由于产业分工的演进和统计需要，产业分类标准以及国民经济统计口径在报告期内存在调整，投入产出表中的部门分类和统计口径也相应地存在调整。其中，"非金属矿采选业"2007 年后调整为"非金属矿及其他矿采选业"。"旅客运输业"和"货物运输及仓储业"2002 年后合并为"交通动输及仓储业"。"煤气生产和供应业"2002 年后调整为"燃气生产和供应业"。"行政机关及其他行业"2002 年后调整为"公共管理和社会组织"。"教育文化艺术及广播电影电视业"2002 年后调整为"文化、体育和娱乐业"。"邮电业"2002 年后调整为"邮政业"与"信息传输、计算机服务和软件业"。"批发和零售业"2010 年调整为"批发和零售贸易业"。

资料来源：国家统计局，中国物流信息中心。

综合物流业对各产业部门以及各产业部门对物流业的直接消耗系数来看，物流业在 2002 年以后属于"低附加值、带动作用强"的产业部门，对国民经济发展的带动作用主要体现在为上下游企业提供完整的供应链整合，以及对流通企业线下渠道的优化随着第三产业在国民经济当中的比重不断提高，第三产业对物流业的直接消耗也会越来越大。在"十三五"期间，物流业将从以工业物流为主导逐步过渡到以服务业物流为主导，这不仅符合我国国民经济发展的方向，也对经济结构调整起到促进作用。

三　物流产业波及特性分析

（一）影响力系数分析

影响力系数 T_j 的计算公式见式（4.9），详细计算结果详见附表 3。

综合考察计算结果，影响力系数小于 1 的部门，大多集中在第一产业、第三产业的部分部门以及第二产业中的极个别部门。其中影响力系数小于 1 的第二产业部门基本上为采选业和能源行业，带有较强的原料生产产业性质，属于整个产业链中的上游部门，因而对其他产业部门影响较小。影响力系数大于 1 的绝大多数部门，集中在第二产业以及第三产业的一些部门，其中影响力系数大于 1 的第二产业部门基本上为设备制造业，这些产业部门技术含量高，发展比较成熟，对国民经济具有较大的影响力和辐射力；而那些影响力系数大于 1 的第三产业部门，主要是公共服务领域和生活性服务业，具体包括卫生、社会保障和社会福利业，研究与实验发展业，租赁和商务服务业。

观察表 4 - 7 可以看出，1997 年和 2002 年物流业内部主要产业排名整体有所上升，但在 2007 年排名整体下滑，到 2010 年又都再次回升至 2002 年的水平，较 1997 年均有较大幅度提升。

综合对比其他产业部门来看，整个物流业影响力系数在所有 40 多个产业部门的排名处于中下游水平，且除 2002 年邮政业影响力系数大于 1 以外，其他时期影响力系数均小于 1，这说明我国物流业虽然在四个投入产出表的编制期内有所发展，但对其他产业部门所产生的波及影响程度小于平均水平，表明我国物流业还处于上升阶段，具有广阔的发展空间。

表 4 – 7　　　　　交通运输及仓储业、邮政业影响力系数及排名

年份	交通运输及仓储业		邮政业	
	位次	影响力系数	位次	影响力系数
1997	34	0.831571	33	0.861454
2002	27	0.935070	19	1.045899
2007	30	0.884366	31	0.855527
2010	26	0.926670	25	0.932087

资料来源：国家统计局。

（二）感应度系数分析

感应度系数 E_i 计算公式见式（4.10），详细计算结果见附表4。

综合计算结果来看，感应度系数小于1的产业部门，基本集中在第三产业以及第二产业中的少数部门。感应度系数大于1的部门，基本上属于基础性、传统加工制造业，而且其产品多带有中间产品的性质，尤其是化学工业、金属冶炼及压延加工业的感应度系数，达到各产业部门平均值的2—3倍之多，说明这些部门对国民经济具有较大的促进作用。但在国民经济发展过程中，这些部门也往往成为受到需求压力最大的部门，如果发展滞后会成为制约国民经济发展的"瓶颈部门"。

考察表4–8可以发现，相对于1997年交通运输及仓储业的感应度系数大幅度提升，自2002年起已经稳居前十，而且其感应度系数均大于1。综合所有各产业部门的感应度系数来看，交通运输及仓储业的感应度系数较大，远高于平均水平，说明国民经济发展对交通运输及仓储业的需求很大。而邮政业自1997年起却一路下滑，排名靠后。而且其感应度系数均小于1，基本在0.5上下徘徊，说明邮政业所受到的需求感应程度远低于平均水平。这说明邮政业目前在我国国民经济发展中的地位逐渐降低。

表 4 - 8　　　　交通运输及仓储业、邮政业感应度系数及排名

年份	交通运输及仓储业		邮政业	
	位次	感应度系数	位次	感应度系数
1997	16	1.092184	25	0.682618
2002	4	1.916266	39	0.444002
2007	9	1.468016	41	0.381785
2010	6	1.603254	37	0.378329

资料来源：国家统计局。

四　交叉关联分析

根据前文影响力系数与感应度系数的划分标准，以各产业部门均值 1.0 为分界线，将"影响力系数—感应度系数"分割为四个象限，可以比较直观地综合考察交通运输及仓储业与邮政业的产业关联特性。由于最近一期的投入产出表为 2010 年编制，从时间纵向来看更接近目前我国物流业的发展状况，也能较好地反映物流业与各产业部门之间的关联程度，所以以 2010 年投入产出表为例，绘制各产业部门影响力系数—感应度系数图，见图 4 - 12。

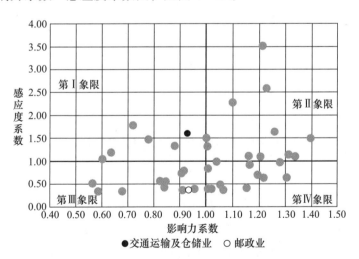

图 4 - 12　2010 年各产业部门影响力系数—感应度系数情况

资料来源：国家统计局。

处于第 I 象限的为"影响力系数小于 1，感应度系数大于 1"的产业部门。这些产业部门影响力较弱但制约能力较强。交通运输及仓储业即位于第 I 象限，显示出其"瓶颈产业"的特征。处于第 II 象限的为"影响力系数和感应度系数均大于 1"的产业部门，具有强影响力、强制约能力的双重属性。这些产业部门是国民经济发展的支柱性产业，同时既是中间产品的主要提供者又是中间产品的主要消耗者，因而具有极强的影响力和制约能力。处于第 III 象限的为"影响力系数和感应度系数均小于 1"的产业部门，基本以第三产业部门为主，对国民经济的发展和制约作用相对较小。处于第 IV 象限的为"影响力系数大于 1，感应度系数小于 1"的产业部门，具有较强的影响力和较弱的制约能力。

结合 2010 年投入产出延长表，以交通运输及仓储业对各部门的直接消耗系数为例，从排名前五的情况来看，交通运输及仓储业对石油加工、炼焦及核燃料加工业，交通运输设备制造业，通用、专用设备制造业的直接消耗系数很大。而这些产业部门又都位于第 II 象限，具有强影响力和强制约能力双重性质，同时又是交通运输及仓储业的上游产业。交通运输及仓储业高度依赖这些产业的发展，同时又受到这些产业部门的强影响和强制约。鉴于我国交通运输及仓储业目前主要与之相关联的产业基本集中在第二产业，应该协调好交通运输及仓储业与第二产业的关系，抓住机遇大力发展服务业物流，促进我国物流产业结构调整与升级换代。

第三节　主要结论

通过考察 1997—2010 年四期投入产出表，分析物流业与相关产业之间的关系，可以看出物流业发展程度及与相关产业之间关联程度变化趋势，为科学判断物流产业地位及对国民经济影响提供理论依据。通过计算各产业部门对物流业的直接消耗系数，以及物流业对各产业部门的直接消耗系数、中间需求率、中间投入率等参数，本书得出以下主要结论。

一　物流产业地位有待进一步提升

从物流业的产业波及特性分析结果来看，物流业的影响力系数相对于1997年有所提高，说明物流业对国民经济的影响力在逐步扩大。交通运输及仓储业与邮政业的中间需求率、影响力系数、感应度系数均有所上升，表明物流业在整个国民经济中的地位越发重要。2010年，交通运输及仓储业与邮政业的中间需求率已超过0.85，意味着物流产品绝大部分都以中间产品的形式投入到生产中，这也印证了物流业为其他产业提供支撑的性质。

但是整个物流业影响力系数排名上，物流业在40多个产业部门的影响力排名处于中下游水平，通过考察1997—2010年四个投入产出表的排名变化，可以看出在此期间物流业的影响能力有所上升，但对其他产业部门所产生的波及影响程度低于平均水平，物流产业还有待进一步发展。

二　物流业成为"低附加值、带动作用强"的部门

根据物流业中间需求率和中间投入率的计算结果，我国交通运输及仓储业、邮政业的中间需求率和中间投入率相对于1997年均有所提升，尤其是自2002年起物流业的产业性质发生了根本性的改变，从原来的"高附加值、带动作用弱"的产业部门转变为"低附加值、带动作用强"的产业部门，对国民经济发展的带动作用主要体现在为上下游企业提供完整的供应链整合，以及对流通企业线下渠道的优化。表明物流业在国民经济中的基础性、服务性地位愈加凸显，对国民经济其他产业部门的带动作用越来越强。

综合物流业对各产业部门以及各产业部门对物流业的直接消耗系数来看，物流业在2002年以后属于"低附加值、带动作用强"的产业部门，随着第三产业在国民经济中的比重不断提高，第三产业对物流业的直接消耗也会越来越大。在"十三五"期间，物流业将从以工业物流为主导逐步过渡到以服务业物流为主导，这不仅符合我国国民经济发展的方向，也对经济结构调整起到促进作用。

三　工业物流为主向服务业物流为主转变

综合物流业对各产业部门，以及各产业部门对物流业的直接消耗系数分析结果来看，1997年与物流业关联度最高的前5位产业，都属

于工业部门，2002 年位居前 5 的产业部门开始出现金融业和批发贸易零售业等第三产业部门，2007 年起租赁和商品服务业、综合技术服务业也加入其中，表明第三产业部门对物流产业的直接需求逐步扩大，也就意味着，我国物流业的重心正逐步由工业物流转向服务业物流，但综合全部排名来看，目前物流业仍然以工业物流为主导。

另外，交通运输及仓储业对农林牧渔业的直接消耗系数从 1997 年的第 26 位攀升至 2010 年的第 6 位，反映出目前农产品物流处于快速发展阶段，已经成为物流业的一个新的增长点。

四 物流业与第二产业协调发展

综合各产业部门交叉关联分析结果，第二产业目前仍是物流业中间需求的主要消耗者，尤其依赖第二产业中的石油加工、炼焦及核燃料加工业，交通运输设备制造业，通用、专用设备制造业，这些产业具有强影响力和强制约能力双重性质，同时又是交通运输及仓储业的上游产业。而物流业高度依赖第二产业的发展，同时又受到这些产业部门的强影响和强制约。

鉴于我国交通运输及仓储业目前主要与之相关联的产业基本集中在第二产业，应该协调好交通运输及仓储业与第二产业的关系，抓住机遇大力发展服务业物流，促进我国物流业结构调整与升级换代。

第五章 物流效率提升的微观
影响及实现机制

第一节 物流活动微观效率的评价方法

目前我国的物流业发展还存在诸多问题，规模小，缺乏竞争力，资源利用不合理，效率偏低，加之国外物流企业对市场的挤占，物流企业发展相对滞后。前述内容从宏观角度分析了物流活动对国家和地区的就业、经济结构、消费需求等方面所起的作用，并针对物流业的产业关联效应进行了量化分析，本部分主要运用产业组织理论 SCP，从微观角度去评价物流企业的效率问题。下面从 S－C－P 产业组织理论框架的市场结构、市场行为、市场绩效三个角度去评价。

一 物流产业所有权结构和市场结构分析

之所以选择将所有权结构和市场结构相结合来分析，主要是 SCP 范式不考虑国有企业，它的应用条件是私有成分或私有成分占主导地位的企业。如果仅仅考虑市场结构对市场行为和市场绩效的影响，就会理论和实践不相符，结果则会存在差错。为了把产权理论和产业组织理论结合起来对中国的产业绩效进行分析研究，刘小玄[1]提出应该将产业的市场绩效放在产权和市场的两维空间进行考察，其传导机制为什么样的产权结构和市场结构决定了什么样的市场行为，而不同的市场行为又决定了不同的市场绩效，而企业的市场绩效和市场行为又

---

[1] 刘小玄：《中国转轨经济中的产权结构和市场结构——产业绩效水平的决定因素》，《经济研究》2003 年第 1 期。

反过来会影响企业的市场结构。唐要家[①] (2005) 认为市场竞争和产权的不同组合会对市场绩效产生不同的作用。因为产权结构决定了企业的行为目标，市场结构决定了企业的行为选择方式。并且分别从静态效率和动态效率两个角度来分析，改革开放以来的产权结构和市场结构对提高资源配置效率和劳动生产率产生了一定的推动作用。

影响市场结构的因素有：产业市场的集中度、产品差别化程度、进入条件与退出条件、市场需求成长率、纵向一体化、多元化和政府介入程度与企业制度等，文中主要分析前四个因素。目前我国物流市场结构体现为，市场集中度低、产品差别化程度低、进入退出壁垒较高，加之外资企业的竞争，物流企业竞争力强的得以在优胜劣汰的激烈较量中存活下来，小规模效率低的企业被兼并重组，资源再重新优化配置，物流市场格局正在趋向合理。

（一）市场集中度

市场集中度是指产业内规模最大的前几位企业的有关数值比如销量、销售额、总资产等占整个市场或行业的份额。根据中国物流与采购联合会发布的"2015年中国50强物流企业排名"，物流企业总收入7.1万亿元，排名前4位的中国远洋运输（集团）总公司、中铁物资集团有限公司、中国海运（集团）总公司、中国外运长航集团有限公司的物流业务收入分别为1441.48亿元、763.24亿元、676.45亿元、58.28亿元，计算得知，CR_4 为 4.1%。根据贝恩的产业结构衡量标准（见表5-1），我国的物流市场一直属于微粒市场。

表5-1 贝恩的市场集中度衡量标准

类 别	市场结构	衡量标准
I—a 型	极端高度集中	$CR_4 \geqslant 75\%$
I—b 型	高度集中	$CR_4 = 65\% - 75\%$，$CR_8 = 85\% - 90\%$
II 型	中高度集中	$CR_4 = 50\% - 65\%$，$CR_8 = 85\% - 90\%$
III 型	中度集中	$CR_4 = 35\% - 50\%$，$CR_8 = 75\% - 85\%$

---

① 唐要家：《竞争、所有权与中国工业经济效率》，《产业经济研究》2005年第3期。

类　别	市场结构	衡量标准
Ⅳ型	中低度集中	$CR_4 = 30\% - 35\%$，$CR_8 = 45\% - 75\%$
Ⅴ型	低度集中	$CR_4 = 10\% - 30\%$，$CR_8 = 40\% - 45\%$
Ⅵ型	微粒市场	$CR_4 < 10\%$

（二）进入壁垒和退出壁垒

进入壁垒由规模经济壁垒、产品差异壁垒、相对费用壁垒三种经济壁垒构成。高端的物流企业进入壁垒比较高，并且可以实现规模经济和范围经济，但这一般是规模比较大的企业，而我国物流企业绝大多数规模较小，产品差异小，资产专用性低，属于劳动密集型，因此进入壁垒不高。

物流业的退出壁垒主要表现为沉没成本壁垒。物流企业的沉没成本比较高，很多初始投资都无法在企业退出时以合理的价格收回，导致企业的退出壁垒偏高。但是，物流市场的进入退出壁垒有一个突出的特点，高端市场进入退出壁垒高，反之，进入退出壁垒低的往往是低端市场。

（三）产品差异程度

以顾客的需求为导向，提供产品差异化程度高的服务，是物流企业不断发展的方向。我国的物流企业很多规模较小，服务同质化，时常打价格战，市场竞争十分激烈，所以大多数物流企业难以负担过高的成本，相继破产或被大企业兼并。面对激烈的市场竞争，很多企业不断引进先进技术，扩大规模，提高自身的服务效率和质量，通过产品差异化战略赢得市场占有率，实现规模经济。

（四）市场需求成长率

市场需求成长率是指一定时期内市场需求增长的比率。我国随着商品贸易量的逐步增长，人们收入水平的提高以及产品种类更加丰富，因此对物流的需求日渐增强，同时对服务效率和品质的要求也随之提高。根据中国物流与采购联合会发布的"2015 年物流运行情况分析与 2016 年展望"报告，物流需求进入调整转型期，2000 年以来社会物流总额一直保持平稳较快增长，但 2012 年后增速放缓，但随着互联网等新技术、新业态的发展，需求结构更加优化，工业品的物流需求下降，新产业增长较快，2015 年新技术产业同比增长 10.2%，比工业品快 4.1%。消费物流需求大幅增长，2015 年单位与居民物流总额同比增长 35.5%。物流业在满足顾客的多样化、及时性需求以及增加消费者剩余方面还有待提高。顾客总是希望能够在最短的时间内以相对较低的价格购买服务。另外，企业的物流运输成本在总成本中占据较大比例，有时甚至会因高昂的物流成本导致企业严重亏损，特别是生鲜类企业对物流服务效率要求更高，随着交通运输线路网等基础设施布局的完善，会极大地满足物流需求的增长。

二 物流产业的企业行为分析

企业行为是指在一定的市场结构条件下企业的行为方式，主要体现为定价策略、产品策略、销售策略和投资策略。

（一）定价策略

定价行为是指企业在制定价格时追求的目标和采取的策略。主要包括价格竞争、价格歧视、价格刚性、价格依存、价格共谋以及掠夺性价格。我国物流市场集中度低，物流企业很难形成垄断，因此价格竞争成为主要竞争手段。

（二）产品策略

不断进行产品创新是企业得以生存和发展的决定性因素，通过创新活动使需求曲线向右移动。还可以通过改善产品质量，获得垄断市场的能力。面对激烈的市场竞争，物流企业被迫或主动增加产品创新方面的投入，不断重视物流服务质量的改善和服务能力的提高。

（三）销售策略

越来越多的物流企业采用广告宣传的方式强化差异优势，树立品牌形象，实现规模经济。同时提高售后服务质量。

（四）投资策略

投资策略主要有降低经营成本和提高竞争对手成本两种方式。通过扩大原有产品的生产规模、进入其他经济领域以及合并与兼并来降低自身成本，广告活动则可以提高对手的信息成本，竞争对手的员工数量如果相比自己更多，通过提高员工工资也可以提高对手的经营成本。前文提过，现在物流企业的兼并现象此起彼伏。从宏观层面来看可提升产业结构，取得竞争优势；而从微观层面来看，我国物流企业正处于规模报酬递增阶段，所以企业合并能够实现规模经济。根据柯布—道格拉斯生产函数 $Q = L^a K^b$，式中 Q 代表产量，K 代表不可变生产要素，L 代表可变生产要素。用 w 和 r 分别表示可变要素和固定要素的单位成本，表示市场上的产品价格，则单个物流企业的利润 R 为：

$$R = pL^a K^b - wL - rK$$

用 R_1^* 和 R_2^* 分别表示两个物流企业合并前各自的利润，用 R^* 表示这两个物流企业合并后组成的新企业的利润，则两个物流企业合并后规模经济带来的利润 S 为：

$$S = R^* - (R_1^* + R_2^*) = \left[\left(\frac{a}{a^{1-a}} - \frac{a}{a^{1-a}} \right) \frac{1}{p^{1-a}} \frac{-a}{w^{1-a}} \right] \left[(K_1 + K_2)^{\frac{b}{1-a}} - (K_1^{\frac{b}{1-a}} + K_2^{\frac{b}{1-a}}) \right]$$

如果劳动和资本的产出弹性系数之和 $a + b > 1$，则意味着规模报酬递增，规模经济带来的利润 $S > 0$。

三　物流产业的市场绩效分析

市场绩效是由市场结构和市场行为所导致的，反过来市场绩效和市场行为又会对市场结构产生影响。反映市场绩效的指标有：平均利润率、产品质量、技术进步和就业等。

（一）平均利润率

在产业经济学中常用平均利润率是否长期高于正常利润率来考察资源配置的效率问题。在完全竞争的市场结构中，通过资源在产业间和企业间的自由流动，各产业、各企业的长期利润率趋于平均化，所有的产业和企业只能获得正常利润。根据中国物流与采购联合会发布的"2015 年物流运行情况分析与 2016 年展望"，2015 年物流企业进入盈利困难期，利润率低，经营困难。中国物流业景气指数中，2015年主营业务利润指数为 48.8%，与 2014 年相比下降 1.9%，各月均低于 50%。1—11 月，重点物流企业的主营业务收入同比下降了 24.4 个百分点，利润同比下降了 21 个百分点。

（二）产品质量

物流企业作为服务业，它的产品质量主要指物流服务质量，不断改进服务，满足市场多样化需求。

（三）技术进步

技术进步对企业实现最大利润、提高产品质量和运营效率具有核心作用，但我国的物流技术较国际而言，发展滞后，信息化、自动化水平低，亟须推动物流业技术进步。

（四）就业

物流行业对吸纳劳动力具有突出作用，但是目前的劳动力素质普遍较低，文化水平大多在本科以下，要想发展物流业，推动技术进步，需要国家和政府积极引导并大力培养相关的专业人才，加强对现有劳动力的培训，吸引高素质的劳动力，不断适应专业化水平越来越高的岗位。

第二节 物流活动改善对产业内分工的影响

一 产业内分工

根据贸易的现代理论，贸易形式可以划分为产业间贸易、产业内贸易和产品内贸易，产业间贸易主要由于各自的绝对优势而进行分工，而马克思将生产过程中活动之间的交换称为产业内贸易，将生产过程中产品之间的交换称为产品内贸易，产品内贸易体现了生产的全球化特点，比如一家波音飞机的各个部件在多国间进行生产贸易。这一部分讨论的产业内分工与产业内贸易是相对应的。

通过梳理以往文献来看，探讨物流活动与产业内分工的不多，关于产业内分工的理论基本都集中在制造业、国际贸易等领域。斯密和马克思提到了交通运输工具的变革促进了社会分工的发展，扩大了市场范围。科斯分析框架认为，产权的划分使交易成本大大降低，通过制度的创新，交易条件的改进，物流分工的模式将逐步从内部走向外部，从部分分工走向完全分工，最终形成分工的网络效应，促进了现代物流的形成，所以分工是经济发展强大的动力。

二 对产业内分工的影响

社会分工的不断深化促使物流产业产生和发展，传统分散低端的物流服务已经远远不能满足现代经济发展的需要。同时，物流业活动的改善又会进一步促进产业内分工的发展，使社会生产流通成本下降，提高了要素生产率，刺激了经济增长，同时，通过优化资源配置，提升产业结构，实现对经济结构的优化调整。一方面，使其他产业比如生产制造、零售企业可以通过物流外包等方式将物流活动从经营业务中分离出去，从事更加专业化的经营活动；另一方面，也促使物流产业自身向更加专业化、规模化的方向发展。物流业是一种复合型产业，所有产业的物流资源不是简单的叠加，而是一种整合，可以起到"1 + 1 > 2"的协同功效。[①]

三　产业内分工的发展过程

物流产业内部分工也经历了一个发展过程，从服务功能来看，原来是水平分工，划分为具有运输、仓储、配送等单一功能的传统物流企业，但这种传统专业化物流企业效率依然很低，而且随着经济的发展，越来越难以满足复杂多样的物流需求。于是产生了整合多种服务功能的综合物流企业，水平分工的界限变得越来越模糊。而后，物流需求在时间、空间多个维度的扩展使物流产业呈现垂直化分工的特点，形成覆盖全球的物联网络。从组织形式来看，过去物流产业内部分工是企业内部物流资源的整合，成为企业一个单独的部门。后来物流部门从企业脱离出来，变成转移到整个产业链上的独立的经济活动，即第三方物流。物流产业的分类也更加细化，比如根据 Sheffi[②]（1990）的分类，将第三方物流分为拥有资产型和不拥有资产型两类。资产型的又可以细分为专业型和综合型。不拥有资产型的典型代表企业就是香港利丰物流企业，也称第四方物流。我国第三方物流市场集中度低，企业规模小，但随着市场竞争的日趋激烈和客户需求的日益多样化，再加上外资物流企业的不断涌入，只有那些规模大、实力强、业务水平高的大型第三方物流企业才能生存下来，因此以后会逐渐形成寡头甚至垄断的市场格局[③]，特别是以提供信息为主的非资产

---

① 凌有生、高峰：《从产业经济学角度浅论我国物流业的发展》，《物流技术》2004 年第 7 期。

② Y. Sheffi, "Third Party Logistics: Present and Future Prospects", *Journal of Business Logistics*, 1990（2）.

③ 崔敏、王伟：《我国第三方物流业的产业组织分析》，《物流科技》2005 年第 2 期。

型第三方物流企业会更加占据市场优势。

第三节　物流活动调整对产业组织形式的影响

由于现代物流的不断发展完善，服务技术、服务品种和服务范围都在进行扩充，互联网的发展，加强了买卖双方之间的贸易活动联系，并且重新定义了分销渠道。供应链模式的竞争日趋激烈。原有的物流服务方式已经越来越不适应市场的需求，从而现代物流服务新形式应运而生，它具有以下特点：通过兼并重组扩大规模，实现规模经济，从而占据市场优势地位；纵向一体化方式通过产业链上的合作联盟，实现双赢；提供第四方物流服务，比如香港利丰集团属于非资产型第三方物流企业，企业不购买物流资产，以提供信息服务为主，通过整合一些特定的第三方物流供应商，来提供一站式的物流管理服务，并将物流服务的范围扩展至整个供应链上，为顾客提供一整套的物流解决方案。相应地，物流服务也更加丰富，个性化的服务不断增多，同时，物流服务的合同规模不断扩大，市场上出现供应链服务技术公司，提供集成的 IT 解决方案。

一　产业融合与组织创新

伴随互联网等新技术的发展，产业间不可避免地进行相互融合，产业组织形式不断创新。作为第三产业中的物流业，由于它本身是复合型产业，并且物流需求层次逐渐提高，供需双方共同利益空间不断延伸，所以也正在进行组织创新与产业融合。但目前研究物流业产业融合的文献很少，关注点大多在工业、传媒等产业。物流业产业融合是一种必然的经济行为，是由技术、制度和竞争等多种因素共同促进的结果，渗透到国民经济的各个部门，实现物流资源和客户的整合以及产业链延伸，逐步改造传统物流业，形成现代物流业的蓬勃发展。物流业融合分为产业间和产业内融合两种方式。以三大产业的角度看，它与第一、二产业发生了融合；从第三产业内部来看，物流业与第三产业内的其他行业（如金融、咨询、批发、零售）也发生融合，这种形式称为产业间融合。物流业的产业内融合模式主要通过并购联盟、业务外包、纵向一体化等方式实现资源整合。产业融合之后要相应地不断探索组织创新，与产业融合后产生的复杂特点相适应，否则就会出现严重的信息不对称、道德风险、成本过高等问题。因此，要维持产业融合后正常的市场秩序就要不断进行组织创新。

二　产业集群

20 世纪 70 年代出现了一种新型的产业组织形式——产业集群，它极大地促进了区域经济的发展，如今也已渗透到了物流业中。根据现代组织理论将物流产业集群定义为：在某一特定区域中，以一群从事物流活动的众多具有分工合作关系、不同规模的相关物流企业和组织为主导，以科研开发组织、管理部门以及交通运输设施为依托，以第三方物流为核心，通过错综复杂的网络关系紧密地联系在一起，科学合理地组织物流活动，是专业化分工的结果。它是介于市场和企业之间的空间经济组织形式。

产业集群的形成具有市场自发因素，大型物流企业投资周期长、沉没成本高、资产专用性强，决定了其必须要实现产业聚集、资源整合；同时由于我国物流企业规模小、集中度低、发展低端，难以形成规模经济，所以也有政府政策的引导支持因素。产业集群需要同时具备自然地理、市场环境、技术人才及政策扶持等多种优势才有可能形成。随着工业规模的扩大，企业越来越重视物流的作用，但出于企业自身技术和专业化水平的限制，于是将物流服务外包出去，形成了第三方物流。众多第三方物流企业出于降低交易成本、避免信息不对称、共享物流基础设施的目的，开始相互合作，聚集在一起，实现了专业化和规模化。

物流产业集群组织形式分为横向组织形式和纵向组织形式两种。横向组织形式即相近业务的企业实现强强联合，减少打价格战等恶性竞争，共享信息、基础设施等资源。纵向组织形式是不同业务的企业之间加强合作，从而降低交易费用。另外，还需要清楚地界定物流园区的概念，不能与物流产业集群概念相混淆。基础设施发展完善、竞争优势明显的物流园区是物流产业集群的表现形式之一。

第六章　各区域物流业发展
特点与重点

本部分将以我国地区间物流条件差异明显、物流发展基础明显不同的基本认识为前提，从不同区域入手，分析当前物流业的特点表现，进而提出下一步物流业发展及物流功能提升的核心要点。其中的重点是，针对国家提出的"一带一路"、长江经济带、京津冀协同发展的区域经济战略规划，考察物流业布局实现存量优化和增量变革的机遇与方向。

第一节　地区间物流活动差异概述

地区间发展不平衡是中国经济的一个重要特征，而物流活动与经济发展有着密切的关系。一方面，在经济总量较大、发展较为迅速的地区，通常物流活动的需求也相对旺盛，因此在发展物流业时，应当考虑地区经济，尤其是重要城市的布局特点。另一方面，物流业社会职能的本质又在于地区间的物质资料的转移，因此要特别注意较发达地区和欠发达地区之间的物流网络建设。基于上述考虑，这一部分将对地区间经济总量、城市密度、基础设施现状、交通运输量等与物流活动有关的内容进行分析比较，为后文的讨论提供基础。

一　经济发展水平与总量分布

对于各个地区而言，经济发展水平是物流需求的主要影响因素。如图 6-1 所示的是 2014 年各地区人均 GDP 水平的对比情况，可以体现不同地区的经济发展水平差异。① 从图 6-1 中可以看到，以人均 GDP 衡量，华东地区的经济相对较为发达，其次是中南地区。这里涵盖了长三角、珠三角两大经济热点区域。华北和东北的经济发展总体水平相对接近，其中华北地区涵盖了京津冀环渤海经济带。西南、西北地区则存在一定的差距。

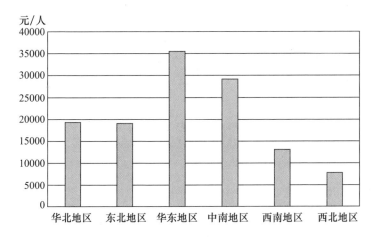

图 6-1 2014 年各地区人均 GDP 水平对比

注：按各省人均 GDP 的算术平均值计算。

资料来源：国家统计局。

再来看经济总量与地区面积之间的关系。本书计算了各地区单位面积产生的 GDP，如图 6-2 所示。与人均 GDP 的情况相类似，华东、中南地区明显高于其他地区，东北、华北居中，西南、西北地区相对较低。并且，地区间的差异更加明显，华东地区单位面积产生的 GDP 几乎是中南地区的两倍，而中南地区又达到了华北、东北地区的两倍左右；继而，西南、西北地区的单位面积 GDP 又分别相当于华北、东北地区的 1/2 和 1/4 左右。

———————————

① 依据国家统计局的常规划分方式，可以将全国划分为华北、东北、华东、中南、西南和西北六大地区，其中华北地区包括北京、天津、河北、山西、内蒙古，东北地区包括辽宁、吉林、黑龙江，华东地区包括上海、江苏、浙江、安徽、福建、江西、山东，中南地区包括河南、湖北、湖南、广东、广西、海南，西南地区包括重庆、四川、贵州、云南、西藏，西北地区包括陕西、甘肃、青海、宁夏、新疆。

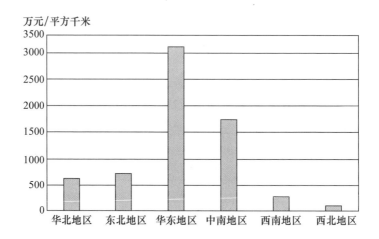

图6-2 2014年各地区单位面积GDP水平对比

注：以各地区GDP总额除以总面积的方式计算。

资料来源：国家统计局。

上述分析表明，在经济相对发达的华东、中南地区，物流活动需求相对较多，并且能够集中在相对较小的区域内，有利于物流规模经济的实现。而对于经济欠发达的西南、西北地区而言，经济总量规模相对有限的同时，经济活动总体上也较为分散，有可能对物流经济的效益带来不利影响。

二　各类城镇密集度差异

城镇是居民生活和工业生产的聚集地，往往也被作为一定区域内重要的物流节点，承担着货物集中、中转、分销等职能。分析地区间城市密度的大小，可以了解地区间物流活动发生与运行的基本特点。

一般而言，每个层级的行政区划都有一个行政中心，当地的经济和工业中心也往往位于行政中心附近。因此，分析城市密度可以进一步了解地区间物流活动的聚集情况。如图6-3所示的是以单位面积行政区划数计算的城市密度。从图6-3中可以看出，华东、中南地区的城市密度相对较高；继而，就县级行政区密度而言，东北、华北、西南三大地区依次减少，相互间有一定的差异；但就乡镇级行政区划密度而言，西南地区反而高于华北地区。西北地区的各级行政区划密度都是六大地区中最低的。

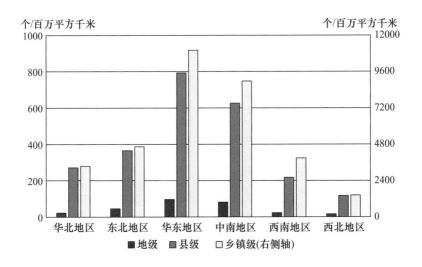

图 6 – 3 2014 年各地区城市密度比较

注：以各地区各级行政区划总数除以总面积的方式计算。

资料来源：国家统计局。

三 运输基础设施情况比较

接下来分析各地区道路基础设施建设的主要情况。根据国家统计局公布的各省铁路、航道和高速公路里程计算各地区的线路总长度，将其与各地区面积相比计算相对值，可以看出相互间在运输基础设施方面的差异，如图 6 – 4 所示。就铁路运营里程的密度而言，华东地区最高，但东北、中南地区与华东地区的差距并不大。华北地区其次，西南、西北地区在铁路网密度上则与其他地区存在一定的差距。

水路航道密度受地理条件的影响更加突出。从基于统计数据计算的结果来看，华东地区明显高于其他地区，其次是中南地区，东北、西南两地区较为接近，华北、西北的航道密度较低。

公路在当前物流运输业中具有重要的地位。从高速公路路网密度来看，华东地区依然密度最大，其次是中南地区，然后是东北、华北地区，西南、西北两地区最低。

对于同一地区而言，华东、中南、西南三个地区的内河航道密度高于铁路及高速公路路网密度，华北、东北、西北三个地区则呈现出铁路路网密度最高、高速公路路网密度其次、内河航道密度最低的排序情况。

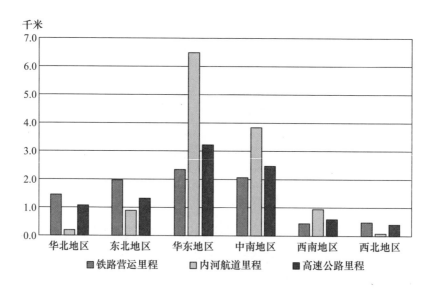

图6-4　2013年各地区单位面积运输线路长度比较

注：以各地区各类运输线路总长度除以总面积的方式计算。

资料来源：国家统计局。

四　交通运输方式与经济总量

各地区的交通运输方式也能够反映出物流活动的特点。从统计数据来看，各地区中公路运输都占有最大的比重，是物流运输活动所采取的主要方式。就水路运输而言，华东、中南两地区占比较大，其他地区则较为有限。铁路运输作为货运的一种方式，在华北地区和西北地区的占比相对较高（见图6-5所示）。

通过对各地区实现单位GDP的货运量进行比较，可以反映物流业对于当地经济发展的重要性，计算结果如图6-6所示。可以看到，东北地区单位GDP的货运量最低，华东、中南两个地区与之接近，华北、西南两个地区稍高，西北地区单位GDP所需的货运量最大。

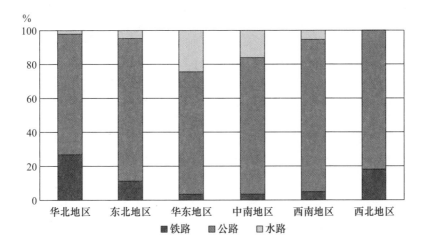

图 6 – 5　2014 年各地区不同运输方式的货运量比较

资料来源：国家统计局。

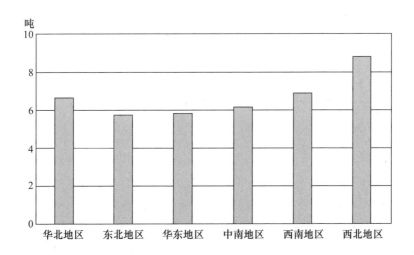

图 6 – 6　2014 年各地区创造单位 GDP 的货运量比较

注：以各地区货运总量除以 GDP 总额的方式计算。

资料来源：国家统计局。

五　地区间物流活动差异

通过上述基于统计数据的分析比较，可以对地区间物流活动的差异产生以下总体认识：在经济较为发达的华东、中南等地区，物流活动也相对发达；并且，这些地区具有城市密度大、人口集中度高等特点，主要物流节点之间距离接近，有利于运输及仓储的规模经济效应发挥；而对于西南、西北等经济总量及经济发达程度相对较低的地区而言，物流活动相对较为分散，不利于产业效益的提升。与之相应地，物流基础设施建设方面总体上也呈现出发达地区优于欠发达地区的情况，可以表现为路网密度上的差异。从运输方式看，公路运输在各地区的物流活动中占有主要比重，水路运输受地域因素影响较大呈现出差异性，而铁路运输占比相对较低。

对于上述结果，需要客观地加以认识。一方面，欠发达地区的基础设施建设本身受到地理条件的影响，难以取得较高的投入回报，而一旦缺乏投入，就更难以形成良好的经济发展基础，由此产生恶性循环。但另一方面也要认识到，由于当地自然条件的影响，西部地区的主要行政区划或经济中心的分布需要适应人类生活的基本需要，由此导致的分散化特点必然使路网密度等基础设施衡量指标即便达到了满足经济发展要求的水平，也会明显低于人口密集地区。过于依赖指标评价也有可能产生过度投资的问题；而根据各地区的具体情况加以细致分析，就显得十分必要。

第二节 各区域物流业发展特点

这一部分将对中国主要经济区目前的物流业发展特点进行考察，其目的是结合当地经济发展情况，对物流业发展的现状进行归纳，并对可能在未来呈现的发展趋势或潜力加以探讨。需要解释的是，由于这里的地区划分将地理因素与经济发展水平的相似性相结合，因而与前文略有不同。

一 长三角地区

（一）经济发展情况

长江三角洲是长江入海口的冲积平原，是中国重要的经济区之一。长江三角洲包括上海市、江苏省和浙江省，区域面积21.07万平方千米，占国土面积的 2.19%。① 长三角地区是我国经济对外开放的前沿。改革开放以来，该地区呈现出轻重工业发展迅速、商品经济日益繁荣的特点，并且凭借较为便利的交通条件以及接近原产地的优势，成为我国最大的贸易出口基地。长江三角洲经济圈是中国最大的经济圈之一，综合实力较强，其经济总量相当于中国 GDP 的 20% 左右。根据 CEIC 的统计数据，2014 年长三角两省一市国内生产总值（GDP）达 128802.7 亿元，占同期中国经济总量的 20.24%。其中，第一产业产值为 5537.6 亿元，第二产业产值为 58375 亿元，第三产业产值为 64889.9 亿元，分别占 4.29%、45.32% 和 50.38%，第三产业比重高，金融业、服务业发达。

长三角地区产业基础较为雄厚。在当地，不仅拥有汽车制造、船舶制造为代表的现代制造业，以微电子、纺织、服装、日用品等为代表的轻工业规模生产同样庞大，在全国占据较大的市场份额。统计局公布的数据，2014 年长三角地区交通运输及仓储业和邮政业产值为 5152.45 亿元，占第三产业产值的比重为 7.9%。2014 年，长三角两省一市对外贸易进出口总值达到 8253.85 亿美元，约占全国外贸总额的 1/3。

上海是长三角地区重要的经济中心。2014 年，GDP 已超过 2.3 万亿元。以上海为中心形成的一批"小巨人"城市的 GDP 都得到飞速增长，目前的经济总量基本都已超过千亿元人民币，"长三角"城市群的经济具有较强的竞争力。2013 年 9 月 29 日中国（上海）自由贸易试验区正式成立，面积 28.78 平方千米，涵盖上海市外高桥保税区、外高桥保税物流园区、洋山保税港区和上海浦东机场综合保税区 4 个海关特殊监管区域。2014 年 12 月 28 日全国人民代表大会常务委员会授权国务院扩展"中国（上海）自由贸易试验区"区域，使面积达到 120.72 平方千米。截至 2014 年 11 月底，上海自贸试验区一年投资企业累计 2.2 万多家、新设企业近 1.4 万家、境外投资办结 160 个项目、中方对外投资额 38 亿美元、进口通关速度加快 41.3%、企业盈利水平增长 20%、设自由贸易账户 6925 个、存款余额 48.9 亿

---

① 国务院《长江三角洲地区区域规划》（2010 年）。

元人民币。自贸区所带来的外溢效应将首先在长三角地区产生影响，为区域内的经济发展注入新的活力。

（二）物流业发展特点

长三角地区物流业总体较为发达。根据国家统计局公布的数据，2014 年长三角地区交通运输及仓储业和邮政业产值占全国的 17.92%。社会消费品零售总额为 50596.9 亿元，占全国的 18.6%。2014 年该地区的货运量达到 480383 万吨，占全国的 10.96%。其中，铁路货运量为 11268 万吨，公路货运量为 249187 万吨，水路货运量为 179499 万吨，占该地区货运总量的比重分别为 2.3%、51.87%、37.37%。该地区共完成货运周转量 38590.92 亿吨千米，占全国货运周转量的 21.07%。基于长三角地区物流业发展现状，可以概括出以下特点。

特点一：内河及海运物流发达。长三角地区的自然环境特点决定了其内河及航海运输方面所具有的优势。根据国家统计局公布的数据，2014 年长三角内河航道里程为 3.63 万千米，占全国内河航道里程的 28.9%。并且，该地区拥有上海、宁波、乍浦等重要出海港口以及诸多内河港口。这些港口不仅单个规模较大，而且位置相对集中，能够作为沿海沿江港口群发挥相互协同的作用。目前，通过长三角地区的港口，能够与世界上 160 多个国家和地区实现贸易往来。与此同时，这一地区口岸资源很丰富，为发展水上运输提供了重要基础。仅国务院批准的一类口岸就有 35 个。

特点二：公路、铁路路网密集。长三角地区的地上运输路网十分密集。以当地较高的人口密度及经济总量为支撑，目前已经建立起四通八达、覆盖率高的路网体系，以高速公路为代表的公路基础设施建设也处于全国领先地位。长三角地区除外岛舟山以外均有公路相连，"3 小时经济圈"所具有的物流联动效应已经显现。统计数据显示，2013 年长三角地区公路通车总里程达 28.41 万千米，较 2012 年同比增长 1.4%。其中，高速公路总里程达 0.9 万千米，同比增长 2.84%；铁路营运里程为 5109.13 千米，同比增长 11.08%。

特点三：航空运输业地位突出。航空运输和机场建设方面，长三角在城市群发展的基础上形成了较为密集的"机场群"。不仅在上海已经成为拥有"一市两场"（浦东机场为主，虹桥机场为辅）的国际性航空枢纽港，在浙江的杭州、温州、宁波、黄岩、义乌、衢州、舟山，江苏的南京、无锡、常州、南通、淮安、盐城、徐州、连云港等地也都建有民用机场。长三角地区的航空业发展已经与当地的铁路、公路物流相结合，海陆空复式联运成为连通国内、国际的重要服务模式。2014 年 12 月起，长三角实施检验检疫一体化模式，企业通关时间得到缩短，区域物流竞争优势进一步提升。

特点四：地区性物流一体化表现明显。近年来，长三角地区的地方政府在发展战略上积极推动地区间物流合作。其背景是，由过去重点发展县域经济或小城镇经济为主的模式，转向建立更加具有竞争力的整体城市群。在空间布局上，表现为由分散走向集中。基于当地大量的物流需求，许多物流企业已经实现了在长三角地区的统筹经营，突破省际边界的低成本运输网络已经初步形成。较为典型的，由此带来的"江浙沪包邮"对互联网购物的影响已经得到一定的体现。目前，长三角经济一体化的格局已经得到呈现，而物流作为地区间经济活动的连接，发挥着重要作用。构建"长三角物流合作经济圈"，是实现区域经济整合、推动地区整体发展的基础。

特点五：大型及知名物流企业聚集。快递业中，被合称为"四通一达"的"申通快递""圆通速递""中通快递""百世汇通""韵达快递"，这五家民营快递公司都由浙江桐庐人发起开办，并且目前的总部都位于上海。这些物流企业的营业额总和大约占到全国快递业务总量的50%左右，并且都与淘宝、天猫为代表的电子商务企业建立了较为紧密的联系，成为支撑网络购物发展的重要力量。国家5A级物流企业"德邦物流"的总部目前也位于上海，该公司主要经营国内公路零担运输业务和空运代理服务，截至2015 年年初已经在全国拥有 5300 多个直营网点，并且已经开始经营快递业务。除此之外，"新宁物流""北芳储运"等物流公司也都在业内具有一定的影响力和知名度。

二　珠三角地区

（一）经济发展情况

狭义的"珠江三角洲"是指珠江入海口的冲积平原，这里有香港、澳门、广州、珠海、深圳、东莞、佛山等重要经济城市，还包括肇庆、中山、江门、惠州等。1994 年，广东省政府设立"珠江三角洲经济区"，主要依托临近香港的优势发展地区经济。珠三角地区经济发达。《中国区域经济统计年鉴》的数据显示，2013 年，珠三角地区 9 个地级市的国内生产总值达到 53060.48 亿元人民币，约占中国经济总量的 9.3%，较 2012 年同比增长 9.4%。其产业结构中，第二、第三产业明显高于第一产业，2012 年三次产业产值占总产值的比重分别为 1.9%、45.32% 和 52.67%。当地人均 GDP 达到 93114 元，在全国处于较高水平。20 世纪 90 年代以后，在过去狭义的"小珠三角"基础上，又出现了"泛珠三角"的提法。目前所说的"泛珠三角"，一般是指福建、江西、湖南、广东、广西、海南、四川、贵州、云南九省（区）和香港、澳门两个特别行政区构成的"9 + 2"经济区。这些地区的总面积接近 200 万平方千米，约占全国的 21%；人口约 4.5 亿人，约为全国的 1/3。泛珠三角地区的经济总量也接近全国的 1/3。根据国家统计局公布的数据，2014 年，除港澳外的泛珠三角 9 省 GDP 为 204381 亿元，占全国的 29.8%。

（二）物流业发展特点

珠三角地区具有较为优越的交通区位条件，并且作为改革的前沿，拥有相对优越和宽松的政策环境。以这些优势为基础，当地不断健全和完善公共服务，形成以"小政府、大市场"为特点的发展格局。在物流业方面，以当地自然地理及产业发展为基础，形成了水平高、辐射广、竞争力强的综合物流服务体系，为商品流通提供了有力支持。总的来看，该地区物流业发展具有以下特点。

特点一：基于国际供应链的物流业集群特征明显。珠三角地区的经济发展与香港、澳门等联系密切，因而具有典型的外向型经济特点。近年来，随着国际分工格局的变化和国际供应链的形成，珠三角地区的物流业发展，使深圳、广州等中心城市中逐渐形成了现代化的生产性服务业集群，为地区经济向更高层次提升提供了基础。根据国家统计局公布的数据，以广州、深圳、珠海、佛山、惠州、东莞、中山、江门、肇庆 9 个城市计算，2013 年珠三角地区进出口总额达到 10474.3 亿美元，其中进口 4403.4 亿美元，出口 6070.9 亿美元。

特点二：基于制造业和国际周转的物流货运需求旺盛。珠三角地区的制造业基础较为发达，为物流业发展提供了直接的需求来源。20世纪 90 年代以来，珠三角在发展外向型经济的过程中，逐渐形成了以制造业、服务业为主的产业格局。在 2008 年以后，又通过产业升级与技术更新，提升了制造业发展的内生动力。同时，前期积累的生产制造能力也使珠三角成为大量小型制造商的聚集地，在以电子商务为代表的国内贸易新兴领域发展中扮演了重要角色。近年来，珠三角维持着与国内和国际的经贸关系，当地物流业需求保持旺盛态势。珠三角不仅是制造业基地，而且是中国华南重要的货物集散地。在高端航空货运方面，广东省与香港、澳门两地每年的航空货运量达到 600万吨左右，这一区域将有可能成为亚太地区航空枢纽港。制造业发展、国际货物周转以及地区性商贸活动所产生的需求，能够为珠三角物流吞吐量的平稳增长创造条件。

特点三：基于港口群的进出口贸易活动活跃。珠三角地区可以为利用香港和澳门完成进出口业务的大量货物提供运输服务。这些与进出口贸易有关的物流运输大多采取集装箱运输的方式，由陆路转海路或由海路转陆路，这就使珠三角成为我国进出口贸易的重要基地，其港口群的集装箱吞吐量位于全国前列。在国内货物的集散运输方面，发往各地的轻工业产品占较大比重，并且主要通过公路运输方式到达客户手中。

特点四：物流业拥有多种所有制多元化发展前景。随着中国物流业的全面放开，珠三角地区的物流业发展具有多种所有制多元化增长的前景。香港对于珠三角的投资历来具有较大的力度，对物流企业的参股、入股具有较大的发展空间。一直定位于高端路线的"顺丰速运"就是 1993 年 3 月在广东顺德成立的港资快递企业。企业初期的业务为顺德与香港之间的即日速递业务，后来逐渐将服务网络延伸至全国。珠三角具有经济开放的基础，外资企业、港澳台资企业在这里的经营活动十分活跃，因而也是外资物流进入中国的良好选择。可以预见，民营物流企业、港澳台商投资物流企业、国有资本转型的物流企业等，将成为未来珠三角地区物流业发展的共同支撑。

三 京津冀地区

（一）经济发展情况

京津冀地区的发展近年来备受关注。从一开始的"首都经济圈"概念发展到"京津冀城市群"，目前其范围已经包括北京市、天津市以及河北省的保定、廊坊、唐山、石家庄、沧州、秦皇岛、承德、张家口、衡水、邢台、邯郸，以及山东省的德州共 12 个地级市。土地面积 21.8 万平方千米，常住人口约 1.1 亿人，其中外来人口为 1750万人。根据国家统计局公布的数据，2014 年该地区 GDP 约为 6.65 万亿元，较 2013 年同比增长 8.24%，占全国的 10.45%。从三次产业结构来看，第三产业已经成为 GDP 的主要组成部分。2014 年，该地区第一产业产值 3806.3 亿元，第二产业产值 27297.1 亿元，第三产业产值 35371.1 亿元，占当年 GDP 的比重分别为 5.72%、41.05%、53.19%。

京津冀地区具有良好的产业发展条件。它位于环渤海的中心地带，是中国北方经济规模最大的地区。它以北京为中心，向周围形成辐射，其定位既是我国的政治中心，也是文化中心和科技创新中心，继而在对外交往中扮演重要角色。京津冀地区拥有以汽车工业、电子工业、机械工业、钢铁工业为主的产业基础，是全国主要的高新技术和重工业基地。

根据《京津冀协同发展规划纲要》①，京津冀协同发展迎来实质发展期，随着京津冀一体化提速，北京石材等产业开始加速外迁落地，包括沧州等周边区域产业地产加速建设，开始积极承接北京外迁产业。会议要求，要探索出一种人口经济密集地区优化开发的模式，形成新增长极；要在京津冀交通一体化、生态环境保护、产业升级转移等重点领域率先取得突破。京津冀协同规划作为高层力推的国家级区域规划，将带来巨量投资，也将极大地改变目前京津冀三省市的产业格局，相对落后的河北、天津两地无疑将有巨大的发展空间。

---

① 《京津冀协同发展规划纲要》于 2015 年 4 月 30 日由中共中央政治局召开会议审议通过。

（二）物流业发展特点

京津冀地区的物流业发展较为迅速。以北京、天津、河北三省市计算，2014年当地交通运输及仓储业和邮政业产值为4191.4亿元，占全国的14.58%。社会消费品零售总额为26197.2亿元，占全国的9.64%。近年来，该地区的产业结构不断得到调整和优化，目前正逐步向产业结构协调的目标发展，进而带动了区域物流总量的稳步上升。该地区物流业发展主要有以下特点。

特点一：物流设施条件优良。京津冀地区具有良好的物流设施条件，北京、天津和河北的公路里程分别为14500千米、12664千米、70198千米，铁路分别为1000千米、1363千米、4619.4千米，航运分别有0条、50条、30条航线，空运航线分别有250条、43条、20条，仓储面积分别有1300万平方米、1500万平方米、142万平方米，京津冀区域作为全国重要的交通枢纽区域，已基本形成公路、铁路、航空互为补充的综合立体交通网络和较为先进的物流基础设施条件，2014年货物运输量2862.5百万吨，较2013年增长6.41%；2014年货物周转量1732355百万吨，较2013年增长9.49%。

特点二：地理位置重要性突出。京津冀地区位于黄河下游、濒临渤海，地理位置紧要。京津两市被河北省所环抱，形成全国最大的政治、文化、经济三位一体的核心区。河北省是华北地区的腹地，位居环渤海中心地带，海岸线长达686千米，港址资源丰富，物流量大，经济发展潜力巨大。

特点三：区域内物流消费需求旺盛。京津冀地区的物流发展与当地庞大的消费需求密切相关。北京作为全国的政治、经济、文化中心，是拥有2000多万人口的特大型城市。由于北京本地产业结构以服务经济与总部经济为主，仅供应北京本地居民的消费就能够形成大量的物流活动需求。京津冀地区在农产品物流、消费品物流以及快递业发展的过程中，都体现出明显的以北京为核心的聚焦式流向特征。

特点四：物流专业化支撑实力雄厚。京津冀地区是全国重要的科技中心和文化中心，拥有大量的高水平研究机构和高等学府，在"产、学、研"三者相互结合、互动发展等方面具有得天独厚的优势。该地区拥有高素质的技术人员和管理团队，并且每年有大量的外地劳动力进入，这都为产业的发展提供了良好的支撑。诸多物流领域的先进理念能够首先在北京得以实现。近年来，以北京为核心，物流的社会化、专业化趋势明显增强，第三方专业化物流发展迅速，物流专业化外包程度居全国前列。

特点五：政策支持优势较为明显。京津冀地区在发展物流产业的过程中拥有良好的政策环境。作为国家发展战略的重要组成部分，天津保税港和天津滨海新区的建立，就是其政策优势的体现。目前，天津港已经成为物流和商贸流通企业寻求集群式发展的聚集中心。河北省也已积极准备在京津两市的辐射下发展适合本地区的商贸物流产业，并为之制定了一系列的配套政策。未来，该区域发展物流一体化的社会基础和政策优势将更加凸显。

四　东北地区

（一）经济发展情况

狭义的东北地区主要是指辽宁、吉林、黑龙江三省，广义上则还包括内蒙古自治区的东二盟三市。该地区面积达到 120 多万平方千米，人口接近 1.1 亿。根据国家统计局公布的数据，2014 年东北三省国内生产总值达 57469.8 亿元，占全国国内生产总值的 9.03%，人均 GDP 达到 52359.51 元。其中，第一产业产值为 6421.9 亿元，第二产业产值为 27175.9 亿元，第三产业产值为 23872.1 亿元，占该地区国内生产总值的比重分别为 11.17%、47.29%、41.54%。与长三角、珠三角及环渤海经济区相比，东北地区第一产业占比相对较高。

目前，东北已经形成了以重工业、农业以及第三产业旅游业为主的产业结构。东北三省的重工业发展起步较早。在 20 世纪 30 年代，当地就在多种外来势力的影响下开始建立较为完整的工业体系。新中国成立以后，东北在煤炭、钢铁、汽车、重型机械等方面成为重要的生产基地，为当时中国的经济建设做出了重要贡献。但进入 90 年代以后，长期计划经济体制所积累的问题不断凸显，工业经济陷入前所未有的困境，大批国营企业面临资不抵债和高额亏损等问题，最终导致众多职工下岗失业，老工业基地工业经济增长严重衰退。

2003 年，《关于实施东北地区等老工业基地振兴战略的若干意见》发布，东北三省改革与发展的步伐不断加快，体制创新、机制创新和对外开放逐渐成为促进当地经济发展和整体实力提升的重要推动力量。近期，东北地区又逐渐确立了将高端装备制造业作为主线的发展方向。现代化的地铁列车制造企业、飞机制造企业陆续组建，其产品性能及技术水平不断提高，目前已经逐步接近或达到世界先进水平。2015 年，李克强总理又在东北三省经济工作座谈会上提出推动东北装备制造业走向国际，实现转型升级。可以预见，这一过程中又将进一步对当地的货物贸易及专业物流产生极大的推动作用。

（二）物流业发展特点

近年来，在振兴东北老工业基地等一系列政策措施的支持下，当地基础设施建设投入明显加大，物流产业发展的条件日益完善。根据国家统计局公布的数据，2014 年东北地区第三产业中交通运输及仓储业和邮政业的产值为 2665.2 亿元，占全国的比重为 9.27%。社会消费品零售总额为 24953.2 亿元，占全国的比重为 9.18%。完成货运量 33.07 亿吨，比 2013 年增长 5.72%，占全国的比重为 7.55%；货物周转量为 15750.61 亿吨千米，占全国的比重为 9.03%。沿海主要港口实现货物吞吐量 7.53 亿吨，其中集装箱吞吐量 1570.2 万标箱。概括而言，东北地区的物流产业发展体现出以下主要特点。

特点一：物流基础设施建设迅速。截至 2014 年年底，东北三省铁路营业里程达到 11.26 万千米，高速公路通车里程达到 10406 千米，与 2010 年相比，分别增长 83.13% 和 36.2%。沿海主要港口码头泊位 320 个，其中万吨级以上泊位 146 个，内河港口码头泊位 172 个。机场货邮吞吐量 34.63 万吨。自 2009 年全国《物流业调整和振兴规划》出台以后，当地政府将运输及物流设施建设作为发展经济的重要举措，同时更加重视并加大了对物流业的支持力度，有效地促进了物流业发展环境的改善。

特点二：国际物流发展潜力较大。东北地区拥有我国北方重要的海岸线和出海港口。据统计，2013 年当地主要港口实现外贸货物吞吐量接近 2 亿吨，主要边境口岸实现货物吞吐量 4340 万吨。近年来，东北地区的保税物流发展较为迅速，随着大连大窑湾保税港区、绥芬河综合保税区、沈阳近海保税物流中心、营口保税物流中心等相继投入运营，国际物流成为东北地区物流经济的新兴增长点。其间，国际中转配送、出口集拼等业务不断拓展，黑龙江和吉林两省"借港出海"的战略取得突破。随着东北高端制造产业的不断振兴，未来将有更多的产品出口贸易发生，进而带动当地国际物流的进一步发展。

特点三：农产品物流发展提升空间较大。东北是我国重要的农产品产区，历年统计数据表明，其粮食产量可以占到全国总产量的30%—40%，每年有大量的粮食调运外地。并且，当地拥有大量知名农产品企业或其生产基地。因而，农产品物流是东北地区物流活动的重要服务对象。目前，区域内交通运输业发展已经具有一定的规模，并且依托行业协会、地方政府以及大型企业等机构组织，建立了大量的通用型粮食仓储设施。未来，在冷链、保鲜等农产品专业运输和仓储物流方面有较大的发展空间。

五 中部地区

（一）经济发展情况

中部地区主要包括山西、安徽、江西、河南、湖北和湖南六省。这六个省份连接东部沿海与西部欠发达地区，连接气候差异明显的南方与北方，从物流业发展的角度看，在经济地理上具有相当重要的地位。相对于改革开放以后东部地区的率先发展，以及"西部大开发"和"振兴东北老工业基地"等区域性的经济发展政策，"中部崛起"受到关注的时间要稍晚一些，直到《中共中央国务院关于促进中部地区崛起的若干意见》（2006）发布。

国家统计局数据显示，2014年中部地区GDP达到138671.7亿元，占全国的比重为21.79%。中部地区经济发展水平上居中，但各项主要指标在全国所占的比重均小于中部人口所占的比重，表明以人均衡量的发展程度处于中后位置。具体而言，2014年中部地区人口占全国总人口的26.51%，而国内生产总值占全国总量的21.79%，社会固定资产投资总额占全国总量的24.20%，进出口总额则分别占全国总量的4.59%、6.36%。

中部地区经济的产业结构更加接近西部，而与东部地区存在较大的差距。统计数据显示，2014年西部地区第一产业总值15350.7亿元，第二产业总值69190.4亿元，第三产业总值54160.6亿元，占本地区GDP的比重分别为11.07%、49.87%和39.06%。这一产业结构表明，中部地区的制造业生产占据了较为重要的地位，农业生产的比重同样高于东部地区，而服务业占比则相对较低。

（二）物流业发展特点

从物流活动的流向来看，中部地区在区域内物流以及过境物流等方面均具有良好的发展空间。总的来看，其物流业发展特点包括以下几方面。

特点一：过境货物运输需求较为突出。从数据上看，中部地区货物运输量占比的相关指标高于本地区消费相关的指标。根据国家统计局数据，2014 年中部六省第三产业中交通运输及仓储业和邮政业产值为 6345.2 亿元，占全国的比重为 22.07%。货物运输量是 130.57 亿吨，占全国的比重为 33.22%，较 2013 年同比增长 9.91%；货物周转量是 38082.38 亿吨/千米，占全国的比重为 23.1%，同比增长 7.54%。其中，铁路货运量是 1130 万吨，占全国的比重为 29.64%；货物周转量 7356.31 亿吨/千米，占全国的比重为 26.72%；公路货物运输量是 8948 万吨，占全国的比重为 29.49%，货物周转量是 19203.16 亿吨/千米，占全国的比重为 34.67%。而反映当地消费的社会消费品零售总额为 56145.3 亿元，占全国的比重为 20.65%。与属地物流较为密切的快递业务收入则为 994.8 亿元，占全国的比重为 8.17%；快递业务总量 78.97 亿件，占全国的比重为 9.76%。这表明，中部地区的过境物流活动规模较大，在连接东西部、南北方中发挥着重要的作用。

特点二：中部地区的区域内物流发展潜力较大。中部地区拥有全国 1/4 以上的人口，尤其在长江沿线，城市密集、人口集中。同时，中部地区也是我国重要的农业生产地和加工地。并且，在汽车、材料等制造业方面也具有良好的产业基础。从供需两方面来看，区域内的生产与消费将带来较大的物流活动需求。特别是随着"长江经济黄金水道"带来新的区域开放，经济发展将为内河航运、跨区域运输带来新的发展要求。可以预见，未来中部地区在区域内物流发展方面将具有良好的潜力。

六　西部地区

（一）经济发展情况

一般而言，中国西部地区是由西南和西北的多个省份构成的，包括重庆、四川、贵州、云南、广西、陕西、甘肃、青海、宁夏、西藏、新疆、内蒙古十二个省（市、区）。这一区域的土地面积达到538万平方千米，占全国国土面积的56%；目前有人口约3.68亿，占全国人口的26.93%。西部地区的典型特点在于疆域辽阔，前文的分析也已经指出，当地人口与经济密度低，与之相应地，以交通路网为代表的主要物流基础设施密度也相对较低。自"西部大开发"战略提出以来，中国西部地区的基础设施建设投入力度不断加大，经济发展的条件逐渐好转，宏观经济增速明显加快。据国家统计局数据计算，2007—2014年，西部地区国内生产总值年均增长率为16%，高出全国水平4个百分点左右。2014年，上述地区共实现地区生产总值138073.5亿元，占全国GDP的比重为21.69%。同时，人均国民收入、城乡居民可支配收入等指标与东部地区的差距也在不断缩小。

当前，由粗放型、数量型增长转向集约型、质量型增长，是中国经济进入新常态以后的发展要求。西部地区在取得经济总量快速增长的同时，其发展的质量也在不断地提升。尤其随着"精准扶贫"、"精准脱贫"等一系列政策的开展与落实，西部地区贫困线以下人口逐渐减少，居民消费潜力得到释放，内需对经济发展的拉动力逐渐得到提升。同时，西部地区的产业结构转型呈现出新的局面，由原先以农业和资源型产业为主，逐步转向现代农业、循环经济、设备制造业与服务业等多产业共同发展，技术创新水平也得到明显提升。

同时，西部地区经济发展仍然面临诸多问题。从自然条件方面来看，西部地区所面临的生态环境恶劣、不适宜人类生存等问题难以得到解决，在人口不断外迁的情况下，投资活动效益与经济增长的可持续性问题仍然有待进一步解决。同时，产业结构与产能结构转型仍然需要一定的过程。在煤炭、矿产等自然资源开采活动面临资源枯竭等问题时，转向风能、太阳能等新环保能源的项目不断落地，但配套设备与设施还不完善，资源浪费现象经常发生。此外，西部地区是多民族共同聚集生活的地区，风俗习惯、宗教信仰、文化观念等存在差异，在维护地区稳定的基础上实现不断融合，是经济社会取得发展的必然前提。

（二）物流业发展特点

西部地区虽然有着丰富的自然资源，但受到经济发展水平的限制，地区内以及与其他地区之间的物流活动水平仍然较为有限。近年来，随着基础设施建设投入的增大，这一现象有所改观，发展的潜力依然明显。总的来看，西部地区物流业发展的主要特点在于以下几方面。

特点一：物流业总体规模及发展水平仍有较大提升空间。相对而言，西部地区现代物流业发展仍处于起步阶段。国家统计局数据显示，2014 年西部地区交通运输及仓储业和邮政业总产值达到 6495.7 亿元，占全国的比重为 22.59%；社会消费品零售总额为 49849.9 亿元，占全国的比重为 18.33%；货物运输量为 130.57 亿吨，占全国的比重为 20.8%；货物周转量为 25880.17 亿吨，占全国的比重为 13.96%。这与西部地区丰富的矿产资源、土地资源及中国重要的能源、原材料工业基地的地位不相符。

特点二：政策主导下的基础设施建设投入力度大。自从实施"西部大开发"战略以来，西部地区在道路投资与建设方面得到了国家的优先考虑。各类政策性贷款以及优惠政策直接或间接地为西部地区带来了大量的物流业投资。目前，西部主要城市之间的公路网建设日渐完善。与此同时，通信、水利等一系列与物流活动或其保障要素相关的基础设施建设也在近年得到大力推进。

特点三：物流业发展前景较为广阔。随着西部地区与国内其他地区经济往来的增加，物流活动有快速发展的趋势。2015 年，随着兰新高铁各段的建成与通车，贯穿东西的客运旅途变得更为顺畅，西部与其他地区之间的贸易及通商条件更为优化。与此同时，在国家提出"向西开放"新战略的背景下，西部地区作为连接中亚五国、俄罗斯、伊朗、土耳其、高加索等国家或地区的重要陆上节点，其地理优势十分明显。在发展进出口贸易的过程中，必然需要在西部建立吞吐量更大、更加符合现代贸易要求的口岸和交易平台。具有较大规模的西部物流中心城市有望在未来几年内形成。

第三节　各区域物流业发展方向与重点

前面结合对各主要区域的经济状况，对当地物流业发展的现状和特点进行了分析。接下来，将基于上述特点，结合不同地区物流业在当前的发展中所面临的"瓶颈"或问题，提出其提升的方向与发展的重点。

一　长三角与珠三角地区

长三角和珠三角地区的共同特点是，当地现代化物流的发展已经具备了一定的基础；未来，区域内的深度整合，物流产业的差异化分工与定位，以及更高层次的物流信息化建设将成为发展的重点。

区域内物流业的深度整合能够减少盲目投资、推动共享经济的实现。达到这一点，需要企业、中介组织和政府共同参与。物流企业应当对自身的优势和劣势进行客观的分析，集中优势资源进行业务拓展；中介组织应当为正确分析当地的经济发展趋势、产业地理条件等提供支持，并做好行业内的物流标准化工作，促进整体效率的提升；政府应当克服地方主义、部门主义和本位主义，通过组织制定物流行业发展规划，从有利于当地经济整体发展的角度出发，引导行业协会和企业合理投资，从而为形成更加科学合理的区域物流体系提供基础。推动行业内的精细化分工，发展专业化、社会化物流服务企业，能够进一步提升当地物流产业的运行效率。从发展经验来看，基于物流外包与服务业发展而来的第三方、第四方物流可以有效地减少社会物流总成本。在当前的物流技术发展背景下，又出现了大量针对具体物流环节提供解决方案的专业企业。一方面，鼓励传统物流企业或大型生产企业的物流部门向第三方物流转型；另一方面，为新兴物流企业提供融资与发展上的便利，能够促进物流服务企业集群的形成。通过企业间的差异化精细分工，避免恶性价格竞争，推动传统与现代、资源与技术之间的结合，从而更加有效地为长三角、珠三角地区日益增长的物流需求和日益提升的服务诉求提供支撑。

在发展物流企业、建设物流园区的同时，应当更加强化信息技术的运用与物流信息的共享。长三角和珠三角地区物流需求规模集中，运用更加先进的物流信息手段，能够有效地降低物流成本；同时，这些地区人多地少，土地资源相对稀缺，在建设物流园区的过程中，应当考虑城市之间、节点之间的相互配合。当这些城市物流中心通过发达的交通路网连接起来以后，需要借助智能化、集成化的物流信息系统，实现对区域内物流需求的快速反应和区域间物流活动的协同服务，并与物流企业、产业公司、交易市场、金融部门和监管部门之间形成相互联动。长三角和珠三角地区是我国对外贸易的重要出口地区，物流业的发展还必须与贸易便利化的推进相结合，同时满足区域内与跨区域的物流需求，使应用信息手段成为当地形成具有整体竞争力的数字化物流中心的支撑。

二 京津冀地区

京津冀地区的物流产业是首都经济功能圈的重要组成部分，在未来的发展过程中，应当重点推进基础设施建设与利用等方面的协同，在区域经济一体化的过程中实现三地物流企业的均衡化发展。

基础设施建设与利用方面的协同是当前京津冀地区物流产业发展过程中首先需要改进的方面。在该区域内，以北京、天津、石家庄等为代表的大城市中基础设施建设相对完善，并且道路交通网络呈现出以北京为核心的放射型结构，不利于城市间物流协同效应的发挥。在港口建设方面，该地区拥有天津、京唐、秦皇岛等北方重要港口，但相互之间更侧重于独立竞争，彼此的协同合作较少。这一点同样体现在航空运输方面。长期以来，首都机场的周转能力持续饱和，而附近的天津机场、石家庄机场则常常出现运力闲置。针对这一问题，京津冀三地应当突破地方保护主义的束缚，建立协同合作机制，促进整体优化。同时，应充分发挥当地铁路、公路、水路、航空四大运输方式在基础设施建设方面的优势，并通过陆上运输方式与海运、空运的紧密衔接，为地区内和区域间的贸易活动提供更加高效、便捷的物流服务支撑。

同时，京津冀地区的物流产业发展应当充分考虑北京作为首都的物流活动需求，使服务保障更加有力、到位。目前，北京的产业结构已经呈现出以服务经济为主的特点，保留的工业项目主要集中在食品、纺织、机械、石化和汽车装配等方面。根据这样的特点，面向北京的物流保障应当从工业物流、生活物流以及应急物流等方面入手。三地之间可以考虑建立涵盖政府、行业协会和物流企业的多层次物流协调机制，使物流资源的分配与使用更加适合三地之间的产业分工与结构调整；同时，对鲜活农产品为代表的生活必需品，建立基于地区间相互协作的供应保障机制，并鼓励与主要产地市场相衔接。继而，以常态化的物流协作为基础，建立包括指挥调度、基本保障、信息支撑、迅速反应及运作体系等的首都应急物流保障体系。

此外，京津冀地区在发展物流产业的过程中，应当充分利用当地所拥有的技术力量、科研支撑以及政策优势。长期以来，北京集聚了大量的技术力量和人才资源，接下来应当更加注重对产业发展，尤其是天津、河北两地经济发展的推动作用。同时，要抓住北京市服务业扩大开放综合试点，将物流业发展作为生产性服务业层次提升的重要组成部分；充分利用中国（天津）自由贸易试验区发展的有利契机，推动区域中贸易便利化水平的提升。

三　东北地区

东北地区物流业发展具备了较好的基础，但从当地规模化种植业和高端制造业不断产生的物流服务需求来看，其提供水平仍然存在一定的差距。未来，东北地区的物流产业发展重点主要在于推进重点领域的专业物流服务水平提升，统筹城乡物流一体化网络建设，并扩大进出口贸易为基础的国际物流规模。

东北地区的物流业发展应当突出当地的重点产业。当地的产业结构和功能定位，使粮食、煤炭、钢铁、石化产品、汽车、高端装备等行业的相关产品和生产设施及设备成为物流服务需求的主要构成内容。当地在建立现代物流业服务体系的过程中，应当根据这些物流服务对象的专业要求，从节点布局、运输路线、作业工具等多方面入手，为产业发展提供有力支持。

统筹城乡物流网络的建设和完善，也是东北地区物流业发展的现实要求。一方面，要面向大中城市的企业和消费者，加快建设城市物流配送，发展共同配送等现代化高效物流方式；另一方面，要扩大物流网络在农村地区的覆盖面，发展涉农物流。尤其要注重冷链运输、冷库仓储等农产品物流设施，以适应国家建设绿色农产品生产基地和精品畜牧业基地的要求。同时，还要充分利用东北地区拥有诸多港口、口岸的优势，使提升物流服务水平成为推动当地进出口贸易发展的重要动力。东北地区在发展中俄沿边物流、中朝沿边物流、中蒙沿边物流以及环日本海物流方面都具有良好的优势。通过发展标准化集装箱物流，扩大集装箱多式联运服务，鼓励沿海港口吸纳腹地货源，能够在推动当地贸易物流发展中发挥作用。同时，强化东北与内蒙古、京津冀等其他周边地区的联系，形成战略联盟、促成资源共享，能够为进一步释放物流需求，提升区域内外联动发展能力创造条件。

四　中部地区

未来一段时间内，中部地区物流产业发展将围绕国内地区间货物贸易、以长江经济带为主要通路的国际贸易货物输送以及支撑区域内生产与居民消费的原材料及商品物流这三个主要方面，完成行业发展从传统到现代的转型与提升。

中部地区在全国性的跨区域物流方面发挥着重要的作用，在未来仍将具有较大的发展空间。提升地区内物流企业的影响力和知名度，扩充服务项目，提高物流服务的附加值，将成为具有针对性的举措。尤其在物流需求日趋专业化、个性化的情况下，中部地区的物流企业通过提高信息化水平和组织化程度，满足新形势下的物流服务需求，可以促进内地物流中心的形成，在本地区经济乃至全国一体化市场的建立过程中发挥作用。

实施"长江经济带"战略以来，中部地区的外向型经济迎来了良好的发展契机。中部地区拥有诸多沿江港口和诸多大中型城市，未来应当通过港口物流、公路运输及铁路运输相互协同，形成节点众多、布局合理的网络型区域物流体系，从而更加有力地为内陆地区的商品参与国际贸易提供支持。同时，抓住发展中部城市群的契机，可以将物流产业发展作为新的增长源，以此为基础推动商品市场交易及地区内货物贸易的实质性发展。

此外，中部地区还应建立物流企业间的长效合作机制，在推进物流信息化与共享化上加大力度，促进资金、资源、人力发挥协同作用。通过省际、企业之间的多层次合作，可以产生规模效应，并有效地分散市场经营所带来的风险。对此，应当采取机制创新、体制创新与技术创新相结合的方式，打破行政分割，为实现区域物流的整体效益提升创造条件。

五　西部地区

西部地区的物流业发展程度与其他地区相比总体上存在一定的差距，这与当地的经济发展条件与自然状况有密切的关系。未来应当因地制宜，在完善基础设施建设的同时，注重"软件"方面的提升，从而强化产业基础和服务能力，为我国"向西开放"战略的实施提供支持。

自然条件恶劣是影响西部地区物流产业发展的重要原因，而"西部大开发"战略实施十多年以来，基础设施建设投入力度明显加大，不少地区的物流条件有了好转。尤其在西部地区一些人口较为集中的城镇周边，由政府投资建设的道路网络已经初具规模。接下来，不仅要通过基础设施建设来解决交通不便问题，还要通过理顺管理体系、完善市场机制，抓住发展电子商务、出口贸易所带来的需求拉动效应，促进物流企业等市场主体的发育，尤其要促进较大城市和铁路、公路沿线重要节点城市中具有一定实力的物流企业突破"小而全"的本地化经营思维，积极拓展跨地区业务。

对于西部地区而言，在政府大量投入资金的同时，还应注重技术资源、专业人才的形成、引进与使用，推动当地经营观念的提升。在西部地区，多数企业仍然采取传统的物流活动组织方式，对于专业化物流服务的需求尚未得到释放。但随着跨地区间经济往来的增加和当地企业经营层次的提升，专业化物流近年来得到了快速发展。尤其在"一带一路"战略实施过程中，通往西亚的口岸主要集中在西部地区，未来的物流需求有望大幅提升。应当以此为契机，促进当地行业中的物流企业更新经营理念，由提供单一或分段的物流服务，向提供集成化、全方位的解决方案转变。在这一过程中，可以充分吸引区域外的大型规模化物流企业进行投资，带动当地物流行业整体技术水平的提升。同时，应当采取更加符合现实的人才培养与引入机制，一方面通过优惠政策引入现代物流人才，另一方面利用西部地区的职业教育资源开展物流专业教育。

第七章　我国物流业发展状况评价

本部分主要从我国物流业发展环境、物流产业运行情况以及新常态下物流业发展面临的挑战三个方面对物流业发展现状进行综合评价，评价指标涵盖社会物流总额、社会物流需求系数、社会物流总费用、物流业增加值等，客观评价物流业运行状况。

第一节　物流业发展环境分析

一　物流业向质量提升转变

当前，国际形势复杂多变，全球经济正处在调整过程中，复苏乏力，对我国外贸出口产生不利影响。随着人口红利逐渐消失，以及土地要素、能源和环境约束加大，经济潜在增长率呈现下降趋势，经济发展进入新常态，由速度规模型向质量效益型转变。数据显示，自2010年以来，GDP增速逐渐放缓。2014年，GDP增速回落至7.3%；2015年，GDP增速进一步回落至6.9%，首次跌至7%以下。[①]

伴随着经济增速放缓，作为实体经济重要支撑的物流业发展势头也在减慢，自2010年以来，我国社会物流总额增速也在逐年下降。2011年全国社会物流总额为158.4万亿元，同比名义增长12.3%，较2010年下降2.7个百分点，2012年、2013年分别为177.3万亿元、197.8万亿元，分别同比名义增长9.8%、9.5%，增幅分别下降2.5和0.5个百分点，2014年为213.5万亿元，同比名义增长7.9%，

---

① 国家统计局相关数据。

增幅较 2013 年继续下降 3.6 个百分点。[①]

随着经济增速放缓和经济发展方式转变，我国物流业的发展也面临着转型升级的压力，物流企业从追求速度、重视规模扩张的粗放式增长向提升质量、提高效益的内涵式增长方式转变，经营方式也由粗放式的拼价格转向高效率、精益化的现代服务模式。

二 物流需求结构变化

长期以来，我国在推进工业化进程中，第二产业一直占据主导地位。随着工业化进程进入中后期，第二产业增加值在三次产业中占比处于下降趋势，2012 年，第三产业增加值占 GDP 比重，首次超过第二产业增加值占比（见图 7 - 1），成为第一大产业，2015 年，第三产业增加值占 GDP 比重达 50.5%，已经连续三年超过第二产业增加值，表明我国经济结构已从工业主导转变为服务业主导。物流产业作为生产性服务业，在经济结构调整过程中将发挥更大作用。

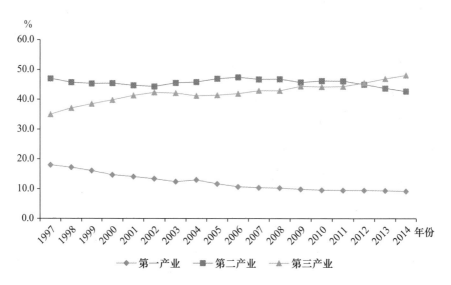

图 7 - 1 1997—2014 年三次产业增加值占比

资料来源：国家统计局官网。

---

① 国家发展改革委、国家统计局、中国物流与采购联合会联合公告：《全国物流运行情况通报》（2011—2014 年）。

随着服务经济时代的到来，物流服务需求的结构和质量也在发生变化，呈现出多样化、高端化的趋势。由于制造业、建筑业等领域产能过剩问题日趋凸显，第二产业增加值占 GDP 的比重持续下降，工业品物流需求比重呈下降趋势；而在第三产业中，随着电子商务、网络购物等新兴商贸流通方式的发展，正在重塑传统商贸流通产业形态，受此影响，与新型商贸形式直接相关的电商物流快速发展，规模不断增长。

三　物流基础设施日趋完善

物流基础设施是指在供应链的整体服务功能上和供应链的某些环节上，满足物流组织与管理需要的、具有综合或单一功能的场所或组织的统称，主要包括公路、铁路、港口、机场、物流园区以及网络通信基础等。① 近年来，为促进经济增长，我国加大对基础设施的投入，物流类基础设施投资保持了较快增长。物流基础设施的不断完善，为物流产业快速发展提供了重要基础。

在铁路、港口等方面，据不完全统计，2014 年，全国完成铁路、公路和水路固定资产投资 25259.51 亿元，比 2013 年增长 12.6%，占全社会固定资产投资的 4.9%。截至 2014 年年底，全国铁路营业里程达到 11.2 万千米，比 2013 年末增长 8.4%；公路总里程 446.39 万千米，其中高速公路 11.19 万千米；全国公路桥梁 75.71 万座、4257.89 万米；全国公路隧道达 12404 处、1075.67 万米；内河航道通航里程 12.63 万千米，其中三级及以上高等级航道 10854 千米；全国港口拥有生产用码头泊位 31705 个，其中，沿海港口生产用码头泊位 5834 个，内河港口生产用码头泊位 25871 个；全国港口拥有万吨级及以上泊位 2110 个，其中，沿海港口万吨级及以上泊位 1704 个，内河港口万吨级及以上泊位 406 个；全国民用运输机场 202 个。②

在物流基础设施方面，2014 年全国共有各类物流园区 1210 家，涵盖规划、在建和运营等多种状态，与 2012 年相比，增长了 60%。

---

① 陈晓明、刘学忠、刘录敬：《电子商务下我国物流业面临的困境及出路》，《市场论坛》2008 年第 1 期。

② 交通运输部：《2014 年交通运输行业发展统计公报》，2015 年 4 月。

其中已运营的有 857 家，占比 71%；在建的有 240 家，占比 20%；规划的有 113 家，占比 9%。① 从区域分布来看，各地物流园区分布趋于均衡，而且园区规划更加科学合理，仓储、配送设施现代化水平不断提高，冷链物流设施建设加快，各类专业化仓库设施完备，配套辅助设施齐全。

四 电子商务快速发展助推快递物流

近年来，我国电子商务快速发展，电商物流发展迅猛。目前，全国快递业务中有六成来自电子商务业务②，以 2003 年淘宝网成立为时间节点，2003—2015 年，快递业务量由 5.6 亿件增至 206.7 亿件，增长了近 36 倍，年均复合增长率达到 35.10%，市场规模跃居世界第一（见图 7 - 2、7 - 3）。2015 年，全国快递业务量累计完成 206.7 亿件，同比增长 48%，"双 11"期间单日快递峰值达到 1.6 亿件，快递业务总量继续保持世界第一的规模；快递业务收入累计完成 2769.6 亿元，同比增长 35.4%。③

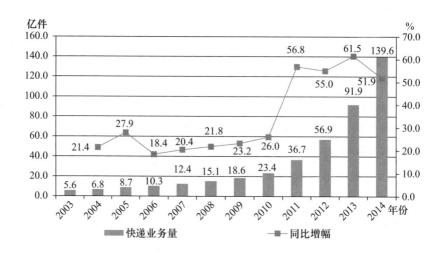

图 7 - 2　2003—2014 年我国快递业务量及同比增幅

资料来源：国家邮政局相关报告。

---

① 中国物流学会：《第四次全国物流园区（基地）调查报告》，2015 年 7 月。
② http：//finance. sina. com. cn/china/20141104/164620728661. shtml.
③ 国家邮政局：2015 年邮政行业发展统计公报，2016 年 5 月 10 日。

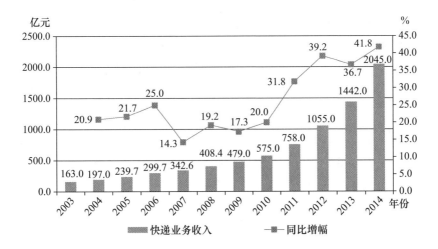

图7-3 2003—2014年我国快递业务收入及同比增幅

资料来源：国家邮政局相关报告。

随着跨境电商的兴起，以及"电商下乡"开启农村市场，将推动我国电子商务市场继续保持较快增长。可以预见，电子物流也将保持快速发展。

五 不同区域物流业发展不均衡

近年来，随着我国经济快速发展，各地区物流产业得到长足发展，总体规模不断扩大，服务水平显著提高，基础条件也在不断改善，但是由于各地资源禀赋、产业格局和具体措施等方面存在差异，使区域物流产业发展差异化明显，不均衡状态日渐显著。从空间分布来看，东部地区物流业发展水平明显高于中西部地区，据有关资料显示[1]，东部地区物流企业数量大约占全国物流企业总数的2/3，而中西部地区则仅占1/3。虽然近年来中西部地区物流业发展较快，但是规模和数量都与东部地区相去甚远。

随着"中部崛起""西部大开发""一带一路"等国家战略的实施，中西部地区物流基础设施建设不断完善，物流业发展水平加速提升，物流业总体规模和实力将迎来高速发展期。

---

[1] 王成金、张梦天：《中国物流企业的布局特征与形成机制》，《地理科学进展》2014年第1期。

六 多项政策出台扶持物流业发展

国务院和有关部门对物流业发展十分重视，制定了一系列政策、法规文件，为物流业的健康发展创造良好的制度环境。早在 2001 年，铁道部、交通部等六部委在《关于加快我国现代物流发展的若干意见》中，明确提出"积极培育现代物流服务市场"。其后在 2009 年，为应对金融危机，国务院将物流业列为十大振兴产业，并通过《物流业调整和振兴规划》，明确提出"物流业是融合运输业、仓储业、货代业和信息业等的复合型服务产业"。2010 年，我国第一部《农产品冷链物流发展规划》正式发布，确立了冷链物流发展的目标、主要任务和冷库建设、低温配送处理中心建设、冷链物流全程监控与追溯系统建设等八大重点工程。2011 年，国务院集中出台了多项政策，包括促进物流业发展的"国八条"及后来的"国九条"，要求切实减轻物流企业税收负担，加大对物流业的土地政策支持力度，优先发展农产品物流业，加大对物流业的投入，推进物流技术创新和应用。2012 年，为落实"物流国九条"，各相关部门出台了大量具体政策。发改委等十二部委印发了《关于鼓励和引导民间投资进入物流领域的实施意见》；财政部出台了物流企业土地使用税税收减半政策；商务部出台相关指导意见，启动现代物流技术应用和共同配送综合试点，推动仓储业转型升级等。①

2013 年，国务院及相关部委密集出台一系列具体政策，在物流园区建设、物流相关税收优惠、共同配送、降低物流成本等方面给予政策支持。尤其是国务院 7 月 24 日出台的促进外贸发展的"国六条"，以及之后发布的七条跨境电商支持措施，为跨境物流的发展带来了新的机遇。②

2014 年，国务院出台《物流业发展中长期规划（2014—2020）》（以下简称《规划》），第一次明确提出物流业"是支撑国民经济发展的基础性、战略性产业"，把物流业提升到"战略性产业"的高度，确立了未来 5 年的发展目标。这是继 2009 年《物流业调整和振兴规

---

① 中国物流与采购联合会：《中国物流年鉴》（2013）。
② 中国物流与采购联合会：《中国物流年鉴》（2014）。

划》之后又一个指导物流业发展的纲领性文件。为了配合《规划》贯彻落实，国家发改委发布了《国家促进物流业发展三年行动计划（2004—2016）》。此外，相关部委出台了一系列指导意见，分别对推进城市配送、道路运输、港口升级、现代航运等方面作了具体规划。

2015年，商务部、交通运输部等10部门联合发布《全国流通节点城市布局规划（2015—2020年）》，确定了石家庄、郑州等37个国家级流通节点城市，唐山等66个区域流通节点城市以及"3纵5横"国家骨干流通大通道，提升流通节点城市功能。国家发改委发布《关于加快实施现代物流重大工程的通知》，规划了多式联运工程、农产品物流工程、城乡物流配送工程、电子商务物流工程等十大物流重点工程。随后，国务院印发《关于促进快递业发展的若干意见》，确定了快递物流未来5年的发展目标和重点任务。此外，国务院还会同国家发改委、交通运输部等部门，在冷链物流、多式联运、快递物流等方面出台了系列政策。

上述文件的出台，为物流业快速发展提供了政策支持和措施保障，同时也为规范物流业健康发展提供了制度保障，极大地促进了物流业快速发展。

第二节　物流产业运行情况

一　社会物流总额增速趋缓

（一）社会物流总额发展特征

物流业作为国民经济的基础产业，其发展水平与经济增长密切相关，从社会物流总额变化趋势来看，基本与GDP变化趋势相一致，尽管在经济运行过程中，由于受到各种不确定性因素影响，社会物流总额增长趋势与GDP增长趋势不一定完全同步，但是考察1997—2014年社会物流总额变化趋势（见图7-4、表7-1），可以发现，社会物流总额与GDP增长趋势大致接近，并且经历了由"高速增长"向"中速适度增长"转变的过程。1997—2014年，全国社会物流总额由124138亿元增加至2134534亿元，17年间增长了16倍多，年均复合增长率达到 18.2%，高于同期 GDP 年均增速，从一定程度上反映出我国物流业持续快速发展、物流需求规模稳步提升的趋势。

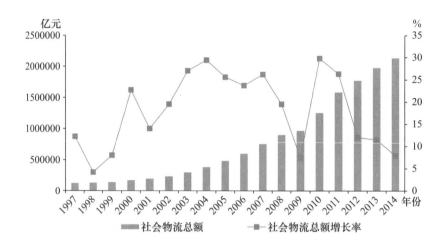

图 7－4 1997—2014 年中国社会物流总额及其增长率

资料来源：根据《中国物流年鉴》（1998—2015）数据整理。

表 7－1　　　　　　　　1997—2014 年社会物流总额　　　　　单位：亿元，%

年份	工业品	农产品	进口货物	再生资源	单位与居民物品	名义增速
1997	102501	8996	11817	746	78	12.2
1998	107688	9160	11626	827	86	4.2
1999	115827	9138	13736	917	98	8.0
2000	142000	9634	18660	1017	116	22.7
2001	163739	10291	20159	1127	126	14.0
2002	196799	10986	24431	1249	132	19.5
2003	249570	11261	34193	1385	187	27.0
2004	324876	11970	46467	1535	190	29.4
2005	413161	12748	54093	1776	205	25.6
2006	516864	13546	63267	2059	240	23.7
2007	660878	15849	72627	2436	493	26.2
2008	798622	18638	78603	2529	1402	19.5
2009	874058	19439	68570	2840	1632	7.4
2010	1131031	22355	94305	4464	1975	29.8
2011	1436409	26312	112430	5928	2463	26.3

续表

年份	工业品	农产品	进口货物	再生资源	单位与居民物品	名义增速
2012	1620269	28891	115209	6751	2037	12.0
2013	1814701	31405	121058	7750	2726	11.5
2014	1968951	33101	120331	8455	3696	7.9

注：表中数据进行四舍五入处理。

资料来源：《中国物流年鉴》（1998—2015）、国家统计局官网。

自 2010 年以来，物流总额增速有所下降，2012 年开始呈现稳中趋缓态势。2013 年，全国社会物流总额 197.8 万亿元，名义增速达 11.5%，增幅比 2012 年回落了 0.5 个百分点；2014 年，全国社会物流总额 213.5 亿元，名义增速达 7.9%，增幅较 2013 年回落了 3.6 个百分点。考察同期 GDP 增速变化，可以看出，我国社会物流总额增速与国民经济运行状况密切相关。

（二）社会物流需求系数及变化趋势

1997 年以来，我国单位 GDP 物流需求系数[①]不断上升（见图 7 - 5、表 7 - 2），2007 年首次突破 3，达到 3.05，2008 年以后有所回落，2010 年以后继续上升，2013 年达到 3.48，为历史最高水平，2014 年，单位 GDP 物流需求系数继续降至 3.35。下面具体来看主要产品的物流需求系数变化情况。

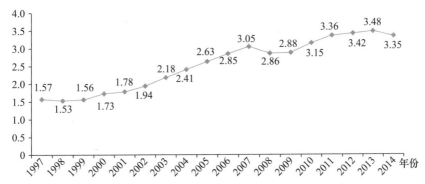

图 7 - 5　1997—2014 年单位 GDP 物流需求系数走势变化

资料来源：《中国物流年鉴》（1998—2015）。

---

① 单位 GDP 物流需求系数 = 社会物流总额/GDP，代表创造单位 GDP 所需要的物流规模。

工业品物流需求系数，由 1997 年的 1.298 一路攀升至 2013 年的 3.190，达到峰值；2014 年略有下降，为 3.094。其中 2011 年以来，工业品物流需求系数基本稳定在 3.00—3.20，增速有所放缓。这反映出随着工业化进程的不断推进，能耗、物耗在逐年增加，随着经济由工业主导向服务业主导转型，即 2011 年以来，工业品物流需求系数增速放缓，服务业需求上升，传统的依靠"高物耗、高物流"的增长模式正在发生转变，经济结构调整的效应逐步显现。

农产品物流需求系数，由 1997 年的 0.114 下降至 2014 年的 0.052，自 2008 年之后基本维持在 0.05—0.06。表明我国农产品物流效率有所提升。[①]

进口货物物流需求系数，在 1997—2007 年间，大体处于缓慢增长态势，2008 年以来，有下降趋势。主要是受 2008 年国际金融危机的影响，全球市场需求不振，进口商品减少。

表 7 - 2　　　　1997—2014 年主要产品的单位 GDP 物流需求系数

年份	工业品	农产品	进口货物	再生资源	单位与居民物品
1997	1.298	0.114	0.150	0.009	0.001
1998	1.276	0.109	0.138	0.010	0.001
1999	1.292	0.102	0.153	0.010	0.001
2000	1.431	0.097	0.188	0.010	0.001
2001	1.493	0.094	0.184	0.010	0.001
2002	1.635	0.091	0.203	0.010	0.001
2003	1.837	0.083	0.252	0.010	0.001
2004	2.032	0.075	0.291	0.010	0.001
2005	2.257	0.070	0.295	0.010	0.001
2006	2.468	0.065	0.302	0.010	0.001
2007	2.680	0.064	0.294	0.010	0.002

---

① 一亩田研究院：《提高农产品物流效率才能推进农业现代化的发展》，物流产品网，2015 年 11 月 4 日。

续表

年份	工业品	农产品	进口货物	再生资源	单位与居民物品
2008	2.543	0.059	0.250	0.008	0.004
2009	2.606	0.058	0.204	0.008	0.005
2010	2.842	0.056	0.237	0.011	0.005
2011	3.046	0.056	0.238	0.013	0.005
2012	3.120	0.056	0.222	0.013	0.004
2013	3.190	0.055	0.213	0.014	0.005
2014	3.094	0.052	0.189	0.013	0.006

注：表中数据进行四舍五入处理。

资料来源：《中国物流年鉴》（1998—2015）、国家统计局官网。

再生资源物流需求系数，一直比较稳定，基本维持在0.10左右。单位与居民物品物流需求系数，在2008年以前，保持在0.001左右，2008年以后有所上升。主要原因是2008年之后，我国外贸出口增速放缓，内需尤其是居民消费受到重视；同时电子商务的快速发展，促进了单位与居民物品物流需求系数的明显增长。

（三）社会物流规模结构及变化趋势

从社会物流总额构成来看，1997—2014年，工业品物流总额占社会物流总额的比重，始终名列第一，进口货物物流总额占社会物流总额的比例居于第二位，农产品物流总额、再生资源物流总额、单位与居民物品物流总额占社会物流总额的比例分别为第三、四、五位。各主要商品具体情况如下。

1. 工业品物流总额逐年增长，占比增幅减缓

工业品物流总额逐年增长，占社会物流总额的比重亦逐年增加，从1997年的82.89%上升至2014年的92.24%（见图7-6），但所占比重增幅趋缓（表7-3）。1997—2014年，工业品物流总额占比年均复合增长率为19.0%，略高于同期社会物流总额增长率（18.2%），表明在长期以来，工业物流是拉动社会物流总额增长的主要动力。随着我国逐步进入工业化中后期，工业品物流总额名义增速上涨幅度明

显减缓，尤其是 2010 年以来，工业品物流总额名义增速连续五年呈下降趋势，工业品物流总额占比增幅明显减缓，5 年间仅增加了 2 个百分点。

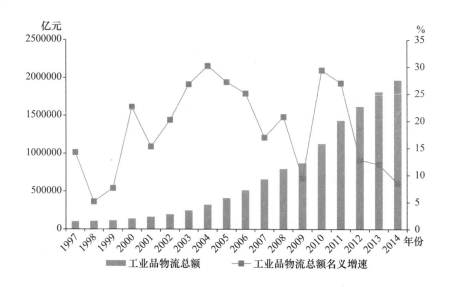

图 7－6 1997—2014 年工业品物流总额及其名义增速变化

资料来源：《中国物流年鉴》（1998—2015）、中国物流信息中心数据资料库。

2. 农产品物流总额增速缓慢，占比下降

1997 年以来，我国农产品物流总额持续增长（见图 7－7），但增速相对缓慢。农产品物流总额由 1997 年 8996 亿元上升至 2014 年 33101 亿元，17 年间年均复合增长率仅为 8.0%，远低于同期工业品物流总额年均复合增长率（19.0%）和同期社会物流总额年均复合增长率（18.2%）。尤其自 2011 年以来，农产品物流总额名义增速连续四年下降，2014 年增速仅为 5.4%，远低于社会物流总额增速。与之相应地，农产品物流总额占比从 1997 年的 7.27% 一路下跌，到 2014 年，占比只有 1.55%。这说明我国农产品物流发展受到多种因素影响。

3. 进口货物物流总额增速放缓，占比下降

1997 年以来，我国进口货物物流总额处于增长状态（见图 7－8）。1997—2014 年，进口货物物流总额从 11817 亿元增长到 120331

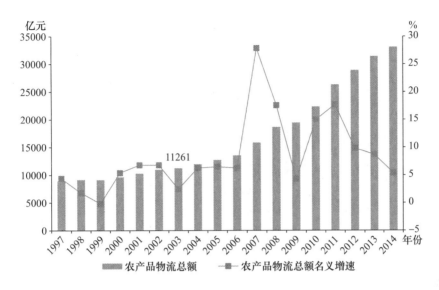

图7-7　1997—2014年农产品物流总额及其名义增速变化

资料来源:《中国物流年鉴》(1998—2015)。

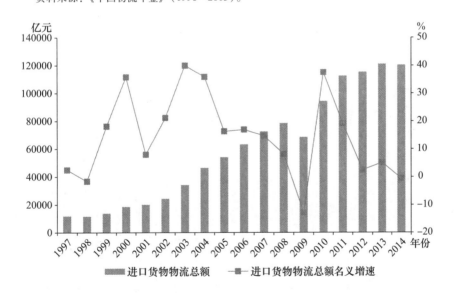

图7-8　1997—2014年进口货物物流总额及其名义增速变化

资料来源:《中国物流年鉴》(1998—2015)。

亿元,年均复合增长率达到14.6%,虽然低于同期社会物流总额年均复合增长率(18.2%),但总体增速仍然较快。值得注意的是,从

2005 年开始，除 2010 年和 2013 年两次反弹之外，进出口货物物流总额名义增速放缓，2014 年甚至降为负数。从进口货物物流总额占比来看，2007 年以前一直在 10% 左右波动，2007 年以后开始下降，2014年仅为 5.64%，表明随着经济增速放缓，铁矿石等原材料商品进口大幅下降。

4. 再生资源物流总额增速减缓，占比上升

随着绿色、低碳和循环经济的快速发展，再生资源物流总额快速增长（见图 7 - 9）。在 1997—2014 年，我国再生资源物流总额从 746亿元增长至 8455 亿元，年均复合增长率达到 15.4%，增速虽低于同期社会物流总额年均复合增长率（18.2%），但高于同期农产品物流总额年均复合增长率（8.0%），也略高于同期进口货物物流总额年均复合增长率（14.6%），增长速度较为可观。自 2010 年以来，再生资源物流总额名义增速连续五年呈下降趋势，增速逐年放缓。从再生资源物流总额占比来看，在 1997—2002 年间小幅下跌至 0.10%，近年来又回升并稳定在 0.40% 左右，表明环保理念受到重视。

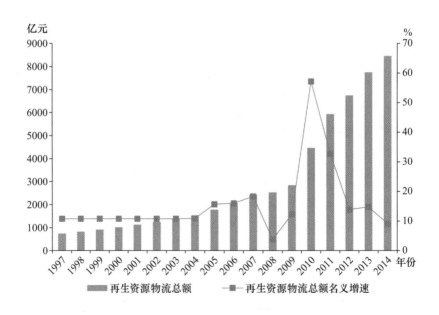

图 7 - 9 1997—2014 年再生资源物流总额及其名义增速变化

资料来源：《中国物流年鉴》（1998—2015）。

5. 单位与居民物品物流总额增速提升，占比提高

随着电子商务的快速发展，食品、家电、电子产品等各类与居民生活相关的快递物流保持较高增长，尽管总体规模较小，但增长速度非常快（见图 7 – 10）。1997—2014 年，我国单位与居民物品物流总额从 78 亿元增长到 3696 亿元，年均复合增长率为 25.5%，高于同期社会物流总额年均复合增长率（18.2%），年均增速在社会物流总额五个组成部分中居于首位。从单位与居民物品占比来看，2007 年开始反弹并稳步增长，2014 年达到 0.17%，主要是受国内电子商务市场蓬勃兴起的影响，居民物流市场呈加速增长态势。

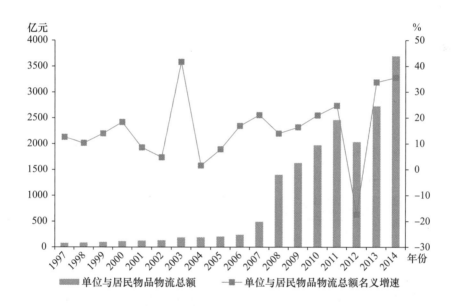

图 7 – 10　1997—2014 年单位与居民物品物流总额及其名义增速变化

资料来源：《中国物流年鉴》（1998—2015）。

表 7 – 3　　　　　1997—2014 年社会物流总额构成统计数据　　　　　单位：%

年份	工业品	农产品	进口货物	再生资源	单位与居民物品
1997	82.89	7.27	9.56	0.22	0.06
1998	83.65	7.12	9.03	0.13	0.07

续表

年份	工业品	农产品	进口货物	再生资源	单位与居民物品
1999	83.36	6.58	9.89	0.11	0.07
2000	83.25	5.65	10.94	0.09	0.07
2001	84.18	5.29	10.36	0.10	0.06
2002	84.61	4.72	10.50	0.10	0.06
2003	84.15	3.80	11.53	0.47	0.06
2004	84.64	3.12	12.11	0.40	0.05
2005	85.72	2.64	11.22	0.37	0.04
2006	86.73	2.27	10.62	0.35	0.04
2007	87.85	2.11	9.65	0.32	0.07
2008	88.76	2.07	8.74	0.28	0.16
2009	90.43	2.01	7.09	0.29	0.17
2010	90.18	1.78	7.52	0.36	0.16
2011	90.71	1.66	7.10	0.37	0.16
2012	91.38	1.63	6.50	0.38	0.11
2013	91.76	1.59	6.12	0.39	0.14
2014	92.24	1.55	5.64	0.40	0.17

注：表中数据经过四舍五入处理。

资料来源：《中国物流年鉴》（1998—2015）。

表 7-4　　　　1997—2014 年社会物流总额名义增速　　　　单位：%

年份	工业品	农产品	进口货物	再生资源	单位与居民物品
1997	14.2	4.4	2.5	10.8	12.6
1998	5.1	1.8	-1.6	10.8	10.3
1999	7.6	-0.2	18.2	10.8	14.0
2000	22.6	5.4	35.8	10.8	18.4
2001	15.3	6.8	8.0	10.8	8.6
2002	20.2	6.8	21.2	10.8	4.8
2003	26.8	2.5	40.0	10.8	41.7
2004	30.2	6.3	35.9	10.9	1.6
2005	27.2	6.5	16.4	15.7	7.9
2006	25.1	6.3	17.0	16.0	16.9
2007	17.0	27.9	14.8	18.3	21.1
2008	20.8	17.6	8.2	3.8	14

续表

年份	工业品	农产品	进口货物	再生资源	单位与居民物品
2009	9.4	4.3	−12.8	12.3	16.4
2010	29.4	15.0	37.5	57.2	21.0
2011	27.0	17.7	19.2	32.8	24.7
2012	12.8	9.8	2.5	13.9	−17.3
2013	12.0	8.7	5.1	14.8	33.8
2014	8.5	5.4	−0.6	9.1	35.6

注：表中数据经过四舍五入处理。

资料来源：《中国物流年鉴》（1998—2015）。

二 社会物流总费用逐渐降低

（一）我国社会物流总费用基本情况及特点

社会物流总费用是指在一定时间内，国民经济各方面用于社会物流活动的各项费用支出总和。一般认为，社会物流总费用包括三个部分：运输费用、保管费用、管理费用。其中运输费用主要包括运费、装卸搬运费和运输附加费用等；保管费用主要包括仓储、配送、包装、流通加工等费用；管理费用则是物流管理人员所获得的报酬、办公等费用。

1. 社会物流总费用增速放缓

考察1997—2014年社会物流总费用变化情况（见图7－11），可以发现，我国社会物流总费用一直处于增长态势，1997—2014年，全国社会物流总费用由16667亿元上升至105944亿元，年均复合增长率达到11.5%，低于同期社会物流总额年均复合增长率6.7个百分点。

2011年以来，随着社会物流总额增速下降，社会物流总费用增速也出现回落。2011年，全国社会物流总费用为84102亿元，名义增速达18.5%；2012年全国社会物流总费用为93702亿元，名义增速为11.4%，较2011年回落了7.1个百分点；2013年名义增速为9.3%，较2012年回落了2.1个百分点；2014年名义增速进一步下降至3.5%，较2013年又回落了5.8个百分点。社会物流费用增速放缓趋势明显，意味着我国物流运行效率在不断提高。

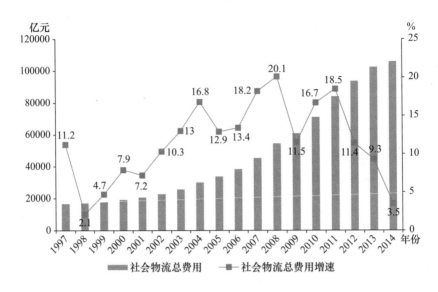

图 7 - 11 1997—2014 年社会物流总费用及其增速变化

资料来源：《中国物流年鉴》（1998—2015）。

2. 社会物流总费用占 GDP 比重逐渐下降

社会物流总费用占 GDP 的比重高低是衡量一国物流效率的标志，该比重越低，表明单位 GDP 消耗物流资源越少、物流效率越高，因此物流业的发展水平较高，国民经济发展质量和竞争实力较强。

1997—2000 年，社会物流总费用占 GDP 的比重，一直在 20% 左右甚至更高水平；2001 年以来，社会物流总费用占 GDP 比例略有下降；2014 年，该比例进一步降至 16.6%，较 2001 年下降了 2.1 个百分点，较 1997 年则下降了 4.4 个百分点（见图 7 - 12）。尽管我国社会物流总费用占 GDP 的比重呈下降趋势，但降速趋缓，同发达国家相比，仍然较高，美国此项占比为 8.5%；与金砖国家相比，印度为 13.0%，巴西则为 11.6%。表明我国社会物流成本依然偏高，单位 GDP 消耗的物流资源过多，物流效率较低。

3. 社会物流总费用增速与经济增速密切相关

1997 年以来，我国社会物流总费用增速呈现波动上升和下降趋势，尤其在 2002 年以后，社会物流总费用名义增速基本超过 GDP 增速，而且在经济活跃时期，社会物流总费用增速上升，当经济增速放

缓的时候，社会物流总费用增速下降（见表 7 - 5）。近年来，随着我
国经济进入新常态，经济结构处于转型升级过程中，社会物流总费用
增速显著降低，尤其是 2014 年，社会物流总费用增速已经低于 GDP
增速，表明我国经济结构调整效果已经显现（见图 7 - 13）。

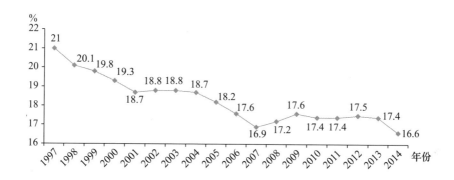

图 7 - 12　1997—2014 年社会物流总费用占 GDP 的比重变化

资料来源：根据《中国物流年鉴》（1998—2015）、国家统计局数据整理。

表 7 - 5　　　　　　　　　社会物流总费用占 GDP 的比重　　　　　　　单位：%

年份	运输费用	保管费用	管理费用	社会物流总费用
1997	10.3	7.3	3.3	20.9
1998	10.2	6.6	3.2	20.0
1999	10.6	5.9	3.3	19.8
2000	10.1	6.0	3.2	19.3
2001	9.8	5.9	3.0	18.7
2002	9.9	6.0	2.9	18.8
2003	10.3	5.9	2.6	18.8
2004	10.5	5.6	2.5	18.6
2005	10.0	5.7	2.5	18.2
2006	9.7	5.7	2.3	17.7
2007	9.2	5.6	2.1	16.9
2008	9.1	6.0	2.2	17.3
2009	9.7	5.8	2.1	17.6

续表

年份	运输费用	保管费用	管理费用	社会物流总费用
2010	9.4	5.9	2.1	17.4
2011	9.2	6.1	2.1	17.4
2012	9.2	6.2	2.2	17.6
2013	9.1	6.1	2.2	17.4
2014	8.8	5.8	2.0	16.6

注：表中数据经过四舍五入处理。

资料来源：《中国物流年鉴》（1998—2015）、国家统计局数据。①

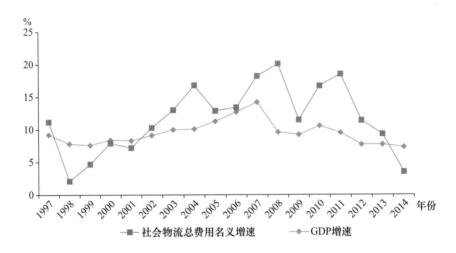

图 7-13 1997—2014 年社会物流总费用增速与 GDP 增速比较

资料来源：国家统计局，中国物流信息中心数据资料库。

（二）社会物流总费用结构变化趋势

从社会物流总费用构成来看（见图 7-14、表 7-6），1997—2014 年，运输费用占社会物流总费用的比重最高，保持在 50%—60%；2012 年以来，运输费用占比呈下降趋势，但依然在 50% 以上。

————————

① 这里的 GDP 数据采用的是国家统计局官网最新调整后的数据，故所得结果与当年全国物流运行情况通报的数据有出入。

运输费用的下降，一定程度上反映了我国物流基础设施建设正在逐步完善。

　　保管费用占社会物流总费用的比重大致维持在 30% 左右，但是近年来一直保持缓慢上涨态势。保管费用逐年上升反映了仓储成本持续上涨，表明土地要素价格上涨显著，主要是各地争相建设物流园区，设立仓储基地所导致；同时我国工业企业流动资产周转率过低，也是仓储成本居高不下的主要原因。

　　管理费用占比相对较低。1997—2000 年，虽然管理费用占比逐年上涨，但 2001 年以来，呈小幅下降趋势，目前管理费用占比已经从高峰期的 16.5%，逐步下降到 12% 左右。表明我国物流运行效率和管理水平在不断提升。但是同美国相比，其管理费用占比仅为 3.5% 左右，仍存在较大差距，可以看出我国在物流组织管理方式方面比较滞后，物流一体化、专业化程度较低。随着物流技术的不断发展，物流管理水平仍将继续提高，管理费用占比有望进一步下降。

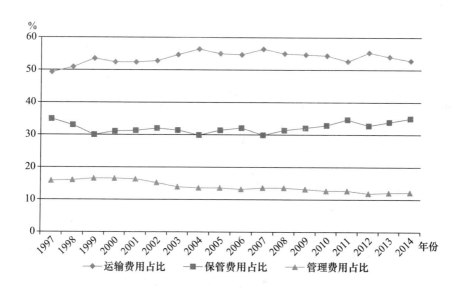

图 7-14　1997—2014 年中国社会物流总费用构成变化

资料来源：《中国物流年鉴》（1998—2015）。

表7-6　　　　　　　社会物流总费用构成比例　　　　　单位:%

年份	运输费用	保管费用	管理费用
1997	49.3	34.9	15.8
1998	50.9	33	16
1999	53.5	30	16.5
2000	52.4	31.1	16.5
2001	52.4	31.3	16.3
2002	52.8	32	15.2
2003	54.7	31.4	13.9
2004	56.4	29.9	13.6
2005	55	31.4	13.6
2006	54.7	32.1	13.2
2007	56.4	29.9	13.6
2008	55	31.4	13.6
2009	54.7	32.1	13.2
2010	54.4	32.9	12.7
2011	52.6	34.7	12.7
2012	55.3	32.8	11.9
2013	54	33.9	12.1
2014	52.8	35	12.2

注：表中数据经过四舍五入处理。

资料来源:《中国物流年鉴》(1998—2015)。

三　货物运输规模平稳增长

（一）全国货运量增长情况

1997年以来，全国货物运输规模不断上升，由1997年的1278218万吨增长到2014年的4386800万吨，年均增速约为7.5%。2014年货运量同比增长7.0%，增速较2013年增加7.0个百分点，但是较2012年回落3.9个百分点。总体来看，全国货运量规模1997—2010年基本处于增长趋势，2010年以后呈现回落走势（见图7-15）。

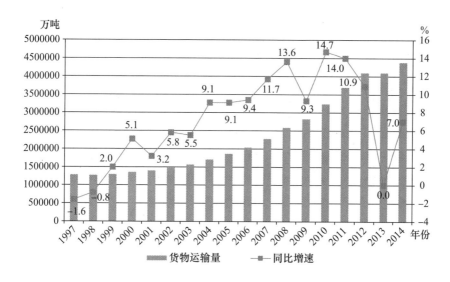

图 7 – 15　1997—2014 年全国货运量及同比增速变化

资料来源：《中国物流年鉴》（1998—2015）、国家统计局官网。

（二）货运量结构变化

从结构上来看，2014 年，公路货运量所占比重最高，其次是水运和铁路运输。考察 1997 年以来全国货运量运输结构变化，可以发现，铁路货运量占比总体呈下降趋势，水运货运量占比则缓慢上升，且自 2010 年以来，水运逐渐取代铁路成为仅次于公路运输的第二大货运方式；公路货运量所占比重长期维持在 75% 左右，是最主要的运输方式，也是运量最大的方式；航空货运和管道货运占比较小，长期维持在一个比较稳定的水平；2006 年以来，公路货运量逐年增长，2014 年有一些新变化，主要表现在水运货运量大幅增长，分担了原来由公路货运承担的部分份额，致使公路货运量占比出现一定程度的下降。

表 7 – 7　　　　1997—2014 年全国货运量运输结构变化　　　　单位：%

年份	铁路货运量	公路货运量	水运货运量	航空货运量	管道货运量
1997	13.47	76.40	8.87	0.01	1.25
1998	12.96	77.01	8.64	0.01	1.37
1999	12.96	76.60	8.86	0.01	1.56

续表

年份	铁路货运量	公路货运量	水运货运量	航空货运量	管道货运量
2000	13.14	76.46	9.01	0.01	1.38
2001	13.78	75.35	9.46	0.01	1.39
2002	13.82	75.25	9.56	0.01	1.36
2003	14.33	74.14	10.10	0.01	1.41
2004	14.59	72.96	10.98	0.02	1.45
2005	14.46	72.06	11.80	0.02	1.67
2006	14.15	71.98	12.21	0.02	1.64
2007	13.81	72.04	12.36	0.02	1.78
2008	12.78	74.12	11.39	0.02	1.70
2009	11.80	75.32	11.29	0.02	1.58
2010	11.24	75.52	11.69	0.02	1.54
2011	10.64	76.28	11.52	0.02	1.54
2012	9.52	77.76	11.19	0.01	1.52
2013	9.68	75.06	13.66	0.01	1.59
2014	8.69	75.97	13.64	0.01	1.68

注：表中数据经过四舍五入处理。

资料来源：《中国物流年鉴》（1998—2015）、国家统计局官网。

（三）货运周转量增长情况

考察1997—2014年全国货运周转量变化情况，可以看出，1997年为38385亿吨/千米，2014年达到185837亿吨/千米，17年间货运周转量增长了近4倍，年均增幅达到9.7%。2011年以来，全国货物运输周转量增速稳步回落，2013年出现负增长，2014年出现大幅反弹（见图7-16）。

（四）货运周转量结构变化情况

考察1997—2014年货运周转量结构变化，水运货运周转量占比一直最大；铁路货运周转量占比持续下降，公路货运周转量占比自2008年以来开始大幅上升，逐渐取代铁路货运，位居第二；航空货运周转量和管道货运周转量占比较小，且相对稳定（见表7-8）。

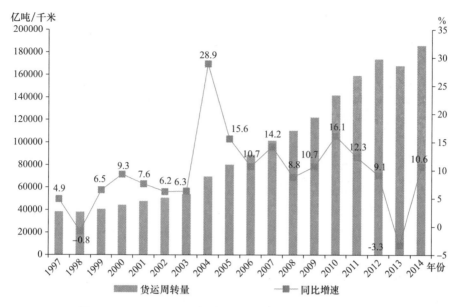

图 7 - 16 1997—2014 年全国货运周转量及同比增速变化

资料来源：《中国物流年鉴》（1998—2015）、国家统计局官网。

表 7 - 8　　　　　　　1997—2014 年全国货运周转量结构变化　　　　　　单位：%

年份	铁路货运周转量	公路货运周转量	水运货运周转量	航空货运周转量	管道货运周转量
1997	34.57	13.73	50.11	0.08	1.51
1998	32.98	14.40	50.95	0.09	1.59
1999	31.82	14.11	52.41	0.10	1.55
2000	31.07	13.83	53.55	0.11	1.44
2001	30.80	13.27	54.47	0.09	1.37
2002	30.89	13.38	54.28	0.10	1.35
2003	32.02	13.18	53.32	0.11	1.37
2004	27.78	11.29	59.66	0.10	1.17
2005	25.82	10.83	61.89	0.10	1.36
2006	24.71	10.98	62.46	0.11	1.75
2007	23.46	11.20	63.39	0.11	1.84
2008	22.76	29.80	45.57	0.11	1.76
2009	20.67	30.45	47.13	0.10	1.66
2010	19.49	30.59	48.24	0.13	1.55
2011	18.49	32.25	47.34	0.11	1.81

续表

年份	铁路货运周转量	公路货运周转量	水运货运周转量	航空货运周转量	管道货运周转量
2012	16.79	34.25	47.01	0.09	1.85
2013	17.36	33.17	47.28	0.10	2.08
2014	14.81	32.83	49.92	0.10	2.33

注：表中数据经过四舍五入处理。

资料来源：《中国物流年鉴》（1998—2015）、国家统计局官网。

四　物流业增加值增幅下降

（一）物流业增加值发展趋势

物流业增加值是指一定时期内物流活动新创造的价值，等于物流产业的总产值扣除中间投入后的余额，反映了物流产业对国内生产总值的贡献，是衡量物流业发展水平的核心指标。增加值包括固定资产的折旧、劳动者报酬、生产税净额、营业盈余等。

我国物流业增加值在 1997 年为 5398 亿元，到 2014 年增加至 35453 亿元，增长了近 6 倍，年均复合增长率达到 11.7%。考察 1997—2014 年间物流业增加值变化情况（见图 7 - 17），可以看出，在 1997—2013 年一直处于稳步增长态势，但从 2008 年开始，物流业增加值增长速度逐步放缓，2014 年出现负增长。

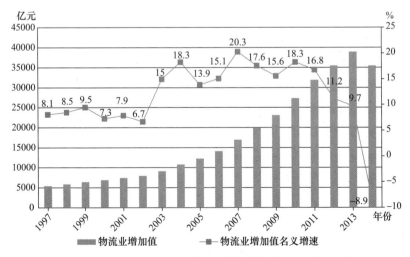

图 7 - 17　1997—2014 年物流业增加值及其名义增速变化

资料来源：《中国物流年鉴》（1998—2015）。

（二）物流业增加值内部结构转变

物流业增加值包括交通运输业、仓储业、贸易业、邮政业，回顾1997—2014 年物流业增加值内部结构变化趋势（见表 7-9、图 7-18），可以看出，1997 年以来，交通运输业物流增加值占比呈下降趋势，由 1997 年的 80.1% 逐步降至 2014 年的 67.5%，但在整个物流业增加值中仍占据主导地位；仓储业物流增加值占比呈小幅上升趋势，2014 年出现下滑。随着物流信息化程度提高，物流运输费用有望下降，物流业增加值将保持下降趋势；随着电子商务的进一步发展，居民消费需求得到有效释放，贸易业物流增加值和邮政业物流增加值将保持上升势头。

表 7-9　　　　1997—2014 年物流产业增加值结构变化　　　　单位：%

年份	交通运输业物流 增加值占比（%）	仓储业物流 增加值占比（%）	贸易业物流 增加值占比（%）	邮政业物流 增加值占比（%）
1997	80.1	3.8	10.6	4.6
1998	80.8	3.6	10.3	0.7
1999	81.1	3.5	10.4	0.6
2000	79.8	4.0	10.4	1.0
2001	79.5	4.2	10.4	0.9
2002	78.1	4.6	10.9	0.8
2003	78.2	4.5	11.0	0.7
2004	78.6	4.3	10.8	0.8
2005	77.2	4.4	11.7	0.8
2006	75.5	4.6	12.4	0.8
2007	73.3	4.8	20.1	1.3
2008	71.7	4.9	13.0	2.2
2009	72.8	7.5	17.5	2.2
2010	72.3	7.6	17.9	2.1
2011	71.5	7.6	18.7	2.2
2012	71.2	7.6	18.7	2.5
2013	70.7	7.6	18.6	3.0
2014	67.5	7.0	19.1	6.4

注：表中数据经过四舍五入处理。

资料来源：《中国物流年鉴》（1998—2015）、中国物流信息中心数据资料库。

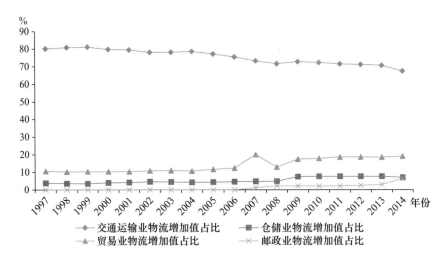

图 7 - 18　1997—2014 年中国物流业增加值结构变化

资料来源：《中国物流年鉴》（1998—2015）、中国物流信息中心数据资料库。

五　物流从业人员规模扩大

物流业作为传统劳动密集型产业，是吸纳就业的重要渠道，从业人员从 2005 年的 1780 万人增长到 2013 年的 2890 万人，年均增速达到 6.2%①，在第三产业中居于前五位，位于教育、卫生等公共事业之后。随着经济增速放缓和经济结构转型的加快，就业压力不断向服务业的劳动力蓄水池传导，物流业仍将继续发挥就业效应，主要由于：一是物流业涵盖交通运输、储存、装卸、搬运、包装、流通加工、配送、信息处理等多个部门，涵盖领域较广，可以吸纳大量直接就业。二是物流活动关联性较强，能够带来大量间接就业岗位。根据经验数据和相关测算，物流业每增加 1 个百分点，增加的就业人数大约在 10 万人以上。②

随着我国物流业的快速发展，从业人数将继续增长，预计到 2020 年，物流从业人员规模将达到 4400 万人，成为国民经济中重要的就业"吸纳器"。

①　《物流业发展中长期规划（2014—2020 年）》。

②　中国物流与采购网：http://www.chinawuliu.com.cn/zixun/201406/13/290714.sht-ml。

六　物流业处于增长景气周期

中国物流业景气指数（Logistics Prosperity Index，LPI）由 12 个分项指数和 1 个合成指数构成，LPI 以 50% 为经济强弱分界点，高于50% 时，反映物流需求扩大，经济发展趋势向好；低于 50% 时，反映物流需求收缩，经济活跃度下降。该指数于 2013 年 3 月正式发布，2013 年 3 月至 2016 年 5 月，LPI 始终保持在 50% 以上，尽管 2015 年下半年以来，有小幅波动，但一直维持在 50% 的荣枯线之上，表明物流业总体处于平稳增长态势。从区域上看，西部地区各项指数回升幅度高于东部和中部地区，显示出在国家深化"一带一路"等战略的带动下，西部地区独特的资源优势和产业特色以及区位优势逐渐显现出来，物流需求日益强劲，表明实体经济将持续稳健发展。

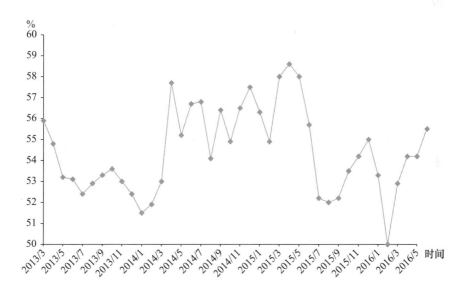

图 7 - 19　2013 年 3 月至 2016 年 5 月中国物流业景气指数（LPI）

资料来源：中国物流与采购联合会官方网站。

第三节　新常态下物流业发展面临的挑战

随着新常态下经济增速放缓，产业结构转型升级，以及经济增长动力转变，物流业发展也面临着新的挑战。

一　社会物流成本下降趋势缓慢

长期以来，我国全社会物流总费用与 GDP 的比率维持在 18% 左右，近几年虽然有所下降，但仍远高于美国、日本和德国等发达国家；且明显高于印度、巴西等金砖国家。我国社会物流成本偏高的主要原因在于：一是服务业比重仍然偏低，虽然第三产业占 GDP 比重已超过 50%，但远低于美国和日本（70% 以上）以及巴西（60%），导致经济发展的物耗和能耗偏高。二是工业生产仍以"大批量""规模化"为主，一方面与消费端难以形成有效衔接，造成库存积压；另一方面加大了对能源和原材料的消耗，带来大量长距离运输，导致物流成本居高不下。从国际经验看，日本和美国分别在 20 世纪 50 年代、90 年代先后实施准时制精益生产模式、柔性化敏捷制造模式，有效协调企业生产与市场需求，大大降低了企业的库存水平，也明显降低了物流成本。因此我国亟须转变工业生产方式，以供应链管理推进生产方式升级，进而降低物流成本。三是流通现代化程度不高，流通方式发展滞后，在物流资源整合方面缺乏统筹协调能力，大多数物流企业规模小，效率低下，仍处于初级发展阶段，难以形成合力，同时第三方物流发展缓慢，物流一体化程度较低，造成大量社会物流资源浪费，导致物流成本偏高。

二　体制性成本居高不下

物流业作为国民经济的战略性、基础性产业，政府需要对产业发展进行规制，通过制订规划和发布产业政策，有效引导产业发展和合理空间布局，为经济发展提供支撑作用。由于我国行政管理体系不清晰，各部门权责界定相互交叉，尤其物流业涉及多个行政管理机构，导致管理权严重分割，各相关部门或多或少对物流业都具有行政管理权，但缺乏统一的管理部门对物流业发展进行综合管理，从而引发物流业体制性成本居高不下。主要表现在：一是各类税费高企。以道路通行费为例，从国道、省道到县、乡公路，层层设卡收费，导致我国公路运输成本位居世界前列，据商务部、国家发改委和中国商业联合会在 2012 年的一项调研结果显示，我国公路收费已占企业运输成本的 20% 以上，乱收费等项目吞噬了物流设施改善带来收益的 70%。[①]与此同时，数量庞大的收费站点造成高速公路拥堵，大大地延迟物流效率提升，给物流相关利益方带来巨大的物流损失。二是地方保护主义严重，造成区域市场分割，难以形成统一市场，影响了物流效率。与此同时，各地区在物流业发展规划中，大都从本地利益出发，多以本地区为中心建设物流网络和节点，造成区域性物流基础设施重复建设，资源浪费严重，并且缺乏全局观念，影响了全国总体物流体系的构建。

三　产业集中度不高

传统物流业属于劳动密集型产业，进入门槛较低，从业人员素质不高，物流企业普遍规模较小，实力较弱，企业集中度较低，缺乏实力较强的现代物流企业，行业整体竞争力不强。根据中国物流信息中心发布的数据，2005 年以来的物流产业集中度大致如下，由于物流营业收入数据不全，本报告分别按照物流业收入（表 7-10）和物流费用（表 7-11）两个数据来计算集中度。[②] 可以看出，无论是行业前 4 位、前 8 位和前 10 位企业占比都没有超过 10%，按照贝恩产业划分标准，物流业市场属于原子型，缺乏具有号召力和影响力的大型企业。对前 50 强的企业收入来看，2014 年，前 50 强物流企业的物流业务收入为 8233 亿元，占同期全社会物流总费用的 8%，也就是说，目前物流业尚未形成大型企业群体，也未能形成完善的服务网络，尚未实现规模效应，而企业规模较为分散，小企业众多，服务水平较低，利润率普遍不高，物流业整体实力不强。

---

① 李玲：《改善物流：比一比中国物流成本有多高?》，中国物流与采购网，2014 年 2 月 12 日。

② 张喜才：《"互联网+"背景下中国物流产业集中度研究》，《物流技术》2015 年第 23 期。

表 7 – 10 根据物流业收入计算的产业集中度 单位:%

年份	CR$_4$	CR$_8$	CR$_{10}$
2005	8.4	9.5	9.8
2013	4.7	6.8	7.5
2014	4.9	7.2	8

注:2006—2012 年数据略。

表 7 – 11 根据物流业费用计算的产业集中度 单位:%

年份	CR$_4$	CR$_8$	CR$_{10}$
2005	4.67	5.26	5.45
2006	5.18	5.80	6.00
2007	4.52	5.12	5.32
2008	4.96	5.64	5.89
2009	5.03	5.86	6.14
2010	3.50	4.34	4.61
2011	4.27	5.42	5.91
2012	3.62	5.17	5.71
2013	3.34	4.77	5.26
2014	3.27	4.85	5.38

四 产业竞争力不强

由于缺乏资源整合能力,物流社会化程度很低,自营物流较为普遍,第三方物流发展滞后;物流系统化程度偏低,供应链管理水平不高;物流业与服务对象包括制造业、商贸业等之间尚未形成一体化联动机制,相关产业之间缺乏深度合作,对接成本较高;物流统一市场尚未形成,地区间物流资源协调整合难度较大,导致物流业整体效率不高。具体来看,主要表现在:一是附加价值低。现有物流企业业务中,运输、仓储等基础物流服务占业务总量的比重超过80%,为服务对象提供增值服务的业务比重较低。二是物流企业创新能力不强。由于企业规模普遍较小,实力不强,导致研发投入有限,在应用技术创新和现代管理理念方面相对滞后,造成物流企业创新能力不强。三是

物流企业服务水平偏低。根据速途研究院的一项调查（见图 7 -
20）①，物流企业服务水平不高主要体现在：货损率高、物流速度慢、
服务态度差、信息更新不及时不准确、服务出错率高、运作成本高
等。物流企业服务水平过低，削弱了我国物流企业的竞争力，严重制
约了我国物流企业参与国际竞争。

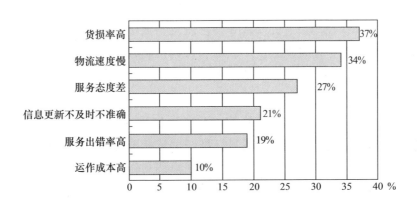

图 7 - 20　物流企业存在的问题

五　物流信息化程度不高

物流信息化是物流现代化的重要内容，是提升物流效率、提高物
流业竞争力的基础。目前，我国物流业信息化水平较低，主要表现在
以下几个方面：

一是物流业整体现代化水平不高。物流信息技术手段落后，多数
物流企业仍处于信息化建设初级阶段，还没有建立起比较完备的物流
信息系统。在电子设备应用方面，也较为滞后，像电子数据交换
（EDI）、地理信息系统（GIS）、全球定位系统（GPS）等在物流企业
的应用还不十分普遍，发达国家物流企业普遍应用的自动化、智能化
的仓储和搬运等装备，在我国的应用率和普及率也都不高。

二是物流信息平台利用不足。目前，各地、各部门建设了很多物
流信息平台，以推进各类物流信息互联互通，降低空载率和空驶率，

---

① 《2015 年国内物流行业市场分析》，http://www.soft808.com/News/2015 - 12 - 7/
J6I5B8G82522J074957.html，2015 年 12 月 7 日。

但是各信息平台多为本地或本部门服务，少有对社会开放，而大多数中小物流企业无力建设自己的内部信息平台，使大量信息无法实现共享和对接，物流企业与服务对象之间无法进行数据交换和信息沟通，物流企业之间也无法了解需求状况，导致资源浪费严重，流通效率低下。

三是物流信息标准化滞后。目前，我国各标准化技术组织及各类研究机构都在按照自身的要求和体系制定物流信息标准，各标准之间没有统计规范，而且缺乏统一规划和协调机制，导致现有的物流信息标准不统一、不规范，物流信息相互对接成本较高，不利于现有信息标准的有效推进。同时，由于物流信息标准化滞后于物流业其他方面，造成物流信息标准的实施落后于其他方面，阻碍了物流业信息化水平的提升。由于一些物流信息标准与国际标准无法对接，增加了与其他国家在物流信息及技术应用方面的协调和转换成本，制约了一些先进信息技术的广泛应用。

第八章　新常态下我国物流业
发展趋势及对策建议

随着经济结构调整和经济增长方式转变，消费成为经济发展的第一动力，物流业的发展方式和功能也面临转变，物流业的服务对象、服务半径、服务需求以及活动方式都发生了前所未有的变化，因此在不断降低成本、提升效率的基础上，物流业还需要在提供生产和消费动态信息、通过物流便利化打通市场边界方面，创造市场需求，实现物流产业的系统化、组织化发展向集约化、一体化方向转变，实现由传统物流业向现代物流业的转型升级。

第一节　新常态下物流业发展趋势

当前，物流业面临物流成本居高不下、效率低下、技术落后、管理体制不顺等诸多问题，在经济新常态下，对物流产业功能转变和提升提出了新的要求。

一　提高物流现代化水平，打造智慧物流

随着我国经济进入新常态，增长速度放缓，物流业发展速度也随之放缓，再加上人力成本持续上涨和资本边际报酬递减规律作用，依靠物流市场快速扩张的粗放式发展模式难以为继，物流业面临着转换发展动力，提升发展质量，以创新推动效益提高的要求。

因此，物流业要以"互联网＋"战略为契机，打造智慧物流，实现物流产业结构升级。第一，加大对高科技物流设备的研发和应用力度，通过开发智能化的物流装备提高物流效率，比如，物流智能机器人、冷链物流运载货车等都亟须研发并投入应用，提高物流现代化水

平；第二，要广泛应用物流网、大数据、云计算、无人机、全球定位系统、无人驾驶技术等前沿技术，实现货流全程可监控、货物动态信息可查询、货车与管理平台信息交互、货源与货车自动匹配，打造高效快速的物流管理系统和物流决策支持系统；第三，要注重物流专业人才的培养，通过订单式人才教育和职业教育培训，大大提高物流专业人才素质，提高对现代物流技术设备的使用技能，从而提高物流业整体水平。

二 加快物流资源整合，提高集约化程度

面对我国物流企业"散、多、小、乱"和物流市场无序竞争的状况，应加快物流资源整合，实现物流集约化发展，提高物流企业竞争力。

第一，从国家层面看，要合理规划物流园区，整合社会物流资源，实现空间集聚效应。在《全国物流园区发展规划（2013—2020）》指导下，统一布局物流园区数量、规模，避免盲目建设，造成土地资源浪费，同时重视对不同等级物流园区与流通节点城市、交通枢纽的地理位置衔接，重点规划好大型物流园区、大型物流中心建设，合理布局运输基础设施，构建物流实体网络。在园区服务方面，一方面重视提供路网、通信等配套设施建设，提供运输、仓储方面的便利设施，另一方面进一步提高物流基础设施的综合服务能力，提高专业化程度，为园区企业提供各类优惠措施落地和配套服务，提高园区综合管理水平。

第二，就企业层面而言，引导物流企业实现兼并重组或建立合作联盟，实现规模效应。由于大多数物流企业规模较小，导致信息化、现代化水平不高，服务能力不足，难以满足高速发展的物流市场需求，尤其是随着电子商务的快速发展，物流包裹"碎片化"特征明显，仓库空置和车辆空载现象凸显，因此，一方面鼓励物流企业通过兼并重组做大做强，提高资源整合能力，提升物流效率；另一方面鼓励企业建立联盟，实现信息共享，降低空载率，或采取共同配送方式，提高物流配送效率。

第三，大力发展第三方物流，提升物流社会化和专业化水平。发展社会化和专业化的物流可以使配送资源集中、成规模，降低单位配送成本，提高经营效益。我国第三方物流还处于初级发展阶段，规模小，市场占有率较低，因此大力发展第三方物流是电子商务物流的重要发展方向。有数据显示，通过接受第三方物流公司的服务，企业的物流成本会下降11.8%，存货总量下降8.2%，办理订单的周转时间会从7.1天缩短到3.9天①。因此，需要将物流供应链上各物流企业的优势资源整合起来，建立大型的第三方物流企业。运用第三方物流信息平台，集成库存、发货、收货、账务、数据传输、业务决策支持等模块，提供商品在物流全过程的信息跟踪，并为客户提供物流规划、解决方案、流通加工和供应链管理等个性化服务，提高客户的满意度和忠诚度。另外，通过集约化操作，完善物流配送，增大物流配送规模，降低物流配送成本。

三　实施供应链管理，重构物流流程

随着信息技术的发展，物流现代化水平快速提高，为提升物流效率提供了技术支撑。为进一步整合不同环节资源，提升产供销整体运营效率，供应链管理成为企业发展趋势。供应链的概念最早出现在20世纪80年代，以核心企业为主，以市场需求为导向，以客户需求为中心，将产品生产和流通过程中所涉及的原材料供应商、生产商、分销商、零售商以及消费者链接在一起。供应链管理实际上是对供应链企业之间商流、物流、信息流、资金流的集成管理，强调链上各企业协同运作，通过供应链节点企业建立信任机制，通过链上信息共享，降低交易成本，提高整体效率。

在供应链中，物流是最重要的要素，链上各企业承担的相关业务都包括物流，这些物流活动企业间以及整个供应链内部能否实现集成或一体化，影响到整个供应链物流的综合绩效。而配送在供应链环境下是指产品从供应商到客户的移动存储阶段，配送系统的效率对整个供应链的效率起着决定性的作用，是实现供应链整体目标的基本手段。因此在供应链管理中，物流业需要根据需求，对各环节进行整合重构，一方面企业要加强对物流的管理能力；另一方面物流企业要及

---

① 高敏芳：《我国电子商务物流配送存在的问题及对策分析》，《中国商贸》2011年第33期。

时与链上企业配合，将产品经济有效准时可靠地送达目的地，为需求方提供更高效的服务。

四 各产业深度融合发展，提升物流业整体服务能力

物流产业是社会分工深化的结果，与国民经济各产业紧密联系，通过将各关联产业的运输、仓储、包装、装卸、搬运等资源集中整合，形成专业化的物流产业集群，为制造业、商贸流通业等相关产业提供专业服务。随着社会经济的不断发展和技术进步推动，各类现代技术在物流业得到广泛应用，包括管理方法、信息系统、管理运筹、系统工程等在内的多学科门类技术，大大提高了物流业的服务能力，物流业逐渐向相关产业延伸和渗透，出现技术融合、业务融合趋势，产业边界日渐模糊，尤其是信息技术的广泛应用，使物流一体化成为可能，物流业演变为复合型产业，为需求方提供多功能、一体化服务。

尤其是在订单式生产或按需生产下，对物流供应能力提出更高要求，使第三方物流快速发展，通过资源整合和信息共享，物流企业深度融入客户企业的业务活动中，在了解客户需求的基础上，为其提供一揽子解决方案，帮助客户降低物流作业成本，使其可以专注于核心业务，同时为其提供专业的物流服务。这对物流业的服务能力提出更高要求，也使物流业在技术水平和管理运营方面不断升级，产业融合持续加深，向综合型产业演进。

表 8 - 1　　　　　　　　　制造业和物流业联动发展特点

时间段	制造业	物流业	标志性国家
18 世纪中叶以前	手工作坊阶段	古老的运输与仓储	中国、意大利、埃及
18 世纪中叶到 19 世纪末	多品种小批量工厂化生产模式	传统物流	英国、法国
进入 20 世纪	少品种大批量流水线生产模式	实物配送	美国、德国
20 世纪 50 年代	准时制精益生产模式	综合物流	日本
20 世纪末	柔性化敏捷制造模式	供应链管理	美国、德国、日本

资料来源：中国物流信息中心数据资料库。

第二节　新常态下物流业发展建议

一　采取"组合拳"推动物流成本稳步下降

由于物流业属于生产性服务业，而且物流企业的经营活动呈网络化特征，涵盖范围较广，因此物流企业在经营过程中经常受到各种因素困扰，在很大程度上增加了运营成本，为了进一步减轻物流企业负担，政府部门应采取以下措施：

（一）进一步消除体制性成本，为企业创造宽松的外部环境

在国家层面建立统一协调物流业运行的部级协调机制，为各区域物流体系协调配合提供对话平台，降低不同部门、不同地区之间的沟通合作成本，提高协同能力，加快推进物流运行区域一体化和全国一体化体系建设。在此过程中，政府部门应加强物流设施的标准化体系构建，并逐步将不同部门或机构建立的各类标准进行对接，实现接口统一，降低不同标准带来的衔接成本。

进一步简化行政审批手续。近年来物流领域已减少了一批行政审批项目，但是由于物流企业涉及面较广，还有相当一批项目需要进行行政审批，应加快推进行政审批制度改革，系统评估和清理涉及内贸流通领域的行政审批、备案等事项，最大限度取消和下放行政审批权。建议有关部门对现有审批项目进行梳理，对关系到国家安全、人民生命财产安全的重大项目必须进行审批，要减少环节，提高效率；对一般性项目可由审批制改为备案制，简化程序；而对一些不必要的审批项目，则予以取消，促进企业发展。

（二）进一步减轻税费负担，提高发展质量

随着"营改增"的全面实施，物流企业的抵扣项目逐步完善，减轻了企业税负。建议在此基础上，本着清费立税的原则，严格控制收费政策的出台，对已有的收费政策全面清查，废止、取消不合理的收费政策。对涉及物流行业的行政事业性收费，要实行目录清单管理，进一步规范道路交通部门等对物流企业的各类收费行为，不断完善公示制度，加大对乱收费的查处力度，杜绝各类乱摊派行为。同时通过

地方政府绩效评价体制转变，优化产业布局，引导物流业向绿色低碳发展，降低能源消耗，提高物流业发展质量。

（三）加大金融支持力度，扶持中小物流企业发展

一直以来，中小物流企业负担较重，而且融资能力较弱，应进一步进行金融体制改革，拓宽融资渠道，帮助中小企业获得小额贷款或融资优惠，为其健康发展提供助力。建议设立中小物流企业风险基金，由流通企业上缴利润中提取1%，通过地税代征，以低息或小额贷款的方式操作，对流通企业提供资金支持。对于将风险基金挪作他用的企业则给予严厉处罚，不再向其提供后续资助，并责令其缴纳一定数量的罚款等作为惩戒。

（四）改进城市物流管理模式，保障城市配送顺畅

随着社会经济发展水平的提高，城市配送成为物流企业的"最后一公里"，是物流业务的重中之重。一方面城市配送业务量猛增，另一方面城市机动车数量激增，拥堵现象严重，物流企业的配送车辆成为被"限制"和"治理"的主要对象，在运营时间和道路通行等多方面受到诸多限制，物流企业带来成本增加的同时，也造成物流效率降低，建议城市管理部门转变管理理念，重视配送车辆运营管理，合理调配其运营时间和道路限制，由堵改疏，避免"罚款放行""以罚代管"等方式，尽量将配送车辆和一般货运车辆加以区别对待，保障城市配送通行便利，从而提高城市居民的社会福利。

二　加快发展方式转变，改善物流效率

随着信息技术和现代化水平的提高，大规模生产、大批量消费使物流规模和物流活动的范围进一步扩大，物流产业信息化、现代化水平日益提升，物流企业逐渐向集约化、协同化方向发展，物流产业也由追求速度增长向提升发展质量转变，因此应加快经济发展方式转变，鼓励企业加大研发投入和技术创新，提高信息化水平，在为客户提供仓储、运输等基本服务的同时，逐渐提供更多增值服务，提高业务附加值，降低能源消耗，提高周转效率和运营效益。

（一）大力推进第三方物流，提高物流专业化和社会化程度

引导物流企业经营由粗放式转向精益化，提高物流专业化水平，提升服务品质，是物流业增长方式转变的重要内容。同时大力推进第

三方物流发展，鼓励共同配送，整合各类物流资源，提高社会资源的利用率，从而提升物流服务能力。

（二）推动物流信息平台发展，整合社会物流资源

物流平台能够有效整合分散的社会物流资源，有助于物流企业实现信息共享，对提升物流效率、降低物流成本具有重要意义。目前，虽然已有一批物流信息平台，但是在信息互联互通方面还有很多不足，主要是各平台独立运作，相互间信息共享程度不高，未能充分发挥物流信息平台应有的作用，因此一方面要加快建设物流信息平台，满足物流市场发展需要，另一方面要注重推动物流信息平台和物流企业信息系统互联，促进不同平台无缝对接，为各类社会资源进入平台创造便利，大力提高社会物流资源的利用率，减少重复建设，从而提高信息平台的综合效应。

（三）推进物流一体化建设，提高物流业运行效率

现代物流业是以网络技术、信息系统、运筹管理为核心，以物流基础设施和设备为支撑，以现代管理技术和管理方法为主要手段的复合型产业。物流企业要加大对技术研发的投入，采用新技术改造物流装备，利用RFID、物联网等技术，加以信息技术和大数据分析，提高物流企业信息化和自动化程度，从而提高物流运输效率、配送效率，提升便利度和灵活性，实现物流自动化、信息化、智能化、一体化；与此同时，重视提高物流标准化程度，建立信息管理平台，降低成本，节能降耗，提升运营效率和管理效率，大力发展绿色物流，提升物流企业发展质量。

三　推进物流业转型升级，创新驱动产业竞争力提升

多年来，得益于我国经济始终保持高速增长，社会物流总需求持续扩大，物流市场规模一直保持较快上升态势。随着经济进入新常态，增长速度由高速转向中高速，社会物流总额增长速度相应放缓。物流企业依靠扩大市场规模获得增长的模式受到挑战，通过技术进步和管理创新向提升增长质量和效益转变势在必行。

（一）注重打造企业品牌，提供优质高效的服务

以提升信息化水平为核心，打造物流网络，合理布局，提高运营效率，不断降低物流费用和成本，从而实现向提升质量和效益方向转

变。由于我国物流企业普遍规模较小，大部分企业经营粗放，服务质量参差不齐，效率低下，因此在提升效益过程中，要更加注重提高服务质量和服务效率，以培育品牌促进服务质量提升，通过培育品牌形象，提高服务意识，以客户满意为标杆，按客户需求提供服务，对市场进行细分，并针对客户要求提供专属服务，逐渐提高服务品质，以品牌和服务赢得市场竞争优势，从而提高经营效益。在提高服务质量的过程中，还应重视利用现代信息技术对服务质量提升的作用，物流企业应积极应用 RFID、物联网等技术，构建高效的物流管理系统、快速反应和跟踪系统体系，提高仓储管理和配送能力。同时，与物流园区、仓储中心、分拨中心建立信息反馈体系，实现信息共享，尽可能降低仓储环节的空仓率和运输过程中的空载率，从而实现速度与效益的优化整合。

（二）提升综合服务能力，向供应链集成化发展

目前，我国物流企业主要为客户提供运输、储存、配送等基本服务内容，增值服务较少，附加值较低。随着信息技术和通信技术的高速发展，物流与生产企业、商贸企业等联系愈加紧密，物流服务贯穿从生产到销售的各个环节，并与客户形成利益共同体，进而逐渐升级为供应链服务，为客户提供从原材料采购到产品销售的整体解决方案，并将各环节所有利益相关主体链接为一个共同体，构成功能网链结构，从而实现整个供应链条的物流成本最小化。

从提供基本的物流服务到提供专业化、综合性供应链服务，已成为物流企业发展的大势所趋，大多数国际物流跨国企业都经历了这一跨越过程，并帮助其在市场竞争中获得优势。我国物流企业正面临着转型升级，由提供传统服务向增值服务转变，创造更大价值。促进各相关企业趋向协同合作，提高供应链管理效率，从而提升物流整体效益。

我国在汽车行业已经率先实施了供应链管理模式，应用准时制生产方式，将物流服务与企业生产紧密结合，降低库存的同时提高了物流效率，提升了整个汽车产业的综合绩效。但在其他领域中供应链管理正处于初级发展阶段，因此应大力推进供应链发展，推动物流企业提升运营水平，提升物流产业的竞争力。

四　产业融合程度加剧，实现合作共赢

当前我国物流社会化程度较低，物流企业之间缺乏合作，大多数企业仍处于单打独斗的竞争状态，造成大量无序竞争，资源浪费严重。随着技术进步和管理水平的提高，物流一体化程度加深，企业之间、不同行业、不同种类资源之间进行整合，成为企业扩大竞争实力的重要手段。在物流企业合作方面，通过资源整合、资产整合、平台整合、品牌整合等方式发展物流联盟，提高物流资源使用率；建立共同配送体系，减少空载率；共建物流信息平台，加强公共物流信息资源的整合利用，打破信息孤岛，完善物流网络体系，提高信息使用率，改善管理效率。此外，企业之间还可以通过兼并重组等方式，扩大规模，提高市场占有率，整合不同资源，提高资源利用率和周转率，以实现规模经济效应，提高企业竞争力。在产业合作方面，物流企业需要与上下游企业建立战略联动关系，通过建立协作机制，为相关企业提供仓储管理以及供应链金融服务，也可以与相关企业共同实施扩张战略和走出去战略，开拓国外市场，实现利益共享，合作共赢。

参 考 文 献

1. 崔敏、王伟：《我国第三方物流业的产业组织分析》，《物流科技》2005 年第 2 期。

2. 代官飞：《应用 SPSS 软件分析物流业发展状况》，《物流技术与应用》2007 年第 3 期。

3. 丁志超：《包头市石拐区制造业与物流业联动发展政府策略研究》，硕士学位论文，内蒙古大学，2014 年。

4. 付军立、杜丽娟：《基于扩展的 SCP 框架下的我国物流产业组织》，《河北理工大学学报》（社会科学版）2008 年第 2 期。

5. 高鸿鹰：《我国物流业成长中的市场失灵与产业政策分析》，《经济与管理研究》2010 年第 4 期。

6. 顾莉：《江苏农产品物流体系发展与农业产业化探究》，《北方经贸》2014 年第 11 期。

7. 国务院办公厅：《关于促进内贸流通健康发展的若干意见》，中国政府网，2014 年 10 月 24 日。

8. 国务院：《物流业发展中长期规划（2014—2020）》，中国政府网，2014 年 10 月 4 日。

9. 黄福华：《物流供应链与农业产业化》，《民族论坛》2002 年第 8 期。

10. 胡君：《现代物流网络系统如何为农业产业化发展服务》，《中国市场》2006 年第 6 期。

11. 梁红艳：《物流业集聚、空间外溢效应与工业生产率提升》，《中国流通经济》2015 年第 1 期。

12. 李慧：《农产品高损耗难题怎么办》，《光明日报》2012 年 7 月 5 日。

13. 李楠：《我国企业物流外包模式分析及法律风险防范研究》，《物流技术》2014 年第 5 期。

14. 凌有生、高峰：《从产业经济学角度浅论我国物流业的发展》，《物流技术》2004 年第 7 期。

15. 李仕蓉：《基于农业产业化的农村物流体系构建》，《物流技术》2014 年第 1 期。

16. 刘宝亮：《物流业与工业联动效应愈发明显》，《中国经济导报》2011 年 1 月 13 日。

17. 刘小玄：《中国转轨过程中的产权和市场——关于市场、产权、行为和绩效的分析》，上海三联书店 2003 年版。

18. 李晓忠：《基于网络的物流产业集群组织形式探讨》，《物流技术》2010 年第 Z2 期。

19. 马丽：《物流产业集群发展模式研究》，硕士学位论文，武汉理工大学，2008 年。

20. ［美］鲍尔索克斯：《物流管理》，机械工业出版社 1999 年版。

21. 牛晓帆：《产业组织理论及其相关问题研究》，中国经济出版社 2004 年版。

22. 宋则、常东亮、王水平等：《我国商贸流通服务业战略问题前沿报告》，《商业时代》2012 年第 15 期。

23. 索沪生：《改善物流：比一比中国物流成本有多高?》，财经国家新闻网，http：//www. 360che. com/news/140211/29512. html，2014 年 2 月 12 日。

24. 唐要家：《竞争、所有权与中国工业市场绩效》，中国社会科学出版社 2005 年版。

25. 王新利：《试论农业产业化发展与农村物流体系的建立》，《农业经济问题》2003 年第 4 期。

26. 魏修建：《论物流组织形式》，《中国物流与采购》2006 年第 11 期。

27. 武存磊：《从产业经济学集中度谈我国物流产业竞争力》，《商场现代化》2006 年第 13 期。

28. 武云亮：《论物流组织的演进与创新》，《商品储运与养护》2002

年第 3 期。

29. 吴正心、吴正芳：《现代物流对我国经济发展影响分析》，《集团经济研究》2007 年第 5 期。

30. 袁安照等：《现代企业组织创新》，山西经济出版社 1999 年版。

31. 曾庆宝：《2013 年物流运行情况分析与 2014 年展望》，《中国物流与采购》2014 年第 6 期。

32. 张海燕、殷德顺：《绿色物流在农业产业化经营中的运用探讨》，《消费导刊》2007 年第 8 期。

33. 张鹏：《基于拓展 SCP 框架下的物流产业成长与对策研究》，《物流技术》2007 年第 1 期。

34. 张鑫：《创新物流运作模式加快农产品流通》，《人民政协报》2013 年 11 月 4 日。

35. 中国物流与采购联合会：《2014 中国采购发展报告》，中国物资出版社 2014 年版。

36. 中国物流与采购联合会：《中国物流发展报告 2012—2013》，中国物资出版社 2013 年版。

37. 沃西里·里昂惕夫：《投入产出经济学》，崔书香等译，中国统计出版社 1990 年版。

38. 刘洋：《我国"产业×产业"投入产出表的编制与分析》，硕士学位论文，山西财经大学，2014 年。

39. 陈先锋：《我国物流产业的产业关联和产业波及分析》，硕士学位论文，暨南大学，2006 年。

40. 梁红艳、王健：《物流业与制造业的产业关联研究——基于投入产出表的比较分析》，《福建师范大学学报》（哲学社会科学版）2013 年第 2 期。

41. 魏明侠、王琳、李源：《现代物流业发展的产业关联与波及效果研究》，《商业经济与管理》2009 年第 12 期。

42. 王浩莹：《基于投入产出理论的中国物流业发展特点分析》，硕士学位论文，大连海事大学，2007 年。

43. 邵扬、梁亮、张屹山：《基于投入产出的物流产业与其他产业的关联度分析》，《长春理工大学学报》（社会科学版）2009 年第

3 期。

44. 中国投入产出学会课题组：《我国目前产业关联度分析——2002 年投入产出系列分析报告之一》,《统计研究》2006 年。

45. Armstrong & Associates, 2013 3PL Brand Recognition RFP and Profit Margins Report, *Research Survey Results of CSCMP*, 2013.

46. Coyle, J. J. , Bardi, E. J. and Langley, C. J. , *The Management of Business Logistics*, Sixth Edition, West Pub. Co. , 1996.

47. Donald J. Bowersox 等：《物流管理：供应链过程的一体化》,林国龙等译,机械工业出版社 2001 年版。

48. Lieb, R. C , Millen, R. A. and Wassenhove, Van L. N. , Third Party Logistics：A Comparison of Experienced American and European Manufacture, *International Journal of Physical Distribution & Logistics Management*, 23, No. 6, p. 41, 1993.

49. Sheffi and Wander, Third Party Logistics：Present and Future Prospects. *Journal of Business Logistics*, 1990.

子报告一 海上丝绸之路核心区

——福建省物流业发展报告

2015 年 3 月 28 日，国家发展改革委、外交部、商务部联合发布《推动共建丝绸之路经济带和 21 世纪海上丝绸之路的愿景与行动》，福建被定位为"21 世纪海上丝绸之路核心区"。21 世纪海上丝绸之路的重点方向是从中国沿海港口经过南海到印度洋，延伸至欧洲；从中国沿海港口经南海到南太平洋。2015 年 11 月 17 日，《福建省 21 世纪海上丝绸之路核心区建设方案》发布，有三大合作走廊：打造从福建沿海港口南下，过南海，经马六甲海峡向西至印度洋，延伸至欧洲的西线合作走廊；从福建沿海港口南下，过南海，经印度尼西亚抵达南太平洋的南线合作走廊；结合福建与东北亚传统合作伙伴的合作基础，积极打造从福建沿海港口北上，经韩国、日本，延伸至俄罗斯远东和北美地区的北线合作走廊。在这个定位与合作方向下，福建各城市的分工明确。泉州的定位是建设海上丝绸之路的先行区，福州、厦门、平潭定位为海上合作的战略支点，三明、南平、龙岩等市则是建设海上丝绸之路的腹地。

"21 世纪海上丝绸之路核心区"的建设与发展为福建物流业带来了重要的历史机遇；反之，物流业的发展是海上丝绸之路核心区建设与发展的动力，也是未来推动经济发展的重要动力之一。

一 福建省物流业发展现状

（一）物流基础设施建设情况①

2014 年年末，福建公路总里程 101189.60 千米，比 2013 年年末增加 1654.92 千米；公路密度 83.35 千米/百平方千米，提高 1.36 千

---

① 参见福建省交通运输厅《2014 年福建省交通运输行业发展统计公报》，http://www.fjjt.gov.cn/xxgk/tjxx/ndbg/201505/t20150528_104214.htm，2015。

米/百平方千米。等级公路里程 82907.10 千米，比 2013 年年末增加
1998.40 千米，等级公路占总里程的 81.9%，提高 0.6%；高速公路
里程 4053.02 千米，比 2013 年年末增加 117.60 千米；农村公路（含
县道、乡道、村道）里程 88905.90 千米，比 2013 年年末增加
1506.61 千米。拥有公路营运汽车 29.57 万辆，增长 7.6%。拥有载
客汽车 18214 辆、50.70 万客位，分别减少 2.9% 和 2.0%。拥有载货
汽车 27.75 万辆、193.90 万吨位，分别增长 8.3% 和 17.7%。全年完
成公路建设投资 696.55 亿元，增长 0.3%。其中，高速公路建设完成
投资 361.14 亿元，下降 14.3%；普通公路完成投资 335.42 亿元，增
长 22.7%。

2014 年年末，省内河航道通航里程 3245.28 千米，其中等级航道
1268.65 千米，占总里程的 39.1%，与 2013 年持平；港口拥有生产用
码头泊位 558 个，比 2013 年年末减少 5 个（新增 20 个，报废 25 个），
其中沿海港口 472 个（减少 5 个）、内河港口 86 个。港口拥有万吨级及
以上泊位 154 个，比 2013 年年末增加 9 个，全部为沿海港口。在万吨
级及以上泊位中，专业化泊位 83 个，通用散货泊位 31 个，通用件杂货
泊位 17 个，比 2013 年年末分别增加 4 个、3 个和 1 个。拥有水上运输
船舶 2094 艘，减少 3.7%；净载重量 851.24 万吨，增长 7.6%；载客
量 3.05 万客位，减少 0.4%；集装箱箱位 16.73 万 TEU，增长
30.9%；船舶功率 249.60 万千瓦，增长 9.1%。全年水运工程完成投
资 101.85 亿元，下降 7.0%。其中，港口项目 90.65 亿元，航道项目
11.21 亿元，分别下降 7.3% 和 2.2%。新增货物通过能力 3968 万吨。

2014 年年末，共有颁证民用航空机场 5 个，与 2013 年年末持平。
2014 年，运输站场建设完成投资 13.41 亿元，增长 21.7%。其中，
运输枢纽站场建设投资 13.17 亿元，增长 22.9%；农村客运站点建设
2363 万元，下降 21.2%。

（二）运输生产基本情况①

2014 年，福建累计完成公路客运量 4.86 亿人、旅客周转量

---

① 参见福建省交通运输厅《2014 年福建省交通运输行业发展统计公报》，http://
www.fjjt.gov.cn/xxgk/tjxx/ndbg/201505/t20150528_ 104214.htm，2015。

334.95 亿人/千米，分别增长 3.6% 和 1.3%；完成公路货运量 8.26 亿吨、货物周转量 974.80 亿吨/千米，分别增长 18.2% 和 18.7%；完成公交车客运量 24.72 亿人、出租汽车客运量 7.41 亿人，分别增长 0.5% 和 1.9%。

（1）水路运输生产基本情况。2014 年，福建累计完成水路客运量 1794.20 万人、旅客周转量 2.87 亿人/千米，增长 4.8% 和 0.9%，平均运距 16.01 千米；完成水路货运量 2.58 亿吨、货物周转量 3655.72 亿吨/千米，增长 11.3%、23.7%，平均运距 1417.96 千米。在水路货运中，内河运输完成货运量 3595.96 万吨、货物周转量 21.25 亿吨/千米；沿海运输完成货运量 2.01 亿吨、货物周转量 3041.44 亿吨/千米；远洋运输完成货运量 2087.63 万吨、货物周转量 593.02 亿吨/千米。在港口货物吞吐量上，全年完成 4.95 亿吨，增长 7.9%。其中，沿海港口完成 4.92 亿吨，增长 8.1%；内河港口完成 374.54 万吨，下降 14.1%。完成外贸货物吞吐量 2.10 亿吨（沿海港口完成 2.10 亿吨），增长 13.1%。

（2）民航运输生产基本情况。2014 年，福建省累计完成旅客运输量 2045.90 万人次、279.63 亿人/千米，增长 10.2% 和 15.4%。完成货邮运输量 20.98 万吨、3.16 亿吨/千米，增长 9.4% 和 12.6%。五个民航运输机场完成旅客 3382.05 万人次，增长 5.2%。其中，福州机场完成旅客吞吐量 935.34 万人次，增长 4.8%；厦门机场完成旅客吞吐量 2086.38 万人次，增长 5.6%。完成货邮吞吐量 47.12 万吨，增长 4.5%。其中，福州机场完成货邮吞吐量 12.14 万吨，增长 10.2%；厦门机场完成货邮吞吐量 30.64 万吨，增长 2.3%。

（3）铁路运输生产基本情况。2014 年完成铁路货物运输量 149.80 亿吨/千米，下降 9.1%；完成旅客运输量 284.91 亿人/千米，增长 36.2%。

（4）对台运输生产基本情况。2014 年闽台海上直航稳步推进，在对台湾台北、基隆、台中、高雄四个主要港口海上客滚班轮航线全覆盖的基础上，扶持培育"中远之星""海峡号"稳定运营，新增"丽娜轮"运营平潭至台北客滚航线。全年完成客运量 171.54 万人，货物吞吐量 2377.86 万吨，集装箱吞吐量 82.20 万 TEU，分别增长

12.4% 、4.5% 和 5.3% 。

（三）物流业经济指标情况①

从 2014 年 4 月至 2015 年 10 月的福建省物流业景气指数（LPI）走势看（见图 1），指数均大于 50.0% ，物流业呈现持续的经济扩张与发展。从发展走势来看，出现上升和回落的震荡形势。进一步，分别对比 2015 年 10 月与 9 月的福建与全国物流业景气指数各统计指标情况，在固定资产投资完成额、平均库存量、库存周转次数及新订单（客户需求）方面，福建省低于全国水平，表明在这几个方面发展速度不如全国水平；福建省在固定资产投资完成额、库存周转次数、业务活动预期、主营业务成本及资金周转率方面，10 月比 9 月低；在固定资产投资完成额上，福建低于 50% ，处于收缩状态。总体上，福建物流业经济走势处于高景气区间；与全国一致，物流活动较为活跃，保持较为稳健的发展态势；而在全国盈利状况不佳的对比下，福建物流业保持较高的利润。

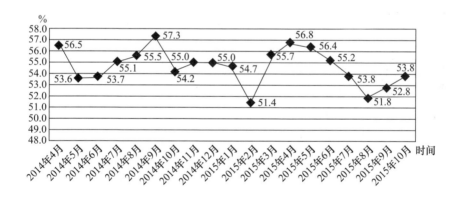

图 1 2014 年 4 月至 2015 年 10 月福建省物流业景气指数（LPI）

资料来源：福建省经济和信息化委员会、福建省物流协会，http：//www.fj56.org/tjzx-show.asp？ID=2152，2015 - 11 - 19。

---

① 参见福建省物流协会，http：//www.chinawuliu.com.cn/zixun/201511/19/307153.shtml，2015 - 11 - 19。

表1　　　　　　　　　　福建省物流业景气指数环比　　　　　　单位:%

指数	福建			全国			备注
	2015 年 10 月	2015 年 9 月	环比	2015 年 10 月	2015 年 9 月	环比	
物流业景气指数（LPI）	53.8	52.8	1.0	53.5	52.2	1.3	
固定资产投资完成额	40.1	40.4	-0.3	60.8	58.3	2.5	●
平均库存量	50.9	49.0	1.9	53.2	51.6	1.6	●
库存周转次数	51.4	52.2	-0.8	54.7	52.7	2.0	●
业务活动预期	60.4	61.6	-1.2	55.2	53.9	1.3	
物流服务价格	59.0	56.9	2.1	51.5	52.3	-0.8	
设备利用率	55.7	55.5	0.2	51.7	49.8	1.9	
从业人员	55.4	53.3	2.1	53.5	51.7	1.8	
主营业务成本	59.9	60.3	-0.4	54.0	54.7	-0.7	
新订单（客户需求）	51.5	51.3	0.2	53.0	51.6	1.4	●
业务总量	55.0	52.7	2.3	53.5	52.2	1.3	
资金周转率	54.5	58.4	-3.9	48.5			
主营业务利润	53.6	52.9	0.7	48.8	49.4	-0.6	

注：标示"●"为福建省低于全国水平。

资料来源：①福建省经济和信息化委员会、福建省物流协会，http://www.fj56.org/ tjzxshow.asp？ID=2152，2015-11-19。

②中国物流与采购网，http://www.chinawuliu.com.cn/lhhkx/201510/08/ 305709.shtml，2015-10-08。

二 "一带一路"下物流业发展需求分析

"一带一路"战略发展要求充分发挥福建比较优势，实行更加主动的开放战略，在互联互通、经贸合作、体制创新、人文交流等领域不断深化核心区引领、示范、聚集、辐射作用。福建是构建21世纪海上丝绸之路互联互通建设的重要枢纽，强化港口和机场门户功能，完善铁路和干线公路网络，加强与海上丝绸之路沿线国家和地区在港口建设、口岸通关、物流信息化等方面的合作，构建以福建港口城市为海上合作战略支点、与沿线国家和地区互联互通、安全高效便捷的海陆空运输通道网络。2015 年 11 月 17 日，《福建省 21 世纪海上丝绸之路核心区建设方案》发布，对海上丝绸之路核心区构建互联互通枢纽明确了发展需求，也是物流业发展的重要机遇与战略布局。

（一）加强以港口为重点的海上通道建设①

加快集约化、专业化、规模化港口群建设，集中力量打造"两集两散两液"核心港区，整合港口航线资源，拓展港口综合服务功能。重点加快厦门东南国际航运中心建设，提高其在国际航运网络中的枢纽地位。加强与海上丝绸之路沿线国家和地区的港航合作，推动沿海港口与沿线重要港口缔结友好港口，鼓励港口、航运企业互设分支机构，推进港口合作建设，增开海上航线航班。鼓励省内企业参与沿线国家的航运基地、港口物流园区建设和运营，吸引境外港航企业来闽合作建设港口物流园区和专业物流基地，支持内陆省市来闽合作建设飞地港。加快厦门国际邮轮母港建设，争取开通福建—台湾—香港—东盟邮轮航线。积极发展平潭邮轮旅游服务，重点开拓闽台旅游市场。

（二）强化航空枢纽和空中通道建设②

重点推进厦门新机场建设，强化厦门国际机场区域枢纽功能，将厦门建设成我国至东盟的国际航班中转地；加快福州机场第二轮扩能及二期扩建工程建设，强化门户枢纽机场功能；推进泉州新机场、武夷山机场迁建等规划建设。积极拓展境外航线，鼓励国内外航空公司新开和增开福建至东南亚、南亚、西亚、非洲、欧洲等主要城市的国际航线，重点开通和加密至东盟国家的航线。改善航空与旅游、商务会展的合作机制，支持航空企业开展包机服务、高端商务服务等。

（三）完善陆海联运通道建设③

加强以港口集疏运体系为重点的陆路通道建设，推进港口与铁

---

① 参见《福建省 21 世纪海上丝绸之路核心建设方案》，人民网，http://fj.people.com.cn/n/2015/1117/c181466-27114849-2.html，2015-11-17。

② 同上。

③ 同上。

路、高速公路、机场等交通方式的紧密衔接。积极拓展港口腹地，鼓励发展"陆地港"、多式联运，建设服务中西部地区对外开放的重要出海通道。建立由铁路、港口管理部门和企业共同参与的协商机制，大力发展海铁联运。重点加快建设衢（州）宁（德）铁路、吉（安）永（安）泉（州）铁路、福（州）厦（门）铁路客运专线等铁路通道，以及宁波至东莞、莆田至炎陵等高速公路，完善疏港铁路、公路网络，进一步畅通福建连接长三角、珠三角和中西部地区的陆上运输大通道。

（四）深化口岸通关体系建设①

进一步扩大口岸开放，加强口岸基础设施建设，完善口岸通关机制，促进港口通关有效整合，推动实现地方电子口岸的互联互通和信息共享，提升口岸通关便利化程度。加强与国内港口物流信息服务、电子口岸服务、跨境电商服务、大型物流企业信息服务等资源的互联互通，打造21世纪海上丝绸之路物流信息中心。推进与东盟国家跨境运输便利化，加强海上物流信息化合作，依托福建省国际贸易"单一窗口"平台，探索推进与东盟国家、我国台港澳地区口岸通关部门信息互换、监管互认、执法互助等，打造便捷的通关体系。

（五）加强现代化信息通道建设②

积极推动福建与东盟国家的信息走廊建设，完善信息网络合作与信息传输机制，促进与海上丝绸之路沿线国家和地区信息互联互通，打造便捷的信息传输体系。

此外，从福建省经济和信息化委员会获知，于2014年12月底开始编制的《福建省物流业发展中长期规划（2015—2020）》明确提出要全方位提升福建物流业开放合作水平，打好"海丝"核心区、福建自贸区建设、闽台双边合作三张牌。并对优化福建物流空间布局提出了三大任务，即建设"一个通道，两个枢纽，三个中心"。其中，"通道"指福建沿海物流带，"枢纽"指"厦（门）漳（州）泉

---

① 参见《福建省21世纪海上丝绸之路核心建设方案》，人民网，http://fj. people. com. cn/n/2015/1117/c181466 - 27114849 - 2. html，2015 - 11 - 17。

② 同上。

(州)"、"福（州）莆（田）宁（德）"两大枢纽片区，"中心"指福建自贸区的福州、厦门、平潭片区。

三 "一带一路"下物流业发展差距

从满足 21 世纪海上丝绸之路核心区的发展需求来看，目前福建存在三个显著的差距。

（一）物流业整体水平与发展能力偏低，与丝绸之路核心区不匹配

根据 Alexander Doll（2014）等统计分析，过去十年，全球物流市场增长为全球 GDP 增速的 2—2.5 倍[①]。从社会物流总额或物流业业务收入的增长率来看，不管是全国还是福建，都与 GDP 增速相当，虽然国家三十多年来经济保持高速发展及近几年来物流业的快速发展，但物流业的整体发展水平与经济发展不匹配。2013 年 10 月，JOC Group 发布中国物流基础设施国际排名。由图 2 可知，整体国际排名为 74 位，公路为 54 位，铁路为 20 位，港口为 59 位，航空为 65 位。整体水平与第二大经济实体不相匹配，也能反映出福建的物流整体水平偏低。2014 年，从港口万吨级及以上数量和增长率来看，全国有 2110 个，增长率为 5.45%（见图 3、表 2）；福建省港口拥有万吨级及以上泊位 154 个，占全国的比重为 7.30%，其 2014 年的增长率为 5.84%。2013 年，从全国八大经济区的货运量增长率情况看（见图 4），南方沿海经济区的货运量增长仅高于西北。福建省共有 A 级物流企业 233 家[②]，其中，5A 级企业 10 家，4A 级企业 60 家，3A 级企业 147 家，2A 级企业 13 家，1A 级企业 3 家；分布于福州 41 家，厦门 78 家，泉州 60 家，莆田 10 家，漳州 16 家，龙岩 12 家，三明 6 家，南平 3 家，宁德 7 家。全国 A 级物流企业评选工作从 2005 年至今已 11 年，共发布过 20 批，其中 5A 级物流企业共 214 家（截至 2015 年 10 月）。福建 5A 级企业占全国的比重仅为 4.67%。

---

① Alexander Doll, Dirk Friebel, Matthias Rückriegel, Christian Schwarzmüller, "Global Logistics Markets", *Roland Berger Strategy Consultants*, 2014, 8.

② 福建省物流协会统计发布的"福建省国家 A 级物流企业名单汇总及区域分布表"（截至 2015 年 8 月）。

中国在全部基础设施及公路、铁路、港口和航空等方面的全球排名

a.总的排名

排名	全部
31	斯洛文尼亚
54	斯里兰卡
62	乌干达
64	哈萨克斯坦
70	乌克兰
73	赞比亚
74	中国
75	厄瓜多尔
82	印度尼西亚
85	印度
98	菲律宾

b.公路

排名	公路
18	美国
35	文莱
43	瑞士
54	中国
55	意大利
83	挪威
88	乌拉圭

c.铁路

排名	铁路
6	芬兰
12	奥地利
17	美国
20	中国
24	丹麦
31	俄罗斯
48	韩国

d.港口

排名	港口
30	日本
48	奥地利
52	多美尼加共和国
59	中国
62	墨西哥
74	科威特

e.航空

排名	航空
19	加拿大
40	拉脱维亚
52	黎巴嫩
65	中国
71	危地马拉
73	意大利

图 2　中国基础设施在全球的排名

资料来源：Alan Field，"Doing Business in a Changing China"，JOC Group Inc.，2013.10。

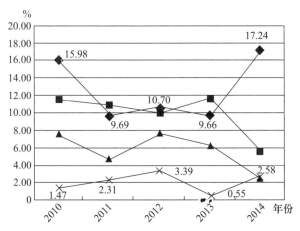

图 3 2010—2014 年全国港口万吨级及以上年增长率

资料来源：中国海事服务网，http：//yesinfo. com. cn/news/detail. action？id = 199104989，2015 – 08 – 14。

表 2 2010—2014 年全国港口万吨级及以上泊位 单位：个

泊位吨级	2010 年	2011 年	2012 年	2013 年	2014 年
10 万吨级及以上	196	215	238	261	306
5 万—10 万吨级	476	528	581	648	684
3 万—5 万吨级	297	311	335	356	365
1 万—3 万吨级	692	708	732	736	755
合计	1661	1762	188	2001	2110

资料来源：中国海事服务网，http：//yesinfo. com. cn/news/detail. action？id = 199104989，2015 – 08 – 14。

综上所述，作为 21 世纪海上丝绸之路的核心区，福建是承担互联互通建设的重要枢纽、经贸合作的前沿平台、体制机制创新的先行区域、人文交流的重要纽带，其现有物流整体水平与发展能力与贯通东南亚—南亚—西亚—非洲—欧洲、东南亚—南亚—南太平洋—大洋洲、东北亚—美洲的战略布局与重大使命严重不匹配。

（二）远洋物流基础与能力薄弱

福建的远洋物流基础与能力薄弱表现在两方面。一是缺乏有实力的国际物流企业。2014—2015 年，全球物流企业排行榜 100 强入围的

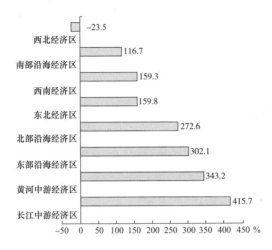

图4 2013 年全国八大经济区的货运量增长率

资料来源：Deloitte Research，"Investment Promotion Report of China's Logistics Industry 2014 – 2015"，2015 – 6。

大陆企业为 Cosco 中国远洋、China Post 中国邮政和 Sinotrans 中外运三家。中国远洋和中外运分别在福建设立了厦门远洋运输公司和中国外运福建有限公司。但在福建设立的分公司与邮政组织体系类似，并无较强的远洋物流基础或发展空间。2015 年福建物流企业 10 强：福建省交通运输集团有限责任公司、建发物流集团有限公司、厦门速传物流发展股份有限公司、厦门国贸泰达物流有限公司、厦门港务发展股份有限公司、福建盛丰物流集团有限公司、福州星光德邦物流有限公司、盛辉物流集团有限公司、福建八方物流股份有限公司和福建万集物流有限公司①，所开展的国际物流、远洋业务能力有限。二是远洋物流业务参与程度有限。2014 年，全国远洋运输完成货运量 7.47 亿吨、货物周转量 55935.06 亿吨/千米，福建远洋运输完成货运量 2087.63 万吨、货物周转量 593.02 亿吨/千米，分别占全国的 2.79% 和 1.06%；全国港口完成外贸货物吞吐量 35.90 亿吨，福建完成外贸货物吞吐量 2.10 亿吨，占全国的 5.85%。

（三）贯通海上丝绸之路与内陆地区的物流基础设施发展速度迟缓

一方面，截至 2015 年 6 月，福建有四个陆地港投入运行，晋江、

---

① http：//www.56lem.com/news/show – 1463.html.

龙岩、三明、武夷山陆地港，目的是使当地出口货物在当地即可完成通关手续，吸引周边地区和中西部省份的进出口货物从福建中转等。此外，还有福州罗源湾、三都澳、闽江口、兴化湾、湄洲湾、厦门湾、东山湾等众多港口泊位适合内陆省份货物的集散进出（见图5）。由图6可知，中国在第三方物流市场规模上居亚太国家或地区首位，预计未来2—3年的发展速度也是最快的。而福建远洋运输完成货运量、货物周转量与外贸货物吞吐量仅占全国的2.79%、1.06%和5.85%，体现了福建在构建内陆地区的物流运输有天然的屏障。

另一方面，随着"一带一路"的战略实施与发展，往东南亚方向的物流将快速增长。预计到2030年（见图7），在双方物流合作交易量前20席上，中国与其他国家的交易量将占15席，比2009年增加7席。其中，预计直接有6条物流线路前往东南亚方向，占与中国有关线路交易量的33.12%。作为21世纪海上丝绸之路核心区，如果福建现有的物流基础设施发展速度无法处理未来规模庞大的物流交易量，那么将失去贯通海上丝绸之路与内陆地区的各领域合作的核心区地位。

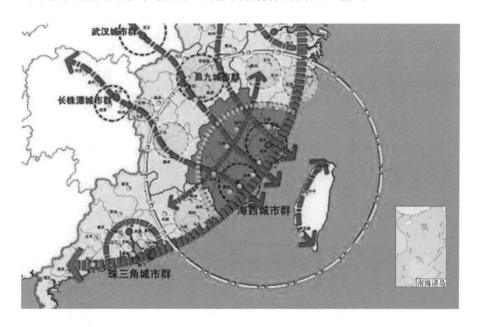

图5　福建与内陆地区的物流贯通路线示意

资料来源：http://www.360doc.com/content/16/0103/02/2498813_525047951.shtml。

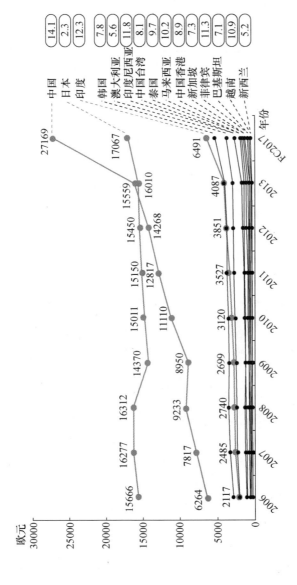

图 6 亚太国家或地区的第三方物流市场规模发展情况

资料来源：Alexander Doll, Dirk Friebel, Matthias Rückriegel, Christian Schwarzmüller, "Global Logistics Markets", Roland Berger Strategy Consultants, 2014,

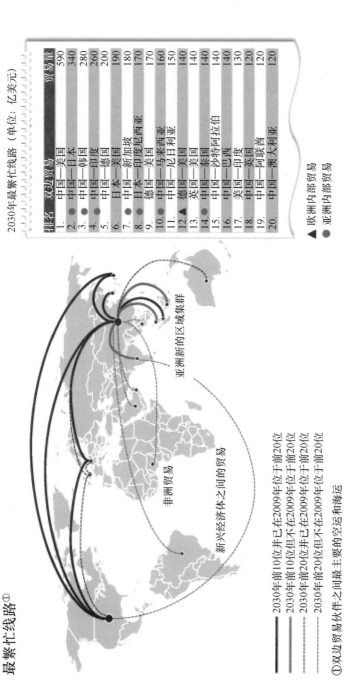

图 7　全球范围双方物流合作交易量前 20 席的分布情况

资料来源：Alexander Doll, Dirk Friebel, Matthias Rückriegel, Christian Schwarzmüller, "Global Logistics Markets", *Roland Berger Strategy Consultants*, 2014,

① 双边贸易伙伴之间最主要的空运和海运

综合两个方面，福建若以现阶段规划的物流基础设施发展，不仅在规模方面，而且在发展速度与质量方面，都满足不了未来全球物流需求，也无法充分发挥海上丝绸之路核心区的价值与战略地位。

四 "一带一路"下物流业发展与经济新常态的紧密关系

改革开放以来，我国经济长期保持的强劲增长，主要是由同期外贸进出口提供了持续动力，极大地带动了国内生产加工业的蓬勃发展，从而形成"中国价格""中国制造""世界工厂"等概念。进出口贸易拉动经济增长，促进了物流业的繁荣与发展，造就了物流业的粗放型、外延式的"贸易"范式。深化经济结构调整，适应经济新常态，将推动物流业"贸易"范式走向"贸易—消费—投资"范式，追求集约型、内涵式的价值驱动。

当前，福建省物流业也在实施转型升级，总体运行健康平稳。全省社会物流总额增长趋缓，物流业增加值保持平稳增长，社会物流总费用与 GDP 的比率保持稳定，物流业固定资产投资完成额高速增长。结合"一带一路"下物流业发展的需求分析和差距分析，认为"一带一路"下物流业发展是经济发展"新常态"的重要推力与保障。

（一）海上丝绸之路激发物流业巨大市场

社会物流总额的发展趋势与 GDP 增长趋势保持一致，表明物流发展与经济发展是同步、正相关的，是相互促进的关系（见表3、图8）。作为海上丝绸之路核心区特有的地理位置，将激发物流业的巨大市场（见图9）。物流业增加值占 GDP 的比重保持稳定，需要进一步提升物流增加值，形成集约型、内涵式、高价值的物流结构，才能为福建经济发展"新常态"注入源源不断的动力。

表3　　　　2011—2014 年福建省物流业与经济发展关系情况 1

项目	2011 年		2012 年		2013 年		2014 年	
	金额（亿元）	增长率（%）	金额（亿元）	增长率（%）	金额（亿元）	增长率（%）	金额（亿元）	增长率（%）
1. GDP	17560.18	12.3	19701.78	11.4	21868.49	11.0	24055.76	9.9
2. 社会物流总额	38659.36	15.8	41798.01	13.2	47055.66	11.9	51982.56	10.2
其中：工业品物流总额			30099.08	15.2	34405.98	14.3		

续表

项目	2011 年		2012 年		2013 年		2014 年	
	金额（亿元）	增长率（%）	金额（亿元）	增长率（%）	金额（亿元）	增长率（%）	金额（亿元）	增长率（%）
农产品物流总额			2373.89	4.2	2621.01	5.9		
进省货物物流总额			9223.28	8.7	9894.61	5.3		
单位与居民物品物流总额			51.82	50.9	72.86	39.2		
3. 物流业实现增加值	1183.53	11.4	1331.21	7.6	1478.89	10.9	1646.57	10.2
其中：交通运输业与仓储业、邮政业增加值					1120.91	10.3		
批发和零售业增加值					357.98	12.8		
4. 物流业增加值占GDP的比重（%）	6.7		6.8		6.8		6.8	
5.物流业增加值占服务业增加值的比重(%)	17.2		17.2		17.4		17.3	

注：表中数据经过四舍五入处理。

资料来源：福建省统计局。

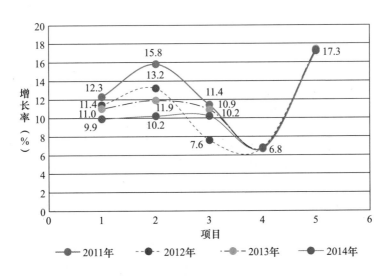

图8　2011—2014 年福建省物流业与经济发展关系情况1

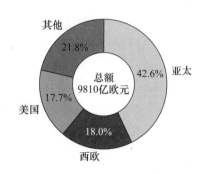

图 9　全球物流市场分布情况

资料来源：Alexander Doll, Dirk Friebel, Matthias Rückriegel, Christian Schwarzmüller, "Global Logistics Markets", *Roland Berger Strategy Consultants*, 2014, 8。

（二）海上丝绸之路要求保持高速的物流业建设投入

福建物流收入和支出趋势与经济发展趋势保持较一致，增速趋缓（见表 4、图 10）；社会物流总费用与 GDP 的比率保持稳定，此外，物流业固定资产投资完成额增长趋势出现较大震荡，不利于"新常态"的经济发展。满足海上丝绸之路战略发展需求，必须保持高水平与高效的物流业建设投入，带动经济增长，才能助推福建经济发展"新常态"。

表 4　　　2011—2014 年福建省物流业与经济发展关系情况 2

项目	2011 年		2012 年		2013 年		2014 年	
	金额（亿元）	增长率（%）	金额（亿元）	增长率（%）	金额（亿元）	增长率（%）	金额（亿元）	增长率（%）
1. GDP	17560.18	12.3	19701.78	11.4	21868.49	11.0	24055.76	9.9
2. 社会物流总费用	3038.39	18.9	3381.73	11.3	3773.86	11.6	4148.21	9.9
其中：运输费用					2006.18	11.4		
保管费用					1206.13	11.3		
管理费用					561.55	13.0		
3. 社会物流总费用与 GDP 的比率（%）	17.3		17.2		17.3		17.2	

续表

项目	2011 年		2012 年		2013 年		2014 年	
	金额（亿元）	增长率（%）	金额（亿元）	增长率（%）	金额（亿元）	增长率（%）	金额（亿元）	增长率（%）
4. 物流业业务收入	2417.72	16.2	2768.23	14.5		12.3	3485.11	12.1
5. 物流业固定资产投资完成额	1556.73	7.1	1887.29	21.2	1977.19	4.8	2401.81	21.5

注：表中数据经过四舍五入处理。

资料来源：福建省统计局。

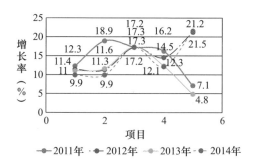

图 10　2011—2014 年福建省物流业与经济发展关系情况 2

（三）借助海上丝绸之路，融入东南亚物流市场

从表 5、图 11 可知，福建省社会物流总额占全国的水平仅为 2.44%，低于 GDP 比例的 3.79%。不仅与其他行业相比物流业处于低水平层次，而且远低于在全国范围内应有的经济水平。表明：福建省物流市场活力低于经济活力，且处于低层次水平。根据 Alexander Doll 等人的研究，东南亚地区的物流市场比发达地区的物流市场更具有收入和利润空间（见图 12）。因此，应该实施积极的物流市场扩张政策，借助海上丝绸之路，融入东南亚物流市场，提升福建在全国的经济实力和国际物流影响力，让实现福建经济发展"新常态"有强劲的活力。

表5　　　　　2014年福建省和全国的物流业与经济发展关系对比

项目	全国		福建		金额比例
	金额 (万亿元)	增长率 (%)	金额 (万亿元)	增长率 (%)	(%) (福建/全国)
1. GDP	63.4	7.4	2.4	9.9	3.79
2. 社会物流总额	213.5	7.9	5.2	10.2	2.44
3. 社会物流总费用	10.6	6.9	0.4	9.9	3.77
其中：运输费用	5.6	6.6			
保管费用	3.7	7.0			
管理费用	1.3	7.9			
4. 社会物流总费用与GDP的比率（%）	16.6	17.2			
5. 物流业业务收入	7.1	6.9	0.3	12.1	4.23
6. 物流业固定资产投资完成额			0.2	21.5	

资料来源：国家统计局、福建省统计局。

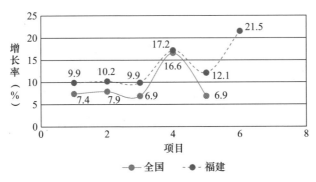

图11　2014年福建省和全国的物流业与经济发展关系对比

五 "一带一路"下物流功能提升的重点领域

（一）物流综合业态集成平台

为更好地落实和推动21世纪海上丝绸之路核心区的战略定位与发展，2015年11月17日发布《福建省21世纪海上丝绸之路核心区建设方案》，确定福建建设海上丝绸之路核心区落实到九大主要任务

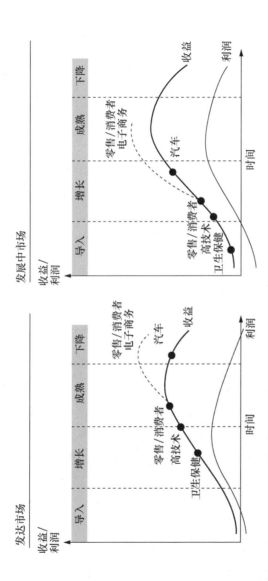

图 12　东南亚物流市场与发达国家的收入和利润发展对比

资料来源：Alexander Doll，Dirk Friebel，Matthias Rückriegel，Christian Schwarzmüller，"Global Logistics Markets"，*Roland Berger Strategy Consultants*，2014，8。

中，分别是加快设施互联互通、推进产业对接合作、加强海洋合作、拓展经贸合作、密切人文交流合作、发挥华侨华人优势、推动闽台携手拓展国际合作、创新开放合作机制、强化政策措施保障。必须构建系统的"物流综合业态集成平台"，该平台是以物联网、云计算、移动互联网、大数据等为核心的新一代信息技术对现有物流园区的信息整合，纳入统一信息系统，重点是实现监管、金融、税收、标准、开放、服务等方面的集成，扩大区域的物流基础设施与技术的现代化水平，分析国际物流市场行为、需求，构造一个创新、智能、丰富、高效、规模的物流综合业态系统。它是对现有货运枢纽型、商贸服务型、生产服务型、口岸服务型及综合服务型的信息整合，以突破现有物流业社会化和专业化的发展"瓶颈"。

（二）"互联网＋"升级物流业

"互联网＋物流"旨在推动丝绸之路核心区作为贯通国际与内陆物流的地位和作用，扩大国际物流市场，将国际商贸、制造、电商、物流企业等对接应用互联网交易平台，整合全球供应链上下游资源。是国内外市场需要网络化、智能化、服务化、协同化的高效物流体系。运用"互联网＋"实现传统交通物流业转型升级新业态，创建了"三位一体"物流信息服务体系，将"互联网＋"作为物流业转型升级的新引擎。以目前福建省 115 个物流园区，平均进驻约 2000 家企业，90% 的车辆在物流园区实现交易为切入点，通过实施"互联网＋物流园区"，将物流园区联结成网，实现线上与线下两网融合，供给与需求充分对接，物流、制造、商贸、电商、快递、金融等行业协同发展，有利于实现资源共享，提高流通效率，降低流通成本，加快推进内贸流通现代化。然后再吸引东南亚物流市场，实施国际物流战略。

（三）以海上丝绸之路核心区为中心，构建"欧盟—中国—东盟"物流通道

随着未来跨境电商物流的快速发展，福建与东南亚的五缘关系，福建应结合自身优势，提升在"一带一路"的战略地位，发挥更积极、更大的作用，利用丝绸之路经济带和 21 世纪海上丝绸之路的联结，构建以其为中心的"欧盟—中国—东盟"物流通道。要主导"欧盟—中国—东盟"物流合作框架，结合国际物流标准，参与开发设计

"欧盟—中国—东盟"的物流标准。可推进福建物流业转型升级，有助于物流体系的国际化、开放性、创新性进程。

（四）闽台物流全面升级、开放，形成闽台物流特色

目前两岸物流业的合作还处于低水平低层次的模式，随着两岸经济合作进一步升级，物流领域的合作也应全面升级和开放。积极探索福建对台物流模式的创新，推进区域辐射，使福建成为台湾与大陆对接的物流中心（见图13）。充分发挥福建先行先试的先发优势，完善

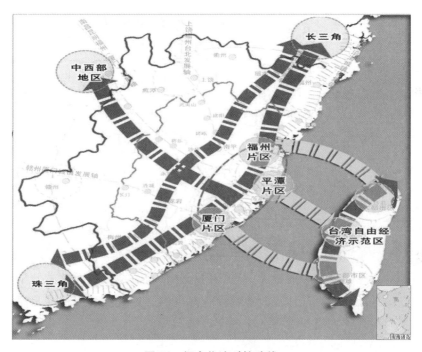

图13　闽台物流对接路线

资料来源：http://www.mnw.cn/news/fj/976370-2.html。

物流、金融等功能，适应闽台商业流、信息流、资金流的环境，促进闽台物流与贸易金融的整合创新。一方面，抓住福建自贸区政策优势，以自贸区为合作试点，闽台可以共建物流园区或互设分区，开拓区域物流领域的经济与政府管理的融合；另一方面，针对闽台五缘关系，打造闽台物流特色品牌，利用物流合作进一步扩大两岸经贸范围，使福建成为两岸经贸往来的一张最具信用与信任的物流名片。

子报告二　经济新常态下浙江省物流业功能提升研究[①]

一　浙江省经济新常态下的物流产业发展趋势

2014 年 10 月，国务院印发的《物流业发展中长期规划（2014—2020 年）》提出：现代物流业是融合运输、仓储、货代、信息等产业的复合型服务业，是支撑国民经济发展的基础性、战略性产业。

近年来，物流业在浙江服务业的地位越来越突出，在浙江经济中的作用越来越重要。2010 年，全省实现物流业增加值 2550 亿元，占全省 GDP 的 9.4%，2012 年实现物流业增加值 3350 亿元，同比增长 9.1%，占全省服务业增加值的 21.4%，占全省 GDP 的 9.7%，比 2010 年的 9.4% 和 2011 年的 9.6% 呈现出小幅增长，2014 年全省物流业增加值为 3930 亿元，同比增长 8.1%，占全省 GDP 的 9.8%，占"三产"的 20.4%。然而，尽管浙江省现代物流业一直在稳步发展，但是受到经济新常态的影响，现代物流业在新时期内也面临着转型升级的挑战。要实现现代物流业在新常态下的平稳发展，亟待从顶层设计上寻找现代物流业发展战略的突破口。

（一）浙江省经济新常态特征

2010 年以来，中国经济的增长速度持续下滑，而消费占比有所提高，产业结构将向资金密集型和知识密集型产业转换，中国经济增长出现了"新常态"。有专家和学者将中国经济"新常态"这一相对稳定的状态概括为"中高速、优结构、新动力、多挑战"四个特征。浙

---

① 本报告为中国社会科学院财经战略研究院创新工程项目"物流业与经济发展新常态关系研究"合作课题成果，浙江工商大学现代商贸研究中心 2015 年度课题"经济新常态下浙江物流产业功能提升研究"（编号：15SMGK19YB）前期成果。作者为胡洪力，浙江工商大学副教授，经济学博士，硕士生导师；张鸿，浙江工商大学硕士研究生。

江经济在 30 多年的高速增长之后，自进入"十二五"规划期间以来，
经济增速显著放缓，率先步入以"新常态"为标志的转换阶段，呈现
出"新常态"经济的新现象、新特征。

1. 增长特征：经济增速换挡，中高增长区间态势企稳

回望"十二五"规划期间的浙江经济，浙江全省生产总值在五年
内连上三万亿元、四万亿元两个台阶，从 2010 年的 27748 亿元升至
2015 年的 42886 亿元（见图 1），年均增长率达 8.2%，高于全国
7.8% 的年均增幅，浙江经济展现出了优于全国同期运行的态势。

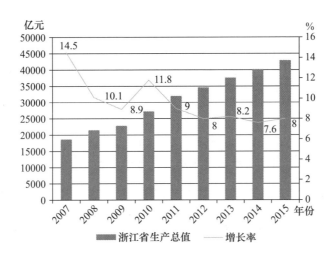

图 1　2007—2015 年浙江省生产总值及增长趋势

虽然浙江经济在全国增速靠前，但自 2011 年以来，经济由高速
增长转变为中高速增长的换挡仍较突出。自从改革开放启动到 2010
年，除去 2008—2010 年受到国际金融危机的影响，经济 GDP 季度走
势形成"Ｖ"形反弹（经济增速一度滑落到 2009 年第一季度的
3.4%，但 2010 年第一季度迅速回升到 15% 的高速），浙江经济保持
了 32 年的持续高速增长，1979—2010 年浙江 GDP 年均增长 13% 左
右，高出全国平均 3.1 个百分点。但自进入"十二五"规划期间后，
浙江经济增速逐渐放缓至个位数，2011 年、2012 年、2013 年、2014
年、2015 年增速分别为 9%、8%、8.2%、7.6%、8%，整个"十二

五"规划期间年均增速8.2%，比2001—2007年年均增速下降5.2个百分点。从主要经济指标看，浙江经济率先呈现企稳态势，但这种经济增长速度放慢并不像2008年那样是一种短期波动，而是一种趋势性的表现，体现出浙江经济阶段性变化的基本特征，也符合中国"新常态"经济的总体特征。

国际经验表明，日本、韩国、中国台湾等追赶型经济体在经历了二三十年的高速增长以后，也都经历了平均降幅为30%—40%的"自然回落"。若按浙江过去30多年约13%的平均增速回落30%—40%算，2011—2015年，浙江经济增长基本上落在一个合理的区间。事实上，随着资源环境约束趋紧、人口红利因素淡出、技术引进消化吸收空间缩小，浙江已进入潜在经济增长率下移的新阶段，现实经济增长率随之下降比较正常。另外，自2012年起浙江经济增速波动逐渐趋稳，降幅明显收窄，表明经济增速换挡态势已基本确立，中高速增长的区间逐渐清晰。我们认为，今后三年到五年经济运行区间稳定为6%—8%、年均增速保持7%左右的中高速增长将成为浙江经济的一个新常态，再往后可能是更低的中速增长或中低速增长。

2. 结构特征：经济结构转型，产业、需求、动力结构调整加速

浙江经济增速换挡的深层次原因是结构的优化，产业结构、需求结构、动力结构都在过去的几年内完成了具有长期意义的转折性变化，并呈现出加速调整升级的态势，浙江经济整体正在稳步调整适应"新常态"的经济结构。

首先，产业结构明显改变，第三产业比重已超过第二产业，浙江省经济已从由工业主导逐渐转变为服务业主导，产业向中高端升级趋势开始全面显现。近十年来，浙江第二产业GDP占比逐渐下降，而第三产业则稳步上升，经济结构逐渐改变（见图2）。2014年，浙江第一、第二、第三产业增加值结构由上半年的4.7：47.8：47.5调整为下半年的4.4：47.7：47.9，第三产业比例首次超越第二产业比例，这是浙江省经济结构调整的一个具有象征意义的转折点。2015年浙江第三产业增加值增幅比同期GDP增幅高出3.3个百分点，比第二产业增幅高出6.9%，对GDP增长的贡献率高达65.7%，第三产业增加值比重比第二产业高出3.9个百分点，结构调整加速升级。

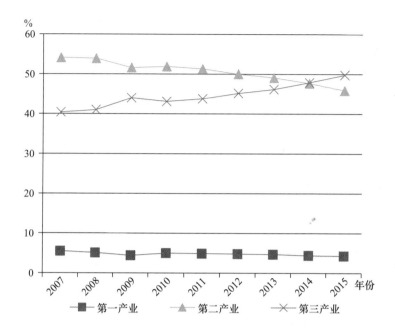

图 2　浙江省 2007—2015 年三次产业 GDP 占比

　　其次，浙江省需求结构由原来的投资主驱动转变为投资—消费双驱动，消费升级、投资提质的需求变动态势逐渐显现。旧常态下，投资与出口长期处于强劲增长状态，而消费不振则一直是国家经济的困扰。进入新常态以来，投资需求增速出现较大幅度下移趋势，而消费需求处于平稳上行的通道，消费对经济增长的相对贡献趋于上升，经济增长增量的贡献变为主要由投资与消费两大内需提供。2011—2015年，浙江省固定资产投资同比增长分别为 24.8%、21.4%、18.1%、16.6%、13.2%，每年增速较同期都有较大幅度的回落，增长具有较大波动性。2011—2015 年，浙江社会消费品零售总额扣除价格因素影响外的增速分别为 11.3%、11.4%、10.7%、10.7%、10.9%，虽然也有小幅度回落，但基本上保持在 11% 左右。在投资与消费结构方面，投资结构总体呈现优化态势，表现为民间投资增速快于同期整体投资和国有投资增速、服务业投资增速和占比在三次产业中处于领先地位、工业技改投资增速快于工业投资。在近年各级政府严控支出"零增长"的背景下（2014 年全省"三公"经费支出下降 34.4%），居民消费贡献了全年最终消费增量的主要部分。居民消费中，信息消费、绿色消费、品牌消费、健康消费、文化消费、旅游消费等新的消费热点不断涌现，个性化、多样化消费渐成主流，高品质消费主导的新需求结构正在形成，消费结构升级加速。

最后，浙江省经济动力结构正在发生改变，创新等新增长点逐渐显现，创新驱动的新增长方式转换趋势正在形成。近年来，浙江省受益于鼓励创新政策的实施，驱动经济增长的内生动力新机制、新模式开始崭露头角，表现为科技投入大幅增长、技术创新和商业模式创新大量出现、原始创新初现端倪，企业创新活力不断增强。2014 年，全省全社会科技活动经费支出 1470 亿元，比上年增长 13.7%，相当于地区生产总值的 3.66%；研究与试验发展（R&D）经费支出相当于地区生产总值的 2.34%，比上年提高 0.16 个百分点；全省规模以上工业新产品产值比上年增长 21.6%，高于工业总产值增幅 15.2 个百分点；新产品产值率为 29.2%，比上年提高 3.6 个百分点。以阿里巴巴为龙头的电子商务平台、第三方支付、互联网金融、云计算和大数据等处于领先地位，浙江已站在了新一轮信息技术变革和新兴业态发展的高地。

3. 区域布局："路连中西部、海接东南亚、空跨中东欧、网联全丝路"交通枢纽雏形逐渐形成

2013 年，习近平主席提出建设"新丝绸之路经济带"和"21 世纪海上丝绸之路"的战略构想，浙江省作为海上丝绸之路重要发祥地和改革开放先行地，在全国甚至在全亚洲的区域地位进一步得到了提升，虽然，中国整体经济进入增速变缓的新常态经济，但"一带一路"的战略部署必将为浙江省经济的发展带来新的机遇和新的经济增长点。

2014 年 11 月 18 日，全长 13000 多千米的"义新欧"铁路全线通车，首趟"义新欧"国际集装箱班列历时 21 天，从浙江义乌经新疆阿拉山口口岸出境，最终到达西班牙首都马德里。截至 2015 年 11 月 18 日，"义新欧"班列在短短一年间，往返运行 31 个班列，共运输 1748 个标准集装箱，实现了从无到有、从试验性运行到常态化运行的迅速发展。"义新欧"班列是义乌市乃至浙江省融入丝绸之路经济带

和 21 世纪海上丝绸之路国家战略建设的重要平台，是继开行"义乌—中亚"铁路班列后的又一条重要的国际铁路班列，为浙江小商品出口欧洲开辟了一条全新的高效、便捷物流通道。另外，浙江省即将打造的舟山江海联运服务中心是"一带一路"和长江经济带桥头堡的功能平台，将成为长江流域对外开放的重要窗口。宁波港口经济圈，将成为辐射长三角、影响华东片的"港口经济圈"，提升浙江港口辐射带动能力和国际市场开发能力，促进港口腹地向长江中下游地区和西北地区延伸拓展。与此同时，海洋经济示范区和舟山群岛新区的建设加快推进了宁波—舟山港一体化，将进一步发挥强化浙江港口优势，国际竞争力得到提高，为建设浙江海洋经济强省提供强力支撑。浙江省在未来的几年内，将有望形成"路连中西部、海接东南亚、空跨中东欧、网联全丝路"交通枢纽的雏形，诱发新的经济增长点。

（二）新常态下物流产业发展趋势

2014 年 10 月，国务院印发的《物流业发展中长期规划（2014—2020 年）》提出：现代物流业是融合运输、仓储、货代、信息等产业的复合型服务业。中国经济进入新常态以来，现代物流业作为经济发展的一匹黑马，在促进产业结构转型升级、提高国民经济发展水平等方面具有重要意义，一直受到国家、各省市区和相关部门的重视。受整体经济进入新常态的影响，物流业作为重要的生产性服务业的代表，也正在进入新常态的发展阶段，其产业发展运行产生了与以往不同的新特征、新趋势。

1. 国家区域战略为现代物流产业发展带来新的契机

进入经济新常态以来，长江经济带、京津冀一体化等国家层面的区域发展战略相继提出，区域经济发展将成为我国未来经济发展的重点方向。区域经济发展将为区域物流发展提供必要的物流需求市场。发展区域物流，不仅是适应我国新常态下区域经济发展的宏观格局的必然要求，也是现代物流业转型升级发展的创新驱动力，有利于打破物流地区封锁的条块分割弊端，通过物流企业联盟、区域物流信息平台、构建跨区域多式联运等手段推动区域之间物流资源更快捷地流通，促进物流行业的可持续发展和转型升级。浙江省地处长江经济带，同时作为海上丝绸之路的重要发祥地，其区域物流发展必将在全国处于"领头羊"地位。

2. 与多产业联动发展将成为现代物流业发展的内在动力

仅以运输和仓储作为运营主体业务的传统物流企业已经不适应新常态下物流产业的发展，将联动多产业发展作为企业发展目标的物流企业才是带领物流产业可持续发展的主导企业，特别是物流与农业、制造业、商贸业等行业的产业融合。农业在"互联网＋"的政策背景下，被互联网升级改造的潜力特别巨大，已有越来越多的资本进入生鲜行业，农产品生鲜物流前景一片大好。制造业与物流业的联动，能够有效减少企业库存积压、加快产品运达时间、降低企业运营成本，生产制造企业将物流服务外包给第三方物流企业已经是大势所趋；大型商贸市场与物流产业联动，可以利用物流功能完成商贸流通商品的集散；电子商贸、移动互联等技术与物流业的深度融合，推动了物流业与金融业的联动，为货主提供资金融通、结算、保险等金融服务功能。与物流业联动与深入融合的多产业联合体已经成为合作共赢的发展趋势，也是现代物流业可持续发展的创新模式。

3. 智慧物流发展成为现代物流发展的必然趋势

随着现代信息技术的不断成熟，智慧物流将成为支撑现代物流业发展的必然趋势。所谓智慧物流，是利用集成智能化技术，使物流系统能模仿人的智能，具有思维、感知、学习、推理判断和自行解决物流中某些问题的能力，使配送货物实行自动化、信息化和网络化，让整个物流系统物联化、互联化和智能化。物流智慧化是物流产业发展的重要方向，也是代表物流发展革命性创举的突出体现。采用智慧物流以后，物流服务的功能组成可以向上游、向下游进一步拓展延伸，物流服务的质量也可以更加可靠、丰富和人性化。随着全球一体化的加速发展和互联网、物联网技术的更广泛应用，智慧物流必将迎来一个全新的发展机遇。

（三）新常态对浙江省物流产业的要求和挑战

进入新常态经济以来，浙江省物流产业的发展也将面临新的挑战，对以后的发展提出了更高的要求，总结起来，主要有以下几点：

1. 新常态下，浙江物流成本亟须降低

中国整体物流成本居高不下，是阻碍物流产业发展的一大障碍，亟须得到解决。浙江省作为物流产业发展大省，但其物流成本却高于全国平均水平。据初步估算，2015 年，浙江宁波市社会物流总费用额达 1500 亿元，占全市生产总值的 18.1%，高于国内平均水平（16%）约 2 个百分点，高于沿海城市平均水平（15%）约 3 个百分点。物流成本主要包括仓储作业成本、存货成本、运输成本及管理成本四种类型，其中，仓储成本和运输成本比例占总物流成本的 70% 以上，尤其是运输成本，其比例达到了 50% 以上。据统计数据显示，杭州、宁波等经济发展较好城市物流地价普遍超过 80 万元/亩，未来仍有走高趋势，仓储成本进一步提高。另外，构成运输成本重要组成部分的过路费、油费、人员费、车辆维修、食宿费等都持续攀升，尤其是油费与人员费近年来成倍提高，给物流企业的可持续发展带来了阻碍和压力。2013 年汽油价格比 2009 年上涨了 1/3 左右，劳动力成本也持续走高，物流企业反映，自 2010 年以来，企业劳动力成本年均上涨幅度在 20% 左右，企业"员工荒"现象较为普遍。另外，随着国家在 2013 年发布"史上最严厉"的《大气污染防治行动计划》，杭州、宁波、温州等地都施行车辆限行政策，并有逐步扩散趋势，极大地影响了城市货运车辆通行，环保成本在物流成本中逐渐显现，这对于本来就居高不下的物流成本无疑是雪上加霜。物流成本的提升给企业的运营带来了巨大的压力，物流成本管理问题已经成为物流企业重点思考的问题。

　　浙江省资源要素成本的持续走高，意味着依靠资源投入、规模扩张的粗放增长方式实现物流产业发展将难以为继。浙江省必须通过转变物流企业增长方式，提高物流社会化、组织化、集约化水平，在充分释放产业物流需求的同时，合理安排社会运输结构，充分发挥铁路、内河等低成本运输方式，优化浙江省内物流供需匹配效率。同时，通过兼并重组等方式，改变浙江省物流企业"小、散、弱"的局面，增强一体化物流服务能力，提高物流集约化水平，从而有效降低物流成本。

　　2. 完善运输网络、健全物流基础设施成为促进物流发展的必要条件

　　物流作为综合性服务行业，物流基础设施建设是否完善，对于物

流行业的可持续发展将产生明显影响。近年来，虽然浙江省的交通设施建设有了很大发展，但与经济贸易的发展却还不是十分协调，不能全方位地满足市场经济快速发展的需求，在一定程度上制约着现代物流业的发展。主要存在以下几点问题：首先，浙江交通网络在地区之间的分布不平衡。环杭州湾等地区密度最大，公路铁路四通八达、十分便利，致使该地区物流发展较快，然而浙江省西南地区的运输网络密度较低，存在较严重的城乡差距，物流发展较为缓慢。其次，交通网络结构不协调，铁路建设速度缓慢。据统计，浙江省每百平方千米铁路里程数分别相当于上海和江苏的 25.6% 和 93.0%，铁路运输作为浙江地区大型物流企业进行货运的主要方式，铁路密度较小造成浙江地区煤炭等原材料运输能力与需求量严重不符，浙江省铁路主线存在超负荷运输情况。同时，水路、公路与铁路运输能力存在明显的差异，水路与公路的配套设施、相关服务都要优于铁路运输，多式联运与混合运输能力较弱，浙江省物流可持续发展能力较弱。同时，由于浙江省各地经济发展水平不同，物流统筹发展能力不强，现代化物流设施的缺失造成浙江物流可持续发展能力不强。最后，浙江省各城市内部均没有城市配送车辆进出城区的通畅渠道，只能与普通车辆走同样路线，即使在公路交通发达的环杭州湾地区也经常出现堵车现象，加上出台的交通限行政策，物流效率难以提升，使城市物流配送体系的构建难以进行。

基础设施的构建并不是一朝一夕的事情，浙江省加快基础设施建设，必然需要增加人力物力，但一方面，浙江省可以选择契合当地产业特色、交通便利货源充足的地带设立物流园区，首先利用已经拥有的交通网络发展地方物流，为工商企业迅速取、存、供货创造便捷的条件。另一方面，可以发挥各种运输方式的优势，促进各种运输方式的衔接，以此来提高运行效率。

3. 信息化水平不高，物流国际化标准达成率低，浙江省物流企业管理水平有待提高

现代信息技术几乎是现代物流中最重要的角色，随着信息技术的不断进步和发展，物流信息系统逐渐成为浙江省现代物流业发展的"瓶颈"。浙江省物流企业的技术手段和内部信息管理普遍比较落后，

缺乏像 ERP（企业资源管理）和 SCM（供应链管理）这样的高级信息系统，将近一半的企业没有建立属于自身的物流信息系统，很多物流企业对信息的收集和整理仍然采用传统的手工操作。这些问题都导致浙江省物流企业运行效率低、管理水平落后。另外，虽然浙江省经济发展迅速，但是整体仍受计划经济体制的影响，浙江省物流发展进程中忽略了与国际标准相接轨的发展模式，造成浙江省物流标准化程度比较低，与西方发达国家物流对接能力弱，同时物流企业特别是中小物流企业所承担的外商物流风险高，在运输过程、工具、仓储条件等方面相较于国际化标准差距大，只有少数大型集团（如浙江巨化、浙江鼎发）企业能够提供满足外商要求的物流服务，截至 2015 年上半年，浙江省铁路运输采用国际标准 32 个，占标准总数的 24%，储运环节中采用国际标准 35 个，占标准总数的 42%，国际标准的达成率作为衡量物流水平的重要指标，由此引发的浙江省欲实现物流的可持续发展，提升与国际化物流标准对接的能力至关重要。

目前，浙江省解决信息化和标准化问题，必须迅速搭建全省性、行业性的现代物流公共信息平台，保证物流的可靠性、快速性、准确性和信息公开性，提高物流企业资源配置合理化。支持企业引进现代物流管理理念和先进的信息管理系统，如 EDI（电子数据交换）、Code（条码）、RFID（射频识别）、EOS（电子订货系统）、SCM、GPS（全球卫星定位系统）、GIS（地理信息系统）等先进物流信息技术，鼓励企业积极开发企业内部的网络信息系统，采用智能化、自动化的物流设备。另外，政府与行业协会作为浙江省物流行业发展的引领者，拥有制定地方发展标准、推进物流标准化建设的决定力量，需要政府充分发挥组织与引导作用。

二 浙江省经济新常态下的物流业的宏观作用及实现路径

（一）经济增长拉动作用

1. 浙江省现代物流业与地区经济发展的相关性分析

选取 2008—2014 年浙江省现代物流业及相关产业增长数据。通过计算可以得出，在 99% 的置信水平下，浙江省现代物流业增加值与浙江省 GDP 之间的相关系数较高，相关系数达到 0.998，说明浙江省整体经济发展水平在很大程度上与现代物流业发展保持了一致。在浙江省现代物流业与地区第一、第二、第三产业之间的相关性方面，在 99% 的置信水平下相关系数分别为 0.985、0.995 和 0.997，均处于较高水平，说明浙江省现代物流业对于三次产业发展具有重要作用。

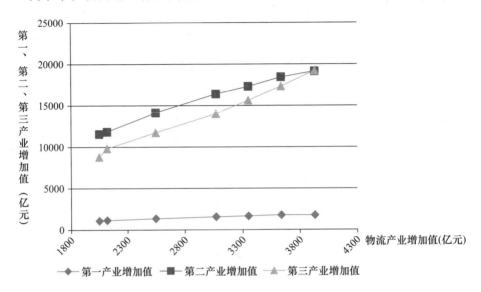

图3　浙江省物流产业增加值与三次产业增加值

　　根据浙江省统计局发布的数据，使用 Excel 对浙江省物流产业增加值与第一、第二、第三产业增加值分别做出相关散点图。如图3所示，浙江省物流产业增加值与第二、第三产业增加值之间呈现了较为明显的线性相关关系。而图3中第一产业变化幅度不大，但从数据来看仍是同向变动的关系，因此假设模型为：

$$Y_i = a \times X_i + b + U$$

以上模型中，Y_1、Y_2、Y_3 为浙江省第一、第二、第三产业增加值；U 为误差项的随机变量；a 为系数；b 为常数。运用 Spss 软件进行线性回归分析，得出回归结果，见表1。

R^2 值反映了回归方程对于观测值的拟合程度，三个模型的 R^2 值均接近1，通过检验；t 检验用来分析差异是否显著，三个模型的 t 检验值均很高，通过检验。从表2中可以看出，3个模型的拟合优度都很好，相关参数均通过检验，显著性水平也很高。

表1　　　　　　　　　　　　　回归结果

	系数 a	常数项 b	R^2 值	t 检验	显著性检验
第一产业	0.382	360.063	0.971	12.888	0.00
第二产业	4.150	3273.785	0.991	23.207	0.00
第三产业	5.240	−1704.733	0.994	28.852	0.00

从表1我们可以看出，浙江省物流业增加值与各产业增加值之间均存在正向相关关系。物流业与第二、第三产业增加值之间存在明显的正向相关关系，物流产业增长对第二、第三产业增长贡献较大。物流产值每增加1个单位，第二、第三产业增加值分别增加4.150、5.240个单位。然而，浙江省物流业增加值对第一产业增加值贡献度不大，物流业产值每增加1个单位，第一产业仅增加0.382个单位。这主要是由于第一产业为农业，而农业产量增长更多依靠增加投入量以及农业技术进步，由于冷链物流业技术还不成熟，物流业对于农业的增长贡献还未曾显现。

2. 浙江省现代物流业对各个产业的拉动作用

根据以往文献研究成果，采用贡献率和拉动力作为衡量物流产业对浙江省三次产业经济增长贡献的指标。其中，物流业贡献率＝物流业当年增量/三次产业 GDP 当年增量×100%

物流业拉动力＝物流业贡献率（%）×三次产业 GDP 增长率（%）

据此，可计算出浙江省2009—2014年物流业对三次产业增长贡献的相关数据（见表2）。如2013年物流业对第一产业增长的贡献率为248.70%，对第一产业的拉动力为0.99%；2013年物流业对第二产业增长的贡献率为25.20%，对第二产业的拉动力为2.12%；2013年物流业对第三产业增长的贡献率为16.70%，对第三产业的拉动力为1.45%。

表2　2009—2014 年浙江省物流业对三次产业增长贡献率及拉动力

单位:%

年份	物流业对第一产业增长		物流业对第二产业增长		物流业对第三产业增长	
	贡献率	拉动力	贡献率	拉动力	贡献率	拉动力
2009	105.15	2.42	26.65	1.81	6.89	0.86

年份	物流业对第一产业增长		物流业对第二产业增长		物流业对第三产业增长	
	贡献率	拉动力	贡献率	拉动力	贡献率	拉动力
2010	215.71	6.90	18.88	2.32	22.42	2.71
2011	237.18	8.54	22.82	2.08	22.95	2.16
2012	313.48	6.27	30.73	2.24	17.34	1.61
2013	248.70	0.99	25.20	2.12	16.70	1.45
2014	—	—	41.64	2.96	15.60	1.36
均值	224.05	5.02	27.65	2.25	16.98	1.69

　　由于 2014 年，浙江省第一产业增加值出现负增长，因此，根据公式计算出的贡献率与拉动力不具可信度，在此将其忽略，但由表 2 中的其他数据，仍可看出浙江省物流业对于经济的拉动作用。其中，表 2 中显现的物流业对于第一产业增长的贡献率和拉动力都很高，均值达到了 224.05% 和 5.02%，然而结合第一部分的分析，其回归系数并不高，实际上，浙江省农业增加值在 2009—2014 年的增长幅度很小，而物流业在近几年内迅速发展，物流业本身增加值已经超过第一产业增加值，所以，显现出的数据会比较高，但农业受物流业的影响迄今为止还未充分显现。

　　然而，浙江省物流业对第二产业的贡献率最高可达 41.64%（2014 年），最低也有 18.88%（2010 年），年均贡献率为 27.65%，物流业对浙江省第二产业的拉动力维持在 2.25% 左右。这是因为，第二产业中采矿业、制造业、燃气、电力及水的生产和供应业等对于物流要求较高，尤其从供应链管理角度来看，原材料的输入、生产加工过程中的企业物流、上下游之间的配送协调等都需要高效的物流。浙江省工业发展一直走在全国前列，急切需要物流业的快速发展。同时，浙江省良好的工业发展状况也为全省物流的发展提供了良好的条件。因此，物流业对浙江省第二产业的发展具有较高的贡献度和拉动力，同时浙江省第二产业的发展也为物流业的发展提供了经济支持。

　　浙江省物流业对第三产业的贡献率和拉动力也较高，均值分别为 16.98% 和 1.69%，这是因为物流产业本身就属于第三产业，因此，物流业的快速发展，必然会对第三产业具有较强的贡献和较高的拉动。更重要的是，物流业的良好发展，对于其他第三产业的发展将起到事半功倍的作用。

（二）吸纳社会就业作用

物流业具有产业融合的性质，它覆盖了运输业、仓储业、流通配送业、信息业等，需要多层次的人才，且物流业属于劳动密集型产业，能够吸收大量各类人员就业。在一定程度上，帮助解决人员就业问题，并且潜力巨大。据浙江省统计年鉴统计，2004 年，浙江省物流业从业人员约 123.66 万人，到 2014 年，浙江省物流业从业人员约 145.69 万人，年均增长 2.2 万人，物流人员占到整个第三产业人员总数的 7% 以上。随着浙江省现代物流产业的发展，浙江省物流人力资本存量会进一步增大。根据对浙江省 2014 年 10 月和 11 月两个月的物流人才招聘数据进行整理统计，结果显示，各类企业对物流人才的总需求量为 5368 人，其中，制造业对物流人才的需求占 42.5%；商业企业对物流人才的需求占 24.7%；物流企业对物流人才的需求占 21.7%；货运代理企业对物流人才的需求占 11.1%。在未来几年内，浙江省的物流人才缺口将很大。

然而，在浙江省物流从业人数以及物流人才需求增多的同时，物流业对于人才素质的要求也在不断提高。据统计，2014 年浙江省物流人才需求从学历层次上看，要求大专学历的占 59%，要求本科学历的占 11%，要求中专以下学历的占 30%。可见业界对新增物流人才的学历层次要求非常高，其需求水平远远超过了现有从业人员的学历水平。从岗位层次上看，中高级管理岗位人才需求比例为 27.4%，基层管理岗位人才需求比例为 57.5%，基层操作工需求比例只占 15.1%。显然，低层次的操作人员（如搬运工、司机）需求逐渐走向饱和，而中高层次的管理岗位人才需求越来越大。

（三）满足消费需求支撑作用

浙江省新常态经济的重要特征就是内需扩大，经济转向由投资消费共同拉动，这就意味着在未来的经济发展中，大众消费将大幅度增加，浙江省 2012 年、2013 年、2014 年、2015 年的社会零售总额分别为 13546 亿元、15138 亿元、16905 亿元、19785 亿元，分别增长

13.5%、11.8%、11.7%和10.9%，消费需求每年大幅度持续上涨，再加上电子商务的火速发展，网络消费趋势已不可阻挡，而这些都离不开商贸物流的支撑。以淘宝网为例，淘宝作为国内电商的领跑者，自2009年11月11日出现名为"双11购物节"以来，屡次创下销售额奇迹。2011年，淘宝"双11"活动创下了当日成交额52亿元的历史纪录。2015年，"双11"成交额更是涨到912亿元，呈现出逐年上升的趋势。马云在多个场合对于"双11"的担忧中，提到最多的就是物流，如此大的网络交易额，必将引起物流需求在短时间内的膨胀。另外，物流需求的扩张还可能导致配送服务不到位，用户体验不佳。在"双11"期间快递破损、快递员服务态度差等吐槽比比皆是。由于"双11"期间快递量陡增，快递公司通常会紧急招聘临时快递人员却又往往难以顾及上岗前的专业培训，导致出现部分临时业务员工作上服务意识薄弱、服务质量低等问题。另外，快件量的猛增也在一定程度上导致分拣人员在提高分拣效率的时候难以顾及服务的质量，容易出现快递破损的情况。

"双11"期间的物流问题仅仅是物流问题的冰山一角，现在"双11"期间的消费量只是短期需求的结果。然而，随着电子商务的快速增长，未来每天的交易额都可能会达到"双11"水平。而解决上述物流问题，其根本措施就是大力发展现代商贸物流，提升物流业在商贸业中的功能地位。现代商贸物流作为一种关联度高、拉动力强的管理技术和组织方式，是启动市场、拉动需求、促进消费的助推器，在商贸业发展中具有非常重要的战略地位，其发展已成为社会消费的主要驱动力和重要支撑。

三 浙江省物流功能提升与产业发展的关联影响

浙江省作为中国制造大省，第二产业一直在全省经济增长中起着重要作用，进入新常态以来，制造业产值增长逐渐放缓，服务业的地位逐渐提升，产业结构发生调整，但整体经济增速放缓已是不变趋势。制造业和服务业的继续增长需要依赖的不再是数量的上升，而应是质的提升。物流业作为一个服务面宽、关联度大的重要服务业，其发展不仅对浙江经济运行具有拉动作用，还将有效发挥其既有的对其他产业的波及和辐射影响力，能有效增加产业之间的融合，也有利于产业层次的提升和经济发展方式的转变。①

（一）浙江物流功能提升对三次产业影响原理分析

现阶段，浙江省正着力加快构建以高新技术产业为先导、现代农业为基础、先进制造业为核心、商贸服务业为支撑的现代产业体系。物流业在该体系建立过程中将发挥重要的催化作用。

1. 物流功能提升对农业产业化的影响

所谓农业产业化，是以国内外市场为导向，以提高经济效益为中心，对当地农业的支柱产业和主导产品，实行区域化布局、专业化生产、一体化经营、社会化服务、企业化管理，把产供销、贸工农、经科教紧密结合起来，形成一条龙的经营体制。从农业产业化定义中可以看出，对与农业相关的农业生产资料的供给、农产品的加工、储运、销售等内容都是农业产业化经营中不可或缺的环节，而这些环节又是现代物流的重要内容。因此，现代物流产业的发展必将成为农业产业化的加速器。其主要表现在以下几个方面：

第一，农产品物流是农业产业化的重要组成部分。推进产业化发展农业系统，纵向包括生产、流通和消费三个重要环节，生产、流通、消费存在联动效应，其中生产是基础，流通是关键，消费是目的，流通是生产和消费的中介。因此，农产品物流是连接农产品生产与流通的关键环节，是提高整个农业系统运行效率的关键因素。第二，现代物流产业与农业结合实现资源优势向产业优势转化。发展农产品产业化的关键是找出资源条件好、特色鲜明、优势突出、市场竞争力较强的农产品，促进生产要素在空间和产业上的合理配置。现代物流是协调产业发展纽带，产前、产中、产后全程伴随物流过程，以物流信息强化生产、加工、流通的有效衔接，不断提高产业整体素质和效益。第三，物流功能提升能够实现农业产业化过程中信息通道的畅通。农产品物流可以建立起生产者和消费者的信息通道，使农产品生产更符合市场需求。实施农业产业化的一个重要目的就是要改变过去那种千家万户的农民各自独立面对千变万化的市场矛盾的状况，而现代农产品物流可使供应商和客户能共享信息资源，使生产者及时了

---

① 潘昭文：《提升物流功能服务江门经济转型发展》，《特区经济》2012 年第 8 期。

解市场需求的瞬息变化，并根据市场变化来调整生产。

2. 物流功能提升对制造业的影响

自从现代物流产业从制造业中分离出来以后，其在制造业发展过程中所起的功能作用不断扩大，物流业与制造业的再度结合、联动发展将成为提升制造企业核心竞争力的重要手段。它不仅能够为制造企业的经营创造良好的外部环境，而且能够有效减少企业库存积压、加快产品送达时间、降低企业运营成本，生产制造企业将物流服务外包给第三方物流企业已经是大势所趋。

一方面，现代物流产业的发展能够保证制造企业生产经营活动的连续性和衔接性，这不仅仅体现在将产品从一个地方运到另一个地方进行生产销售，还包括通过物流信息的整合，实时跟踪产品生产销售流程。同时，借助互联网将信息整合传递，有助于企业加快产品创新进程。另一方面，当前许多制造企业经营困难的重要原因之一是生产成本过高。发展物流产业能够有效降低社会流通成本，从而降低企业供应及销售的成本，起到改善企业外部环境的作用。物流产业的发展逐渐朝社会化、专业化方向发展，物流企业一般拥有自己的物流基地及物流网络，能够将运往各地的货物集中配送，制造企业与物流企业的结合，不仅能够加快产品送达时间，还能够避免由于物流成本限制造成的企业库存积压，从而降低企业物流成本。另外，由于市场效应，现代物流的发展逐渐成为制造企业形成产业集群的桥梁，这主要表现在，制造企业出于对成本的考虑，大都集聚选址，而能够将产业集群的相关上下游企业有机连接的物流基地将成为制造企业选址的重要考虑因素。

3. 物流功能提升对商贸服务业的影响

物流在国民经济中的定位是服务业，物流服务于商贸业，许多学者将其称为商贸物流，商贸物流实际上在大的物流分类中属于产业物流。经济进入新常态以来，如前文所述，内需逐渐成为物流业增长的主要动力，这就意味着，现代商贸物流将会在未来一段时间内占据物流产业的大部分。城市的商贸物流产业是商品流通的重要组成部分，构建高效、安全、通畅的商贸物流服务体系，有利于降低物流成本，提高商贸流通效率和效益，促进商贸服务业转型升级，提升流通产业竞争力。

　　随着电子商务的兴起，普通消费者对于商贸物流企业的服务有较高的期望，主要表现在物流服务的及时性、准确性和安全性，而随着跨界电商的兴起，商贸物流服务呈现多批次、小批量、订单分散、采购周期短、货运路径长等特点。消费者对于物流服务的满意度很大程度上会影响其对于整体商品交易的满意度。大型商贸市场与物流产业联动，可以利用物流功能完成商贸流通商品的集散，提高物流服务质量能够有效提升消费者体验，从而促进商贸流通的发展，这是物流业促进商贸业的基本原理。另外，国家"一带一路"战略的提出，是国家有意识地打造陆地和海上物流，从而实现中国国际贸易"一体两翼"式发展。而浙江省作为海上丝绸之路的发源地，对于提升物流服务质量，增强物流产业对于国际和国内商贸流通效率与效益有较其他省市更加明显的优势。

　　（二）物流业对三次产业关联的定量分析

　　投入产出分析方法是一种重要的经济数量分析方法，因为它可以非常系统且全面地反映国民经济各个部门之间的投入产出关系，从而反映出各个部门在生产过程中是如何相互联系和相互依存的，这是一种经济技术联系。由于《中国区域投入产出表》逢末位2、7年份编制，故使用最近年份的2012年浙江省投入产出表为依据，分析物流业对于三次产业的关联效应。

　　在2012年浙江省42个部门的投入产出表中，采用之前大多数学者研究物流产业的先例，将交通运输及仓储业、邮政业合并为"物流业"。从三次产业分类来看，物流业属于第三产业中的一个子产业，因此可以把第三产业分为物流业和第三产业（不包括物流业）两个产业。经过上述的产业分类调整国民经济被分为四大产业，按照这一分类办法，对2012年投入产出表进行归纳并整合，如表3所示。

　　由表3可知，2012年浙江省总产出为11.6083万亿元，其中物流业总产出3616亿元，占所有产业部门总产出的3.1%，在42个产业部门中居第13位，在服务业中排在第3位，仅次于批发零售业和金融业。从表中物流业对于三次产业的投入可以看出，物流业对于第二产业制造业的投入最多，制造业对于物流的依赖较大，而对于第一产

表3 2012 年浙江省 4 部门投入产出　　　　单位：亿元

投入＼产出		中间使用					最终使用	总产出
		第一产业	第二产业	第三产业（不含物流业）	物流业	合计		
中间投入	第一产业	130	1642	389	0.07	2161	1643	2659
	第二产业	615	55722	3134	644	60915	47037	83897
	第三产业（不含物流业）	239.5	7286	7571	475	15571.5	15632	24182
	物流业	6.5	1423	569	1061	3059.5	359	3616
	合计	991	66074	11663	2180	80171	64671	116083
增加值		1668	17823	14248	1436	35911		
总投入		2659	83897	25911	3616	116083		

注：表中数据经过四舍五入处理。

业的投入比较少，这一方面是因为农业产值本身较制造业来说相对较少，另一方面是因为农业产业化程度还不高，冷链物流技术也不够发达，许多农产品运输并不采用第三方物流，物流业与农业相融合的潜力并未被挖掘出来。

表4 各产业直接消耗系数

	第一产业	第二产业	第三产业（不含物流业）	物流业
第一产业	0.048891	0.019572	0.015013	1.93584E－05
第二产业	0.23129	0.664172	0.120952	0.178097345
第三产业（不含物流业）	0.090071	0.086845	0.292193	0.131360619
物流业	0.002445	0.016961	0.02196	0.293418142

另外，根据表3我们可以计算出直接消耗系数矩阵 A（见表4）。从表4中可以看出：浙江省物流产业每生产 10000 元物流业服务产品，则直接消耗三次产业和物流业产品的数量分别约为 19 元、1781元、1314 元和 2934 元，可见浙江省物流业的发展对第二产业的依赖程度最高，其次是第三产业，然而受农业的影响较小。从另一视角来

看，物流业对三次产业的直接消耗关系，反映了物流业发展后对其上游产业的一种拉动关系。因此上述结果也说明，物流业发展后，对第二产业的直接拉动能力最大，其次是第三产业。同时从表 4 中还可以发现：第一产业和第二产业对物流业的直接消耗都较小，表明农业、工业、建筑业发展对物流业的带动作用并不显著。

从以上分析中不难判断出物流业发展对第二、第三产业有较强的依赖性，也意味着物流业对第二、第三产业经济各部门的发展有较大的带动作用。随着经济发展，尤其是物流业集聚化、专业化和社会化水平的提高，物流服务需求将逐步扩大，同时，随着农业产业化的发展，农业对于物流的需求也将逐渐增多，物流业的发展空间将得到进一步开拓；同时，物流业对其他部门的消耗将减少，物流业将更多地依赖自身的发展，成为独立性较强、推动性更大的重要产业，这也需要相关产业政策给予支持。

（三）物流业对三次产业的波及效果分析

影响力系数和感应度系数是投入产出分析中的两个重要系数。利用影响力系数和感应度系数指标可以分析物流业对其关联行业的影响和推动作用。基于投入产出模型的现代产业研究中，常用的方法就是从产业链视角，将影响力系数、感应度系数这两大系数作为衡量的指标。影响力系数也叫作后向关联系数或者需求拉动系数，它用来衡量某一产业对国民经济产生怎样的需求拉动作用。感应度系数也叫作前向关联系数或者供给推动系数，它用来衡量某一产业对国民经济产生怎样的供给推动能力。

结合上文的投入产出表，经过计算，可以得出 2012 年浙江省各产业的影响力系数以及感应度系数，如表 5 所示。

表5　　　　　　浙江省各产业的影响力系数以及感应度系数

	影响力系数	感应度系数
第一产业	0.79852	0.439209
第二产业	1.388144	2.036293
第三产业（不包含物流业）	0.799726	0.930167
物流业	1.01361	0.594332

由表 5 可以看出，浙江省第二产业的影响力系数是最高的，为 1.388144，显示了作为制造业大省的浙江省，第二产业对于浙江省国民经济的波及影响程度是最大的。物流业的影响力系数（1.01361）高于第一产业（0.79852）和第三产业（0.799726），仅低于第二产业（1.388144）。虽然，物流业对浙江省国民经济的推动作用尚不及工业那么明显，但其影响力系数也大于 1，说明物流业的发展对于国民经济的拉动作用较强，与为其提供投入的各生产部门的后向联系程度较为密切，从发展趋势和发展潜力来看，随着物流业的迅速发展，其影响力也必然增强。因此，在现阶段把物流业作为主导产业来发展还是可行的。

从感应度系数看，最高的也是第二产业，这说明第二产业对经济发展的制约作用较大，物流业的感应度系数较小，为 0.594，仅大于第一产业，说明物流业对于经济的制约作用较小，同时也说明了现阶段物流产业对于经济的带动作用仍较弱。不过，从另一个角度考虑，物流业的感应度系数小于 1，说明该产业受到的感应程度低于社会平均水平，国民经济对物流业的拉动作用很小，然而物流业的影响力系数大于 1，说明物流业对浙江省经济发展具有不小的推动作用。因此，物流业不能单纯依靠国民经济的拉动来发展，而应该采用主动发展的方式壮大自身实力，进而推动国民经济的发展。

四 经济新常态下浙江省物流产业发展的现状、功能提升作用

（一）经济新常态下浙江省物流业发展情况

目前，浙江省整体物流处于平稳缓慢阶段，2015 年，浙江省交通运输及仓储业和邮政业增加值 1599 亿元，比 2014 年增长 5.7%，物流业营业收入为 2242 亿元，同比增长 1.6%，占服务业总营业收入的 25% 以上。物流业占浙江省第三产业总产值的 7.5% 左右。现阶段，浙江物流正从传统的交通运输及仓储业服务向信息咨询、物流服务方案提供、物流运作一体化服务方向发展。浙江省中小型物流企业数量众多，物流服务水平参差不齐，其中大部分物流企业由过去的运输公司、仓储企业、托运部转化而来，只承担物流一项或几项功能。像联邦快递、马士基、中海国际、宝供物流等一些大规模、服务水平高的物流企业在浙江省内的业务所占比重比较小。规模大、资金实力雄厚

的大型物流企业和中小型物流企业竞争激烈，物流社会化、专业化程度参差不齐。浙江航空物流、邮政物流、快递物流发展迅速，已经形成基本网络格局。纵观浙江省物流业发展过程，物流业日益多元化，形成以公路运输、港口运输为主，铁路运输、航空运输为辅的现代物流运输体系。从浙江物流业发展总体来看，主要具备以下特点。

1. 产业规模持续扩大，企业队伍不断壮大

根据浙江省第三次经济普查数据显示，2013 年年末，全省共有交通运输及仓储业和邮政业企业法人单位 1.7 万个，从业人员 51.2 万人，分别比 2008 年年末增长 72.6% 和 30.5%。在有证照个体经营户中，交通运输及仓储业和邮政业 37.9 万个，占 17.4%。物流企业成长迅速，规模不断扩大，涌现出了浙江传化集团、浙江物产集团等一批在全国具有龙头地位或示范性的企业。据统计，浙江 3A 级以上物流企业占全国总数的 10% 以上。越来越多的物流企业从原来提供单一的运输仓储服务向提供全方位、多层次、一体化服务转变，从简单的承揽物流业务向根据客户需要开发专业物流服务转变。第三方物流企业发展迅速，2015 年上半年第三方物流总量占物流市场总量的 29%（28753 亿元），相较于 2014 年增长 6%，2015 年新增第三方物流企业 5592 家，独立运输企业 492 家，其中纯运输企业占 19%，仓储企业占 28%，仓储运输企业占 39%，同时新兴物流企业实力有所扩张，冷链物流企业增长较快。

2. 基础设施逐步完善，交通运输能力快速提高

在各级政府的高度重视下，浙江省物流基础设施建设成效显著，全省四通八达的交通运输网络已基本形成。2011 年年末，全省铁路营业里程达到 1765 千米，是 2000 年的 1.48 倍；公路通车里程达到 11.2 万余千米，是 2000 年的 2.67 倍。全省水路船舶运力达到 20153 艘，运力总规模突破 2000 万载重吨，其中海运运力达到 1721 万载重吨，居全国各省（市）第一。沿海港口泊位达到 1082 个，拥有生产性泊位 1075 个，万吨级以上 98 个。另有杭州港、湖州港、嘉兴内河港等 7 个内河重点港口，内河航道通航里程达到 9750 千米。全省水路年货物综合通过能力 8.3 亿吨，其中内河航道年通过能力 3.02 亿吨。全省 7 个机场开通航班 239 个，其中境外 45 个，成为国内继北

京、上海、广州外唯一辐射欧洲、非洲、大洋洲和亚洲四大洲航线网络的省份。萧山机场二期竣工后,机场候机楼总面积将达到 37 万平方米,停机位 115 个,将成为全国为数不多的双跑道机场之一,可以起降包括空中客车 A380 在内的各类先进机型。目前杭州萧山国际机场在"千万客流"级别上的容量饱和等问题将迎刃而解。

3. 物流运输成绩斐然,港口优势尤其显著

浙江地处优势地位,基本形成环杭州湾、杭金衢、金丽温和甬台温四大物流运输通道,杭州、宁波、金华、温州四大综合运输枢纽,及以物流园区、物流中心、配送中心、农村物流站点相配合的物流节点,"点—线"配套的物流网络体系。结合浙江省三大产业带建设与海洋经济发展趋势,正朝着功能化、综合化、信息化与资源有效利用方向逐步完善。

自浙江省第十二次党代会在全国率先提出要发挥海洋资源优势、加快建设港航强省的战略目标以来,港航建设一直呈现快速发展趋势。2008—2015 年,全省货运量增长了 83.5%,其中货物水路运量增长了 80.9%。2015 年,浙江省水路运量 7.48 亿吨,同比增长 0.7%,在全省货运量中,水路占 37.3%。铁路、公路、水路货物周转量 9878.41 亿吨/千米,比上年增长 3.5%,在铁路、公路、水路货物周转量合计中,水路占 82.5%。2015 年浙江省货物周转总量为 9874.41 亿吨/千米,其中水路周转量 8182.07 亿吨/千米,占货物周转量的 82.8%;宁波—舟山港已成为亚太地区重要的国际枢纽港,浙江沿海港口群对长江三角洲地区、中西部地区、长江流域乃至全国经济社会发展具有重要的支撑与拉动效应。2015 年宁波—舟山港货物吞吐量 8.9 亿吨,增长 1.8%;其中,外贸吞吐量 4.2 亿吨,增长 0.5%;集装箱吞吐量 2063 万标箱,增长 6.1%。可见,浙江省港口优势尤其明显,浙江省政府也全力在政策上支持港口建设,利用港口优势,大力发展水运。

4. 信息化建设取得显著进展,管理水平有所提高

2014 年是浙江信息经济迅速发展的一年,这一年浙江省建设"七大中心一个示范区"(即国际电子商务中心、全国物联网产业中心、全国云计算产业中心、全国大数据产业中心、全国互联网金融创

新中心、全国智慧物流中心、全国数字内容产业中心、信息化和工业化深度融合国家示范区）卓有成效，使浙江省成为长三角地区乃至全国的信息经济发展先行区。2014 年 9 月，阿里巴巴在纽交所上市创全球最大 IPO，彻底确立了浙江省信息经济发展在全国的优势地位。2015 年 1 月，浙江省又发布《浙江省信息经济发展规划（2014—2020 年）》，提出到 2020 年，信息经济在浙江省经济中的主导地位初步确立，信息经济发展水平位于全国前列，基本建成国际电子商务中心和全国物联网产业中心、云计算产业中心、大数据产业中心、互联网金融创新中心、智慧物流中心、数字内容产业中心和国家"两化"深度融合示范区，成为全国信息经济发展的先行区。物联网应用示范工程作为信息经济发展规划的重点，将在农业、制造业、服务业、社会民生等各领域，实施一批农业物联网、制造企业物联网、民生服务物联网、环境治理（治水、治霾等）物联网、交通物联网、能源物联网、工程物联网（地铁、地下管网等）等应用示范。此外，浙江省的物流公共信息平台将参与中日韩物流信息互联，组建东北亚物流服务信息服务网络。其他在建的项目有国际集装箱、物流园区管理等通用软件，由中国电信物流商务领航，对国内仓储、货代、运输等 15 个主流软件进行接口改造，逐步推出一批标准化软件。在流程建设方面，目前信用中心、车辆中心、跟踪中心等正在建设中。

（二）经济新常态下浙江省物流产业发展的突出特征

浙江经济进入"新常态"以来，展现出许多新气象、新特征，其中，最突出的特征当属物流业与现代科学技术的结合发展。随着科学技术以及物联网技术的不断发展，由科技引领创新发展的物流业将成为未来物流业发展的必然趋势。物联网的发展使物流业朝智慧物流方向发展，为人们提供更加周到、更加智能化的物流服务。冷链技术的发展将冷链物流推向风口浪尖，使我国农产品冷链物流业蓬勃兴起。

所谓智慧物流是指以物联网为基础，融合新一代声、光、电、机、信息等技术，高度集成社会各种相关资源，通过中枢式数据处理方式，及时提供最优的运作决策方案，以协同整个物流运作流程，从而实时高效、灵活地响应人性化的物流需求，并能动态、快速地适应物流环境复杂变化的新的物流业态。现阶段，浙江省智慧物流的发展正受到浙江各级政府的高度重视，虽然目前物联网技术及智慧物流还处于技术层研发推广期，没有发展至大规模的应用，但是在关键技术攻关、产业化推进等多方面的共同作用下，物联网及智慧物流产业必将迎来爆发式的发展。

冷链物流业的发展是现代物流产业与农业相结合的产物。浙江省冷链物流业的发展一直位于全国前列，主要表现在第三方冷链物流迅速崛起，农产品冷链物流服务基础设施快速升级，新工艺新技术不断应用，冷链物流标准逐步完善等。加快发展农产品冷链物流将有助于满足生鲜农产品区域规模化产出和反季节销售对跨地区大规模保鲜运输流通的迫切需要；满足居民对农产品多样化、新鲜度、营养性和安全性的更高要求；减少农产品采后物流过程中的腐烂损失，带动农产品跨季节、跨区域的均衡销售，促进农民持续增收；以及提高出口农产品质量，突破贸易壁垒，增强农产品国际竞争力。

（三）浙江省物流产业集约化、组织化发展状况

浙江省有众多的民营企业，且中小企业比例较高。通过我国制定的企业规模划分标准与物流企业分类与评估指标的比较，到 2014 年，浙江省符合大型物流企业条件的企业数量为 13 家，其余均为中小物流企业，在浙江省物流企业总数中占 99.95%。这些中小企业物流不仅服务范围遍布城乡各部，其业务合作单位的性质、规模也千差万别，分布在各个层次。为浙江省提供了大量就业机会，也为浙江省 GDP 贡献良多，产生了积极的社会效应。然而，浙江省中小物流企业"散、乱、小"的问题也十分严重，服务水平亟待提高，例如，配送速度慢，配送安全性、仓储质量无保障，法律意识淡薄，纠纷解决方式简单，这些细节严重制约着企业的竞争力。随着物流企业竞争愈演愈烈，中小型物流企业需要通过集约化发展提高整体竞争力，或通过专业化承担物流流程的一部分。浙江省物流园区建设就是为了提高整个物流产业的集约化、效率化及组织化程度。

目前，浙江省全省共建成占地面积 150 亩以上的物流园区 60 余个，其中，营业收入超 10 亿元的 6 个。培育创建了杭州传化公路港等 8 个省级物流示范园区，涌现出长兴综合物流园区等一批全国优秀物流园区。2014 年长兴综合物流园区，全年货运量达 500 余万吨，营

业额超 10 亿元，税收 5265 万元，较 2013 年增长 86%。截至 2014 年年底，园区已进驻各类企业 169 家，其中物流企业及经营户 146 家，大大提高了物流产业集约化水平和物流运作效率。浙江省内逐渐形成了以沿海港口（舟山港）为主导，以公路场站、铁路场站、空港为支撑，多层次、多节点的物流园区建设形态。

省内各园区建设各具特色，但总体来说，可以分为三种类型。一是交通设施导向型。例如，金华国际物流园区、宁波保税物流园区、传化物流（萧山）基地等，依托便利的交通条件，比如港口、公路、铁路枢纽，以"港口（包括无水港）＋保税仓库"为基本形式，提供仓储、配送、中转、信息、关检等服务，为区域内物流企业发展提供良好的发展平台；二是货源地导向型，如义乌物流园区、绍兴中国轻纺城现代物流基地等，通过与一些大型专业市场配套，提供专业化的配送服务，货物吞吐量巨大；三是城市生产生活配套服务导向型，如长兴综合物流园区、下沙综合物流园区等，为城乡居民提供消费品仓储、流通、分拣、配送服务，为城市生产提供原材料、工业物资储运服务，成为都市圈的基本配套设施。

（四）经济新常态下浙江省物流功能提升作用

随着物流产业的蓬勃发展，浙江省物流业再也不能仅仅停留在仓储、货运等基本功能上，而应提升其在农业、制造业以及商贸业中的功能作用，充分发挥物流业在经济发展中的支撑作用。物流业在浙江省的功能提升突出表现在以下几个方面：

1. 促进浙江省产业结构调整，加快经济转型升级

经济新常态下，产业转型升级是实现各产业发展的必由之路。正如上文分析，由于现代物流业的三次产业关联度较高，与之配套的机械制造、商贸流通、邮政通信、信息服务、基础设施建设等相关行业将获得新的发展空间，从而使传统产业得以提升，经济结构得以调整。冷链物流技术的发展将深化物流业与农业的结合，促进农业产业化发展；第三方物流的优越性也必将使众多制造企业选择物流外包，从而从事自己更加擅长的制造领域，提高制造业运作效率、降低生产成本。因此，作为服务业骨干产业的物流业在自身发展的同时，必将成为推动农业产业化、工业现代化以及服务业高级化的重要力量，必

将提高服务业在经济发展中的比重，实现三次产业优化升级，符合浙江产业结构和经济结构调整的方向。

2. 支撑电子商务快速发展

由于电子商务的服务对象不受地域方面的限制，对企业来讲，以快速度、低成本将商品送达消费者手中，是吸引消费者的重要条件。因此，电子商务方面的现代化需要构建高效、低成本物流运作管理系统，这是网络经济电子商务本身发展的需要，同时也是企业当前需要面对的实际问题。随着电子商务的迅速发展，物流管理已经在电子商务的整个流程当中占据了十分重要的地位，可以说是电子商务活动中的关键部分，甚至可以说，没有物流的发展，电子商务将寸步难行。

2015 年，浙江省限额以上单位商品零售额中，实物商品网上零售额增长 54.5%，通信器材零售额增长 73.6%，均远远超过社会消费品零售总额增长速度。2015 年，全省网络零售额 7611 亿元，增长 49.9%，总量居全国第二位，其中农产品网络零售额居全国首位，省内居民网络消费额 4012 亿元。电子商务交易额突破 3 万亿元，其中跨境电商进出口额约占全国的 16%，仅次于广东，居全国第二。2015 年，浙江省在淘宝、天猫、京东等平台开设网店 210 万家左右，从事跨境电商经营主体达 4 万多个。浙江省电子商务的发展离不开物流业的支撑作用，由于浙江省占据长江三角洲地区优势地位，江浙沪"包邮"将大大提升消费者对于电子商务的服务体验。

3. 有利于浙江省信息经济发展

物流，并非单纯地实现货物空间和时间上的传递，更重要的是把货物"流通"的信息准确地传递给顾客，为客户提供更为周到的服务。信息交互、信息共享是现代物流高效运行的前提，信息化贯穿于现代物流运作的全过程，推动了物流内在各元素的充分利用，有效降低物流的总成本，实质性地提高物流服务水平。信息经济作为一种新的经济形态，正成为转型升级的重要驱动力，也是全球新一轮产业竞争的制高点。人们将利用信息传感网络和分布控制系统，直接为生产与生活提供全景式的服务，使人类社会进入以信息生产力为主要标志的新阶段。人类社会的沟通方式、组织方式、生产方式、生活方式正在发生深刻的变革。

浙江省在 2015 年发布的《浙江省信息经济发展规划（2014—2020 年)》计划将浙江省信息经济建设目标分为第一阶段——培育发展期（2014—2017 年)、第二阶段——创新突破期（2018—2020 年)，具体实施完成。基于物流产业的物联网应用示范工程是浙江省信息经济建设的重点工程，物流产业的发展效率直接影响到信息经济建设的进度安排。优化物流基础设施、合理布局物流交通运输线路、提高物流运作效率，是实现浙江省内物流网建设顺利进行、促进信息经济发展水平提高的必由之路。另外，网络营销是信息化电子商务的重要体现之一，是各参与元素以电子的方式借助网络这一媒介完成的各种业务交易行为活动的总称。实现网络营销必须具备的三个基本要素是：物流、信息流和资金流。其中，物流是基础；信息是桥梁；资金是目的。物流是实现网络营销的保证。商品只有通过流通，物流过程才能真正实现网络营销。所以物流也推动了信息网络在电子商务中的普及和发展。

五　制约浙江省物流效率提升的影响因素

物流效率作为衡量物流业发展水平的重要指标，是受多重因素影响的，浙江省地处长江三角洲经济发展区，区域优势明显，其物流配套设施体系是否完备，铁路、公路建设情况等都对物流业的发展造成巨大影响，另外，浙江省的信息化水平、物流人才规模等也将影响物流业的效率。基于此，本文根据浙江省物流业发展现状，将影响物流业发展的因素分为宏观因素和微观因素来讨论。

（一）制约物流效率提升的宏观影响因素

1. 浙江省区域经济发展实力

吴旭晓（2015）通过对 2005—2012 年广东、江苏、山东、浙江、河南五省物流业效率进行评估，发现不同区域的物流业效率存在明显的地区差异，因此，区域经济发展水平将会影响物流业的整体效率水平。他认为，区域经济发展水平越高，说明区域市场规模越大，对物流业的潜在需求也越大。根据内生经济增长理论，区域高水平人力资源越丰富，越能发挥既有技术水平与生产要素的潜力，从而更好地提高要素使用效率。

浙江省位于中国东南沿海长江三角洲南翼，拥有得天独厚的区位优势，因此，成为我国改革开放以来重要的经济增长地带。1978—2010 年，浙江省国内生产总值由 124 亿元增加到 27227 亿元，年均增长 17%。进入新常态以来，虽然经济增速放缓，但相比全国其他地区来说，经济增长及总体 GDP 均居全国前列，人均国内生产总值由 1978 年的 331 元增加到 2015 年的 77862.2 元，在全国的位次由第 16 位上升到第 5 位，位于天津、北京、上海、江苏之后。另外，浙江是海上丝绸之路的重要发祥地，通过宁波港、舟山港，浙江省丝绸、茶叶、瓷器远销海外，在海上丝绸之路沿线地区及欧洲国家掀起了"中国时尚"热潮。近几年，随着国家"一带一路"战略的提出，浙江省经济迎来进一步发展机遇，经济的快速发展和综合实力的增强，都将为推进现代物流业发展打下较好的基础。浙江省应充分利用其良好的区位优势和经济发展优势，合理布局物流产业，引领物流产业良性发展，全面提高整体产业效率。

2. 浙江省物流基础设施投入水平

物流基础设施是支撑物流产业的基础因素，物流产业的发展也必然离不开对基础设施的投入。然而，虽然对基础设施的投入能够对物流产业的增长产生直接的、较大的影响，但只有当其基础设施投入到一个合理的水平时，物流产业才能够保持高效发展，一旦超出了某种水平，再多的投入也并不一定带来更高的产出效益。另外，投入后物流产业对基础设施的利用率也是影响物流效率的重要因素，提高对于物流基础设施的利用效率，就能有效降低物流成本。

根据浙江省统计公报数据显示，随着物流业固定资产投资额的不断上升，物流产业增加值也处于上升趋势。2013 年，浙江省物流业固定资产投资额达到 1729.69 亿元，当年的物流业增加值为 3930 亿元。整个"十二五"规划期间，浙江综合交通建设投资达 6164 亿元，是"十一五"规划期间的 1.4 倍，居全国前列，交通投资一直保持高位增长，发挥了扩内需、促增长的生力军作用。这表明浙江省物流资产投资力度较大，交通运输发展态势良好，为物流市场奠定了基础。虽然最近几年浙江省物流产业增长较快，对于浙江省经济的支撑作用越来越明显，物流基础设施也具备了一定的规模，但是要想使物流业良性发展，不仅要不断加大基础设施建设，还要合理配置各种交通工具，同时继续建设物流园区，不断提升已有的基础建设水平，使其与物流业的发展需要达到同步，加快浙江省运输、仓储设施等的升级，降低物流运行成本，提高物流效率。

3. 浙江省产业结构状况

由于物流产业可以作为生产性服务业也可以作为商贸服务业，随着冷链物流产业的发展，其对于农业产业的支撑作用也越来越明显，因此，新常态经济下的产业变迁，将对物流效率产生影响。产业结构决定物流业运送货物附加值的高低，通过物流需求结构影响物流效率。第一产业由于提供的产品附加值比较低，因而对物流的需求主要以仓储和运输为主；第二产业生产的产品附加值较高，因而对物流的需求层次将提高，除了对运输和仓储继续保持较强的需求外，也加大了对货物配送和分拨等增值服务；第三产业除批发零售业外，主要提供知识型和技术型等无形服务产品，对物流的需求将以信息流为主，对运输和仓储等需求大大减少。

2014 年浙江省第三产业比例首次超越第二产业，标志着浙江省服务业在经济发展中的作用越来越重要，但这并不意味着第二产业地位的下降。通过前文的分析我们可以看到，现阶段，第二产业对于物流产业的拉动作用最大，因此，要进一步发挥第二产业与物流业的联动效应，从而促进浙江省物流效率提升。

（二）制约物流效率提升的微观影响因素

1. 物流业专业化程度

物流业专业化是社会分工细化的产物，是工业现代化发展的重要标志，也是市场经济发展的必然要求。以第三方物流为主的专业化物流的充分发展，是现代物流得以充分发展的重要标志。由于自营物流的比重过高，容易造成物流资源的分散和浪费，使其利用率受到限制，为确保自营物流的开展，多数企业内部都需要保有物流设备和设施，并将此作为企业经营资产中的一个重要组成部分。这种以自我服务为主的物流活动模式在很大程度上增加了企业的生产经营成本。此外，由于自营物流往往以满足企业自身物流需求为主，容易忽略对物流技术和物流管理进行投入、改造，也缺乏朝综合性、专业化物流方向发展的内在动力，因此，自营物流的比重过高，会形成专业化、社会化程度比较低的局面；而这一局面又会反过来影响物流的实际运作效果，造成物流系统各环节的衔接较差，运转效率不高，物流服务水平较低。

浙江省第三产业物流的发展形势良好，涌现出浙江传化集团、浙江物产集团、浙江长运物流、浙江八达物流等一批优秀的民营物流企业，据统计，浙江到2010年已有各类物流企业26000多家，其中涉及道路运输的企业约25000家，从事国内水路运输的企业499家。2010年全国公布的317家A级物流企业中，浙江省共有38家，数量居全国前列。

2. 物流业集聚化程度

物流业集聚是指聚集在某一特定的区域内，以交通运输枢纽设施、科研机构、管理部门为依托，以第三方物流企业为核心，运输、仓储、装卸、包装、加工配送、物流信息及其相关制造、流通企业在空间上的集聚现象。拥有完备的物流基础设施，分工协作关系明确，竞争优势明显的物流园区是物流业集聚的表现形式。物流业集聚可以提高物流服务的多样性，增强对地区经济发展的支撑能力，同时也能促使物流企业间功能互补优势。物流业的聚集有助于物流企业共享基础设施和配套服务设施，实现区域内信息资源共享，降低物流企业自身投资风险及运营成本，从而提高物流产业运行效率，增强物流业的竞争优势，因此，集聚程度是影响物流效率的重要因素。

近年来，浙江省始终坚持把物流园区看作物流市场运作的载体、物流网络的节点、物流资源整合的平台、物流服务的窗口、区域物流的超市、现代物流企业成长的摇篮。始终把发展现代物流园区作为新生事物来抓，科学规划，合理布局，精心组织，规范运作。浙江省"十二五"规划期间，共建成占地面积150亩以上的物流园区60余个，其中，营业收入超10亿元的6个。培育创建了杭州传化公路港等8个省级物流示范园区，涌现出长兴综合物流园区等一批全国优秀物流园区，物流业集聚效应逐渐显现。

3. 物流企业人力资本质量

物流从业人员是物流活动的实施者，物流从业人员的物流知识和操作经验对物流活动持续且高效的开展发挥着重要作用。新常态经济下，产业转型过程中形成的现代物流是一个囊括了采购、仓储、运输、包装、国际贸易、计算机等方方面面功能的管理性工作，高级物流人才不但要懂得物流专业知识，还要对所在岗位所涉及的其他专业技能有深刻的运用。无论是刚出校门的大学生，还是已有两三年工作经验的一线工作人员，都必须在实践中继续提高才能满足现代企业快速发展对物流人才的需要。

作为加工制造和物流大省的浙江，生产组织的国际化更加普遍，对专业化的物流服务需求日趋旺盛。全省物流人才特别是中、高级物流管理人才和工程技术人才匮乏的问题突出，这严重制约了浙江省物流业的发展，也对浙江省的物流人才培养提出了紧迫的要求。根据2015 年对 400 家物流企业的调查显示，79％的物流企业存在复合型物流管理人才缺失的情况，而且物流人员流动率比较高，无法开展系统的物流培训。2014 年年末，杭州物流协会对人才市场与大型物流企业人力资源部门的调查显示，杭州地区能够胜任集成性物流工作的高级物流经理人数不足 1200 人，浙江每年物流管理专业毕业的本科生能够在本行业发展的不足 8000 人，而 2015 年上半年浙江省物流企业对物流工作人员的需求量超过 12000 人，造成物流人才的供需呈现出明显的不平衡，这些都将严重制约浙江省物流效率的提升。

4. 物流企业信息化、标准化水平

在现代物流业发展中，信息起着非常关键的作用，商品的流动要准确、快速地满足消费者需求离不开信息流动，资金的及时回笼也离不开相关信息的反馈。较高的物流信息化水平能够为物流行业发展提供良好的运作平台，提高物流业的运作效率，大大节约社会总交易成本，实现货源信息跨区域资源配置，把物流过程的各个环节有机结合起来，实现整个物流过程的自动化、可视化、智能化和无纸化，从而实现物流运作模式的变革、物流业产出效益的提高。物流标准化可以通过打造标准化的商业模式、业务流程、运输设备、场站设施、信息系统等要素组成的标准化体系，加快企业与外部物流对接，促进浙江物流行业国际化发展，是影响物流效率的关键因素。

浙江省信息化水平发展一直居于全国前列，根据国家统计局发布的统计结果，2014 年浙江省信息化发展指数为 0.883，仅次于北京和上海。然而，受计划经济体制的影响，浙江地区物流标准化程度比较低，与西方发达国家物流对接能力弱，同时物流企业特别是中小物流企业所承担的外商物流风险高，在运输过程、工具、仓储条件等方面相较于国际化标准差距大，只有少数大型集团（如浙江巨化、浙江鼎发）企业能够提供满足外商要求的物流服务，截至 2015 年上半年，浙江省铁路运输采用国际标准 32 个，占标准总数的 24%，储运环节中采用国际标准 35 个，占标准总数的 42%，标准化水平较低将严重影响浙江物流效率的提升以及物流国际化发展。

六 加快浙江省物流业发展及物流功能提升的政策措施

（一）完善、落实支持浙江省物流产业发展的政策措施

浙江省及各级地方政府应开展对现行物流业发展政策实施状况的全面检查，找出物流发展薄弱环节，提出解决方案，做好国家《物流业调整和振兴规划》《关于促进物流业健康发展政策措施的意见》的贯彻落实工作，梳理浙江省及有关部门支持物流业发展的政策措施，形成统一、明确适合浙江物流发展的物流业发展政策。对于已经过时或难以适应物流业发展需要的政策，及时加以修订完善。凡是可以有所作为的政策领域，应积极探索实践，力争取得突破。要打破条块分割和地区封锁，减少行政干预，清理和废除妨碍全国统一市场和公平竞争的各种规定和做法，建立统一开放、竞争有序的物流服务市场。进一步优化通行环境，加强和规范收费公路管理，保障车辆便捷高效通行，积极采取有力措施，切实加大对公路乱收费、乱罚款的清理整顿力度，减少不必要的收费点，全面推进全国主要高速公路不停车收费系统建设。加快推进联通国内、国际主要经济区域的物流通道建设，大力发展多式联运，尽快形成陆连中西部，海接东南亚、空跨中东欧、网联全丝路的交通枢纽。

（二）加强物流行业协会的功能

物流行业协会作为政府与企业间的中介组织，应具有独立的社团法人资格，应避免将行业协会变成政府的附属组织，应切实将行业协会所应承担的职能真正赋予协会，以非官方而又具权威的角色帮助政府和企业协调各种关系，解决有关矛盾和问题。发展现代物流必须要充分地发挥浙江省物流行业协会的桥梁和纽带作用。浙江省物流协会尚处于建设当中，现阶段最主要的任务就是扩大行业覆盖面，增强行

业代表性。行业协会最基本的特征是具有广泛的代表性，即成员单位应能基本覆盖全行业，才能在全行业中有影响力和协调能力。物流业涵盖的领域广，因此行业协会要树立面向全行业的观念，加强宣传力度，严格自律，以实实在在的服务增强协会的凝聚力，按照自愿加入的原则，不断扩大会员单位。其次，要积极搜集、提供各类信息，成为信息的集散中心。充分运用协会联系广泛的优势，向企业和政府提供国内外有关本行业市场的生产、科研、管理、资源等方面的全方位信息以及国内外科技发展的最新动态。通过组织各门类专家、学者，形成稳定的咨询队伍，为企业提供专业咨询。组织行业调查，及时向政府有关部门反映行业情况，提供政府宏观调控决策建议。根据企业的需要，为企业排忧解难，提供必要的政策咨询。最后，物流行业协会可以在政府的支持和法律的授权下，参与制定针对物流基础设施、装备等的基础性和通用性标准（如托盘、车辆承载、物品条形码等）；针对安全和环境责任的强制性标准；针对物流作业和服务的用语标准等。

（三）优化物流基础设施建设，多种运输方式协调发展

完善的基础设施建设能够有效提高物流行业的运输效率，促进浙江省物流可持续发展能力的提升。首先，应该加强铁路运输设施建设工作，针对铁路运输物流的特点，加强沿线规划与建设，提高物流运输车输的运输效率，通过科技创新或引进先进运输设备的方式，提升单次运输规模与效率，降低运输设备故障率，实现铁路物流与公路、水路的对接。其次，要构建快捷、高效的物流基础设施网络，抓住国家海上丝绸之路建设战略的有利时机，加强宁波—舟山港新一代港口泊位建设，改造升级现有泊位、提升货物吞吐集散能力；加快大型深水专用码头建设。再次，加强浙江省空港扩容建设，将杭州萧山机场打造为国际型枢纽机场，将温州、宁波机场建成千万级大型机场，构建"市市有机场"的通用机场网络，构建空中"1小时交通圈"，培植本土航空，发展国际航线，构建全省互联互通的通用机场网；创建长三角国际货邮中心。最后，推进多式联运工程、物流园区工程、城乡物流配送工程、物流信息平台工程、物流新技术开发应用工程、应急物流工程的建设进程，促进多种运输方式无缝衔接和高效中转，提

升物流网络体系综合能力，促进物流企业以"辐射"形式，将物流服务延伸至整个浙江省，平衡物流业务供需，满足不同地域的物流需求，同时利用地区物流资源实现物流行业的持续发展。

（四）加大物流与农业、制造业联动发展

首先，政府在观念上应给予正确引导，使制造企业与物流企业建立起利益共赢与风险共担的理念；要为产业合作搭建平台，组织二者相互交流，创造合作机会；出台二者联动的产业引导政策和各项支持政策，在资金、税收等方面给予鼓励。特别是在制造业产业集群范围内，政府应积极引导，大力发展与物流业的联合，充分利用第三方物流企业，降低物流成本，积极协调二者关系，解决联动过程中出现的问题，为两业深度联合出谋划策。其次，构筑为制造业服务的物流系统，以产业集群为依托构筑物流体系，专门为该产业集群的制造业提供物流服务。在产业集群范围内成立专门的配送中心或物流公司，从事仓储、配送、运输等物流服务，也可以多家物流企业联合，组建区域物流中心，提升物流服务档次，满足区域内产业集群物流服务的需要。重视制造业与物流业信息共享、标准对接，用标准化将供方—干线物流—配送—送达需方等物流环节有机连接起来；总结推广联动发展的先进技术与管理方法，推广示范经验。再次，根据国家《物流业发展中长期规划（2014—2020)》的总体要求，立足浙江省实际，制订农业物流发展规划，例如可以建立大宗农产品专业物流中心，加快有关农产品物流的基础设施建设等；另外，应大力研发冷链物流技术，深化农业产业化与物流产业的产业整合，提高物流业对于农业产业化的支持力度。最后，突破物流业与农业、制造业的产业界限，联合供应链上的不同企业，从而提高整个产业链的运作效率，实现价值增值。

（五）加大物流行业信息平台建设

首先，政府、行业协会可以组织物流企业领导者参观学习物流管理相对先进的企业单位，进行积极的交流，获取经验，引导企业领导者转变物流观念，自上而下地推行观念的转变，提高企业整体的意识。另外，政府应对物流企业的信息化建设进行资金和技术的双重扶持，激励企业进行改造，增加企业竞争力，提高企业的经济效率。其次，要处理物流信息混乱的局面，充分认识到信息管理的重要性，不仅要利用行业协会及物流企业网络联盟不断开发信息资源，还要进行标准化的管理，与国际接轨。要在企业层面对物流信息技术进行推广，让物流信息技术为更多人所熟知，提高物流企业内部管理效率，鼓励各公司对内部系统进行改造，提高企业信息网络化程度，降低企业的物流成本和管理成本，提高资金回笼率，增加企业的经济效益。再次，企业的进步一方面要依靠技术，另一方面要依靠人才，只有人才和技术合理地结合、有效地利用才能够真正实现企业的快速发展。因此，在企业发展过程中要突破技术"瓶颈"，攻克技术难题，促使信息资源标准化，实现电子数据的交换等，这就需要企业的领导者对先进技术进行大量的资本投入，引进先进技术，大刀阔斧地改革，而在这一过程中，投入是必然的。最后，加强信息化建设，促进物流业的标准化。企业应该与先进的国际物流接轨，注重物流平台的信息化建设，积极引进平台化建设的必要构件，如专业信息管理系统、产品跟踪系统以及电子数据方面的信息交换系统。这样，浙江省物流业才会向更高层次迈进。

（六）打造多功能物流园区、扶持重点物流园区建设

浙江省物流园区建设要在全面建设的同时，突出重点，延续"十二五"规划期间的战略布局，按照集中与分散相结合的原则，围绕海港、空港和铁路、公路场站等交通枢纽，围绕产业集聚区和开发区、专业市场和产业集群等物流需求集聚地，围绕中心城市区域分拨配送中心等，规划建设一批重点物流园区。例如，杭州空港物流园区（包括杭州空港保税物流中心和杭州萧山国际机场物流园区两大区块）、杭州下沙物流园区、杭州江东物流园区、宁波梅山保税港区物流园区、宁波镇海大宗货物海铁联运物流枢纽港、宁波空港物流园区等，优先满足重点物流园区建设的合理用地需求，注重园区建设土地集约节约利用。支持园区公共服务平台建设。优先推荐进园物流企业实行营业税差额征税；新入园的物流企业按规定缴纳城镇土地使用税确有困难的，可按税收管理权限报经批准，给予减免城镇土地使用税。在重点建设物流园区的基础上选取重点物流项目进行支持，例如浙江八达物流基地建设项目等，对于这些重点物流项目，优先纳入年度浙江省服务业重大项目计划和省重点项目，优先推荐申报国家有关扶持资

金，优先安排省服务业发展引导资金贴息或补助。优化现有的港口物流园区建设第四代港口；依托工业园区就近配套建设物流园区，如下沙工业园区等地；在城市近郊建设城市配送物流园区，如可依托舟山工业区的远洋物流等建设城市食品物流园区；依托支柱产业建设购、销、存一体化专业物流园区，如摩托车、五金制品、光源产业、纺织品产业等；依托交通枢纽建设服务区域广的区域物流中心园区。

（七）培育物流龙头企业，大力发展第三方物流

要转变传统物流思维，让第三方物流企业和物流消费企业认识到第三方物流的优越性，鼓励物流消费企业将物流外包，改变传统的"大包揽"的思维方式，更应该集中精力做好企业的核心部分。第三方物流企业也应该从自身服务质量做起，运用前卫的思想去管理企业，树立企业的良好形象，提高企业的服务质量，从而吸引物流消费。浙江省要重点培育一批物流龙头企业，如浙江传化集团、浙江地产集团，以龙头企业带动第三方物流市场。而对于很难依靠单个企业的实力来承接大业务的浙江中小型第三方物流企业，应积极通过兼并、联盟等手段，整合物流资源，尽快壮大自身的经营实力，这里的整合一是指整合企业自身的业务，通过纵向整合增强物流服务的一体化能力；二是通过横向整合实现规模扩张和物流网络化。这既是应对来自世界各地物流巨头的竞争需要，也是满足国内对全程物流服务日益增长的需求。

（八）促进物流企业标准化建设

现阶段正处于物流产业升级的变革时期，要鼓励浙江省内物流企业应用国家和国际性的物流术语标准、物品编码标准、表格与单证标准、计量标准、技术标准、数据传输标准、物流作业和服务标准。推进物流领域广泛采用标准化、系列化、规范化的运输、仓储、装卸、包装机具设施和信息交换等技术，遵守国际通用条码标准体系。鼓励研究机构开发先进适用的运输、仓储、装卸等标准化物流专用设备，大力发展集装箱运输和甩挂运输，广泛采用厢式货车、专用车辆和物流专用设备；不断提高浙江省内物流技术和设施设备的标准化水平。积极响应国家托盘共用系统工程，按照市场价值规律推广标准托盘在企业中的应用，吸引企业参与对托盘共用系统的投资，提倡可循环使

用托盘的制造及回收。

（九）大力培养和引进专业物流人才

要积极鼓励浙江省内高等院校开设物流专业，开展本科、硕士、博士等多层次的学历教育，培养现代物流业高级管理人才和专业技术人才。充分利用国内外教育资源和现代教育手段，开展现代物流教育和短期培训，不断提高物流从业人员的整体素质。制定并推行物流职业资格证制度，规范对物流职业资格认证主体的管理。提高物流专业人才的薪资待遇，吸引外地物流专家入浙；改善本地物流从业人员生活条件，提高待遇，减少人才外流。设立物流人才专项资金，用于高端物流人才培养与引进，对引进的物流中高级技术人员与高级管理人员，给予省引进人才政策规定的相关待遇。

参考文献

[1] 徐永德：《新常态下转变经济发展方式的制度因素和路径研究》，《探索》2014年第2期。

[2] 余斌、吴振宇：《中国经济新常态与宏观调控政策取向》，《改革》2014年第11期。

[3] 陈瑞生：《企业物流成本管理问题分析与对策研究》，《物流技术》2014年第11期。

[4] 李浈浈：《浙江省制造业与物流业联动发展现状的研究》，《物流工程与管理》2015年第10期。

[5] 何黎明：《"新常态"下我国物流与供应链发展趋势与政策展望》，《中国流通经济》2014年第8期。

[6] 邵广利：《基于物联网技术的智慧物流发展模式研究》，《物流工程与管理》2015年第11期。

[7] 蔡承磊、章晶晶：《21世纪初浙江发展现代物流的思考》，《商业研究》2003年第4期。

[8] 吴旭晓：《经济大省物流业效率动态演化及其影响因素》，《中国流通经济》2015年第3期。

[9]《物流业发展中长期规划（2014—2020年）》。

[10]《浙江省"十二五"物流业发展规划》。

[11]《2007—2015年浙江省统计年鉴》。

子报告三　黑龙江省木兰县粮食物流成本调研报告

黑龙江省木兰县位于我国最北省份的中南部，隶属于哈尔滨市，是传统农业县，也是国家粮食生产基础县、国家绿色优质水稻生产基地。近年来，随着国家对黑龙江农业生产重视程度日益提高，木兰县粮食产量逐年提高，在满足黑龙江本地市场需求的同时，绝大部分销往省外。由于当地交通基础设施发展缓慢，物流设施落后，导致农产品流通成本较高，农业增产不增收问题严重。因此，调研木兰县粮食流通成本构成，尤其是交通运输制约因素，找出原因，提出对策，对促进当地经济发展，降低物流成本，提高农民收入具有十分重要的意义。

一　木兰县社会经济发展基本状况

（一）自然资源概况

木兰县位于黑龙江省中南部，松花江中游北岸，西临巴彦县，东临通河县，南临松花江并与宾县隔江相望。木兰县总面积为3600平方千米，全县辖6镇2乡1个开发区，86个行政村，总人口达28万人[①]。

木兰县自然资源禀赋得天独厚，非常有利于农作物生长。一是气候条件好，属中温带大陆季风气候，四季变化明显，年平均气温为3.4℃，年降水量609.6毫米，年日照时数2312.7小时，无霜期135天。二是土地资源丰富，全县拥有耕地153万亩，其中水田100万亩，多为地表水灌溉，而且土壤均为黑色土质，疏松肥沃，非常适合优质水稻、玉米、大豆及其他经济作物生长。三是可利用水资源十分

---

① 数据来源于木兰县政府官方资料。

丰富。松花江流经全境 75 千米。境内有大小河流 22 条，中、小水库 22 座。全县水资源总量 9.59 亿立方米，可利用水资源为 5.93 亿立方米。

同时，木兰县林业资源丰富，是黑龙江省重点林区之一。全县林地总经营面积 252 万亩，林木总蓄积量 1245 万立方米。近几年，通过实施退耕还林、封山育林、植树种草等生态建设工程，森林覆盖率达到 46%，湿地草原面积达到 3 万亩。林区有五味子、刺五加、板蓝根、蒲公英等百余种中药材，以及大量的食用菌和山野菜。

（二）经济发展情况

木兰县经济发展水平在黑龙江省处于中游，"十二五"以来，全县生产总值稳步增长（见图 1），经济发展较为迅速，虽然 2013 年有所下滑，但 2014 年保持增长，经济总量达到 65 亿元，在全省 72 县中位居 30 位。

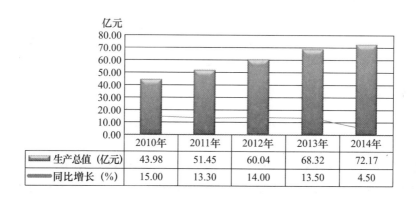

图1　2010—2014 年木兰县地区生产总值

资料来源：黑龙江省统计局网站。

与周边县域相比，木兰县经济总量也处于中等水平（见图 2）。

从木兰县三次产业结构来看，2014 年三次产业结构比重为 31.5∶18.9∶49.6[①]（见图 3），黑龙江省三次产业结构比重为 31.0∶35.8∶29.1，吉林省三次产业结构比重为 18.5∶45.2∶36.8，辽宁省三次产业结构比

---

① 数据来源于木兰县政府官方资料。

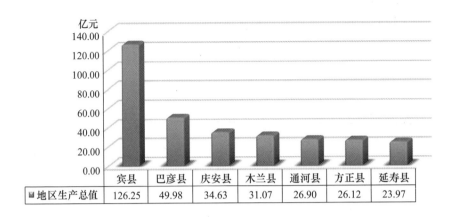

图2 2014年1—9月木兰县及其周边县城地区生产总值

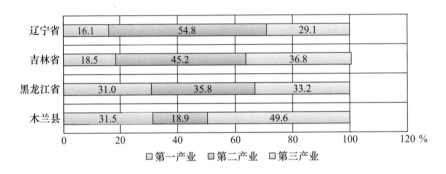

图3 2014年木兰县与东三省三次产业结构比重比较

重为16.1∶54.8∶33.2。① 可以看出，木兰县三次产业结构中，第一产业仍占较大比重，较全省平均水平高出0.5个百分点，比吉林省高出13个百分点，比辽宁省高出15.4个百分点。而第二产业比重较低，落后幅度较大。

综合来看，木兰县第一产业所占比重较高，第二产业比重落后黑龙江省总体水平16.9个百分点，落后吉林省26.3个百分点，落后辽宁省35.9个百分点，说明其工业不发达，农业占比过大，制约木兰县的经济发展。由于经济基础相对落后，受区位条件、交通条件等多

① 冉庆国、顾园明：《黑龙江省县域经济发展差异及战略选择》，《中国外资》2014年第4期。

方面因素影响，木兰县整体经济发展水平在黑龙江省还处于中游地位。

（三）木兰县农业发展情况

作为典型的农业县，农业和农村问题始终是木兰县经济发展和社会发展的关键环节。近五年以来，木兰县农林牧渔业总产值逐年攀升，保持稳定增长（见表1）。2014年当地农林牧渔业总产值（现价）为39.96亿元，其中农业（种植业）占比高达66.72%，是当地的支柱性产业。随着农业科学化水平、田间机械化作业率的不断提高，木兰县粮食连年增产，农产品的供应量和流通量也在稳步提高，这对当地农产品物流业发展提出了更高的要求。

表1　　　　　　2010—2014年木兰县农林渔业总产值（现价）

单位：亿元

年份 项目	2010年	2011年	2012年	2013年	2014年
农业	17.07	20.16	22.55	24.69	26.66
林业	0.49	0.56	0.61	0.65	0.70
牧业	5.39	7.08	8.20	9.28	10.45
渔业	0.64	0.74	0.83	0.83	0.89
农林牧渔服务业	0.72	0.83	1.00	1.14	1.26
农林牧渔总产值	24.31	29.38	33.20	36.60	39.96

注：表中数据经过四舍五入处理。

资料来源：木兰县政府官方资料。

近五年以来，随着木兰县大力推进农业机械化、农业科技化发展，木兰县粮食总产量呈逐年上升趋势。全县农户在县政府的领导下，发挥木兰县得天独厚的生态资源优势，逐步调整农产品结构，突出优质水稻的主导地位。全县农作物种植面积约为153.58万亩，主要以种植水稻、玉米、大豆为主（见表2）；其他杂粮、杂豆、薯类为辅，产量约为0.29万吨；另有些许蔬菜瓜果和山特产品，产量约为0.16万吨，可以看出，木兰县已形成以水稻为主的复合型农业生产结构。

表2   **2010—2014年木兰县主要粮食产量**   单位：万吨

年份 项目	2010年	2011年	2012年	2013年	2014年
水稻	25.74	32.60	33.22	39.25	45.91
玉米	15.87	14.99	20.42	16.60	18.68
大豆	7.65	4.19	3.18	2.02	2.20
粮食总产量	49.70	52.20	57.35	58.15	67.29

注：表中数据经过四舍五入处理。

资料来源：木兰县政府官方资料。

但与周边县相比，木兰县农民人均纯收入较低（见图4）。

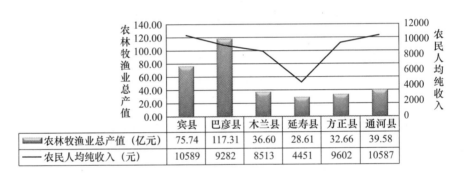

图4   **2013年农林牧渔业总产值及农民人均纯收入**

资料来源：《哈尔滨市统计年鉴2014》。

二 木兰县农产品流通发展现状

从我国农产品流通产业发展状况来看，在农产品生产方面，产量平稳增长，但是由于城市化进程加快，农村青壮年劳动力向城市转移，农产品生产者向消费者的转变，导致农产品的流通数量大幅提高，进而对物流设施提出了更高要求；在农产品加工方面，虽然农产品加工业发展较快，但由于"重生产、轻流通"的思想观念还没有从根本上转变，导致农产品初加工水平相对较低；在农产品消费习惯方面，城镇居民收入的稳步增加、食品安全意识的逐步加强、网络购物的迅速普及，都要求农产品流通数量、质量朝更高层次方向发展，对物流技术和物流设施提出更高要求。

就木兰县目前农产品流通情况来看，由于地理位置偏僻，经济水平相对落后，以及交通条件、物流基础设施等多方面制约，流通企业整体发展水平较低。而且农产品流通主体——农民经纪人、合作社、个人经营户"发育不良"，缺乏专业系统的经营管理知识与职业技能，组织化程度低，经营规模小，议价能力弱，承受市场风险的能力差，导致木兰县农产品流通成本居高不下，农民增产不增收现象较为普遍。具体情况如下。

（一）木兰县农产品物流基础设施建设情况

1. 交通条件

公路方面，木兰县通往哈尔滨尚无高速公路，仅有一条省道，而且人车混行，车行缓慢，大大增加了运输时间和运输成本。

水路方面，由于木兰县没有跨江大桥，向南出行需要摆渡过江，或是绕行至通河县或巴彦县。

2. 物流服务

相对于工业物流，农产品物流要求较高。一是由于农产品的特殊性质——有生命的动物性与植物性产品，所以农产品的物流特别要求"绿色物流"，必须以冷链物流的形式配送并在物流过程中做到不污染、不变质。二是由于农产品价格较低，一定要做到低成本运行。三是由于农产品流通涉及保证与提高农民的收入。因此，在物流过程中，一定要做到服务增值，即农产品加工转化，农产品加工配送。

但当地农户和物流企业并没有足够完备的配套设施，其仅有的8家物流服务类企业，全部为第三方物流，由于规模较小、工业物流与生活物流混合经营，无法提供相对专业化的农产品增值服务及加工配送环节，无法提供完善的冷链物流服务，从而导致当地农产品基本以原粮或者初加工形式外销，附加值较低。此外，由于第三方物流配送的自身缺陷，信息在配送中心与农户的传递过程中容易失真，导致农户与市场脱节，使农户不能根据市场需求调整生产。

3. 农产品电子商务

当地农产品电子商务建设还没有得到真正的开展。在目前淘宝、京东等主流电商的搜索引擎中无法检索到任何与木兰县农产品相关的信息，而在淘宝网则能搜索到多达1000多条响水大米出售信息。在互联网经济飞速发展的今天，在各种移动终端 App、网上超市铺天盖地的现代社会，作为盛产优质农产品的木兰县，产生这样"零信息"的现象，其中一个主要原因是当地较低的上网率。截至 2014 年，木兰县农村宽带用户为 8593 户，而农村总户数为 43985 户，上网农户占比仅为 19.5%[①]。加之当地农户整体文化水平偏低，对于互联网和电商还持怀疑态度，致使许多农户还抱残守缺，固执地遵循传统的交易模式。

（二）木兰县农产品流通方式及成本构成——以水稻（大米）为例

流通作为生产与消费的中间环节，承担着商品价值实现的功能，因此流通成本对商品最终价格有着直接影响。对农产品而言，随着农业产业化程度的提高，农产品的生产成本逐渐下降，而流通成本则相对上升，尤其一些生鲜农产品具有时效性，对运输和储藏要求较高，进一步推高了流通成本。有关资料显示，目前国内鲜活农产品的储运成本占总成本的比重高达 60%，这说明流通成本已高于生产成本[②]。例如，根据有关黑龙江省大豆生产与流通成本的实证研究成果可知，影响我国大豆市场竞争力的主要是流通问题，其中流通成本被定义为两个部分，即运输费和装卸、仓储、管理费等。运输费占整个流通成本的比重较大，是影响我国大豆流通成本的关键因素之一，并且基本不随大豆的购销方式的改变而改变。而装卸、仓储、管理费等与大豆购销方式密切相关。所以，分析当地农产品各流通环节的成本有助于优化整个流通过程，降低不必要的流通成本，从而提高当地农产品的利润空间。

目前因为木兰县交通不便利，农民靠自身力量向外运粮十分困难，而且代价高昂，再加上信息不对称等多方面原因的相互作用，导致当地农民在销售过程中处于被动局面——被迫接受粮贩或粮点给出的低于市场行情的收购价。当地绝大部分农户碍于自身资金条件限制，仅能将水稻收割后，简单去壳暂时留存，等待粮贩或粮点上门收

---

① 数据来源于木兰县政府官方资料。

② 贾卫丽：《我国农产品物流问题研究》，硕士学位论文，山东农业大学，2005 年。

购，随后在木兰县境内流通。据调查，在木兰县境内流通主要包含这几种形式——"农户—当地批发市场""农户—粮库""农户—粮贩—粮点""合作社—企业"，由于当地农户普遍戒备心理较强，导致调研组获得的数据十分有限。

1. 农户—当地批发市场

农户进入当地批发市场进行交易，市场管理者按照销售额向农民收取约为2%的市场管理费（即场地费用）。此外，农户还要支付车费、搬运装卸等人工费用。

2. 农户—粮库

根据访谈木兰县吉兴乡红升村种植水稻专业户得知，2014年该农户承包生产队耕地600多亩，全部采用扬籽（非插秧）方式种植。虽然扬籽相对于插秧来说亩产低、科技含量也较低，但是投入较少而且便于打理。该农户的水稻亩产在950斤左右，共计产出285吨，全部卖给巴彦县粮库，实现年纯收入约为60万元。

成本的具体构成如下：

人工费：2个长工，1.8万元/（人·年），合计3.6万元。

种子：10000斤，3.5元/斤，合计35000元。

化肥：尿素5000斤，1块钱/斤，合计5000元。

农药：共计20000元。

运费：90元/吨，两段运输，共计51300元。

关于运费方面，在访谈时该农户向调研组抱怨当地农田交通极其恶劣，导致运费占其总成本的比重很大，虽然当地政府也在积极修路，但是所修道路远没有满足农户的需求。此外由于该农户没有农用运输车辆，所以需要雇专人运输，而且碍于农田交通与公路交通不接轨，水稻需要分两段运输。第一段是从田间到红升村（约为4千米），第二段是从村里到巴彦县粮库（约为100千米）。但当地在运费方面并没有一个具体标准，主要依靠双方讨价还价来确定。据该农户估算，目前当地粮食运输行情价为90元/吨，所以按其总产量来计算，两段运费的成本总计51300元，占其生产流通总成本比重最大，约为35%（见图5）。

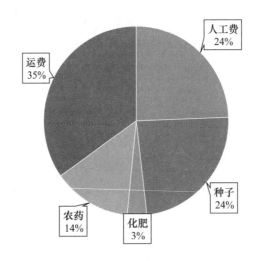

图5　总成本构成

资料来源：电话访谈整理所得。

3. 农户—粮贩—粮点

通过访谈得知，木兰县大多数自有耕地面积较小的水稻专业户大多采用这种形式。

粮贩：当地粮贩普遍都有大型农用三轮车，每到收获时节就上门收购。其收购价一般低于粮点收购价2分钱/斤，而且没有固定客户，收购数量也不固定，一部分粮贩是随收随卖，其他粮贩则赚取粮点和农户之间的差价。

粮点：是当地一种比较原始的组织形式，一般是稍有资金实力的粮贩在自家比较大的场地内开设，并树立收粮招牌。更高一级的外地批发商通常以电话的方式将所需农产品的种类、数量告知粮点。随后粮点再收购粮贩与农户手中的农产品，并按照批发商的要求进行简单的质检、分级、整理、包装，最终运往省外。这其中，有外地批发商上门收购，也有粮点雇用货车向外地运输。据当地官员称，粮点属于混合经营，基本上是"什么都收"而且"时干时不干"，这种粮点生产经营的随意性很大，粮食行情较好时收粮食，废品行情较好时收废品。

4. 合作社—企业

调研组调查了村办水稻专业合作社，该合作社于2011年成立，耕地面积为 50832 亩，2014 年总收入 300 多万元，其中种子、化肥、农药等综合成本 158 万元。据其负责人称，该合作社所产水稻全部以原粮形式卖给当地一家农产品加工私企（企业上门收购），合作社本身并不提供任何加工环节，只管种植。

三　木兰县农产品物流存在的主要问题

随着我国社会主义市场经济体制逐步完善，科学技术的不断革新换代，农业和农村经济得到了长足的发展，农产品全面短缺的时代已经结束，并逐步从卖方市场过渡为买方市场。加之目前互联网电子商务的繁荣推动我国人民的消费观念从传统单一化向现代多样化、快捷化方向发展，部分地区的农产品区域性、结构性过剩问题日益凸显，从而使农产品流通不畅成为阻碍农业和农村经济发展的重要因素。

农产品物流作为一个系统性的工程，主要强调系统间的协调性和环节间的配套服务①。就木兰县而言，据该县商务粮食局统计，2013年木兰县粮食总产量约为 58.15 万吨，其中约有 45 万吨需要向外运送销售。但由于交通条件差、发展落后等多方面原因，木兰县农产品物流的存储、运输、加工、整理等各环节发展均比较落后且相互独立，没有形成有机的整体。经调研组初期走访得知，作为产粮大县，木兰县在农产品物流方面存在以下几点问题。

（一）交通条件落后

一是全县没有铁路过境。木兰县出行全靠公路或是水路。相对于铁路运输，公路运输运载量偏小、运输成本偏高、运输速度偏慢、受天气影响偏大，综合来看，公路运输不如铁路运输经济。

二是全县没有高等级公路。县内仅有 S101（哈肇公路）过境，如需进入 G1011 国道（哈同高速）需要绕行至通河县或是巴彦县。这严重降低了当地农产品运输的效率，抬高了运输成本。

三是没有跨江大桥。木兰县在松花江中游北岸，如需过江需要走水路或者绕行至通河县或者巴彦县走跨江大桥。但由于松花江每年 10 月到次年 4 月处于冰封期，有效通渡时间仅有 6 个月。据木兰县交通局提供的资料显示，目前木兰县的两个渡口吞吐量较低而且均设施陈

---

① 赵敏：《农产品物流》，中国物资出版社 2007 年版，第 4—5 页。

旧，加上渡船数量有限、等待时间较长、来往车辆不能随时通过，走水路不便捷。

总之，木兰县没有陆路过江通道，且没有高等级公路和铁路，这就导致当地农产品向外运输困难，运输成本高，难以及时高效地进入市场，难以实现农产品生产与消费市场的对接，进而难以保证再生产的正常进行。而且，过高的流通成本压低了粮食收购价格，抬高了再次销售价格，从而导致当地农产品在同档次、同类别农产品的对比下不具有竞争优势。此外，恶劣的交通条件还使木兰县通往省会哈尔滨及松花江南岸地区的物流、人流等受到严重制约，严重影响木兰县域经济的跨域发展。即使木兰县农业资源丰富、农产品产量大、质量高，但由于交通条件的限制，导致其发展较为落后，资源优势远没有转化为经济优势，农民致富难、项目引进难、资源开发难和产业发展难。

（二）流通渠道不畅，效率低下

木兰县目前粮食的流通渠道基本为"农户 + 经纪人（粮贩/粮点）+ 批发市场 + 零售商 + 消费者"模式（见图6）。这种模式历经多个销售环节，农产品转移过程中多次装卸搬运包装，中间损耗大，因此增加了物流成本，降低了经济效益，而且中间商攫取相对较高的中间利润，损害了农户的利益。

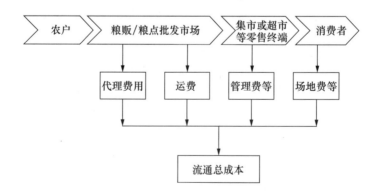

图6　粮食流通渠道基本模式及流通常用构成

通过木兰县商务粮食局提供的资料和实地调研情况了解到，当地农产品的流通环节较多，运输方式单一，从而导致生产、运输、采购、经销各环节的成本相对较高，而且经常有产地丰收而运输不畅的情况发生，使得农产品收购价偏低，转手后销售价格偏高，生产者和消费者的利益均受到不同程度的侵害。此外，由于市场监管力度不够，监管制度不健全，导致当地一些小型企业和商贩还会参与农产品的囤积与炒作，从而造成农产品流通不畅，致使局部农产品价格暴涨暴跌。

（三）农产品物流基础设施相对落后

1. 物流技术落后

农产品多为鲜活易腐产品，货运量大，对运输设备要求高，需要大量的专用运输工具。但目前当地农产品专用运输工具缺乏，农产品运输技术也比较落后，现代化的集装箱和高效专用运输车辆少，农产品运输主要依靠敞篷的中型卡车、农用拖拉机、三轮车等，缺乏对农产品的有效保护，致使一部分易腐货物挤压于产地，造成腐烂变质，损失严重。

2. 存储条件差

由于农产品的时间和空间性差异，大部分农产品从生产领域到达消费领域过程中需要经过多次储存，多次转运，以调节供需平衡。但是目前木兰县农业仓储设施建设滞后，通用仓库多，专用仓库不足，特种仓库（如低温库、冷藏库等）严重短缺。当地农户仅仅依靠自身力量进行简单存储，如混藏、露天堆放，这使得当地农产品无法长期储存，容易腐烂变质。而当地农产品必须尽快进入到流通环节，大量农产品"一哄而上"，造成供大于需的局面，使得优质农产品卖不上价，农民收入降低。

3. 农产品加工能力和加工水平低

大量农产品增值部分包含在采摘后对农产品进行的简单整理、分级、分类、清洗、防腐包装等加工活动中。据相关资料显示，这些看似简单的工序可以使农产品身价增加至少2—3倍。而目前木兰县大部分农产品仍然以初级产品形式为主，其中水稻在当地加工研磨后销往省外，而玉米和大豆由于当地没有较大精加工工厂，均以原粮形式销往外地。

以日本为例：我国农民种植的蔬菜经过车运、船运等运输环节到达日本，日本物流企业在港口码头附近设立工厂，这些加工厂将集装箱内的蔬菜迅速分装为小包装——两根大葱一个塑料袋；两三个青椒一个小塑料盒，然后将小包装蔬菜运送至超市，有的直送居民家里，通过流通加工环节，大大提高了产品附加值，进而提高了产品的零售价格。由此可见，流通加工对农产品增值具有重要作用，而木兰县由于当地农产品加工技术落后，精深加工能力有限，广大农民难以享受农产品增值的好处。

4. 物流环节损耗偏高

据当地政府部门给出的材料显示，当地没有提供冷链物流服务的第三方物流企业。目前木兰县的农产品物流主要以常温物流或自然物流形式为主，仅有一些冷藏设施，但由于整体冷藏设备不配套，再加上当地恶劣的交通条件，从而导致农产品运输时间过长、转运次数过高，加之各种冷藏技术层面的原因使得农产品在物流过程中损耗偏高。

据相关统计，目前我国果蔬等农副产品在采摘、运输、储运等物流环节损失率高达 25%—30%，而发达国家的损失率则控制在 5% 以下。[1] 以美国为例：果蔬产品可以一直处于采后生理需要的低温状态并形成一条冷链：田间采后预冷—冷库—冷藏车运输—批发站冷库—超市冷柜—消费者冰箱，水果蔬菜在物流环节的损失率仅有 1%—2%。[2]

（四）农产品流通信息化程度低

由于农产品的鲜活易腐特性，使农产品物流对信息格外敏感。从生产到产后的储存、运输、加工及销售等供应链上的每一个环节的物流信息都需要及时处理，快速准确地传递。但由于木兰县地处偏远地区，信息闭塞，加之交通条件差，导致当地农户对外界变化不敏感，新的理念和新的模式难以在当地发展。

---

① 贾卫丽：《我国农产品物流问题研究》，硕士学位论文，山东农业大学，2005 年。

② 同上。

1. 信息来源有限，农产品信息服务不到位

由于市场行情变幻莫测、预测难度大，导致当地缺乏农产品市场分析和预测。大多数当地农户仅仅依靠从粮贩处获得信息，这些信息的时效性、真实度等各个方面均无法得到保证。

目前木兰县仅有一个农业信息网站——木兰县农业信息网（http：//www. mlnw. gov. cn/indexml/），该网站主要以发布农业相关建设工作内容为主，有关农产品市场行情方面的信息几乎没有涉及，而且此网站信息时效性差、信息质量低，无法起到市场信息指导和服务的作用。

2. 农民整体文化水平偏低

当地大多数农民由于自身文化水平不高，在处理信息、掌握信息方面都存在严重不足。由于不能很好地了解市场行情，对信息的筛选及分析能力较差，在进行农产品产销决策方面存在较大盲目性，从而导致出现"什么价高种什么""大家种啥我种啥"的现象。这种非常原始的决策方式无疑大大地增加了农产品产销过程中的风险，而这种风险需要通过教育农民来逐步降低。

3. 农产品电子商务建设落后

当内蒙古赤峰市的农民通过草原兴发（http：//www. cyxf. com/）网站宣传当地农产品的时候，木兰县农户还在与粮贩（当地俗称二道贩子）进行讨价还价。正如同前文所说，从主流电商搜索木兰县农产品"零信息"的现象可以发现，当地极低的上网率和电脑普及率使得木兰县农产品电子商务还处于待开发状态。

（五）农产品交易方式落后，标准化程度有待提升

当地农产品多采取"对手交易"而非拍卖或其他竞价方式。这种一对一的私下议价模式，普遍需要经过多次"谈判"才能达成协议，交易时间较长，流通效率较低。此外，当地农产品的初加工过程（比如分级、分等）没有客观统一的参考标准，全凭人的感觉，误差较大，从而给农产品后续的储存、运输造成一定的困难。相比而言，美国、荷兰、日本等国家已经建立起一套比较完善的农产品电子拍卖体系。这些国家在电子拍卖协议方案、电子拍卖法律等方面都走在了世界前列。国际社会普遍认为，这种电子拍卖交易模式不仅有助于促进

农产品标准化的推进，而且极大地提高了流通效率。

（六）购销体系有待完善

1. 木兰县流通企业规模较小，实力有限

目前木兰全县有大型农贸市场两家（兴兰大市场和东兴大市场），农产品和农资批发市场两家（田园农产品批发市场和田园农机具批发市场），果蔬超市三家（兴兰果蔬超市、兴兰果品超市和大连水果超市）。上述流通企业主要面向木兰县本地市场，缺乏组织、承接本地农产品外销的能力。因此，当地农产品需经多次转手后才能够得以销售，加之各种商贩三五成群恶意压价打压农户的事件时有发生，致使当地农户有粮卖不上价；农用物资则主要来源于四、五级经销商，运输、销售环节的增多加大了生产资料的成本。而且，由于巴彦县地处哈尔滨与木兰县之间，许多木兰县农户比较愿意去巴彦县购买农资产品，致使当地农机具市场的生存空间受到挤压。

2. 农业合作社数量多、规模较小

当前木兰县农产品的主要销售方式呈现为公司订单、中间商上门收购、农户自销三足鼎立的状态。由于农户自身能力有限，农业合作社虽然数量较多达到17家，但是普遍规模较小，在面对中间商和企业时，缺乏与之匹配的议价能力，当地乡村级购销组织松散不规范，农户和各农产品企业各自为政，未能有效整合，也是导致当地农户农产品卖不上价的另一原因。

总体来看，木兰县当前购销体系还有待改善，以适应当前农产品物流发展的需要。

四 降低木兰县农产品物流成本的建议

分析当地农产品流通所出现的问题，因地制宜地提出改善措施，对摆脱当地农产品流通的困境，增加农民收入有着重要意义。所以，根据木兰县目前农产品物流的发展状况，初步提出以下三点发展对策。

（一）抓住改善交通条件的契机

目前，木兰县已被纳入哈尔滨市交通"一环、九射、三纵、十四联"的骨架干线公路网，是庆安—木兰—尚志公路线中的控制点，成为哈尔滨市"一小时经济圈"的重要组成部分。同时，规划中的莫延公路、跨江大桥及其引道工程将要通过木兰县。其中，当地松花江大桥及其引道工程项目已经被列入"木兰县国民经济和社会发展第十二个五年规划纲要"和木兰县"十二五"交通发展规划。上述项目建成以后：（1）木兰县至哈尔滨的出行时间将由原来的2.5小时缩短至1小时以内；（2）木兰县将直接与南岸宾县相连接，极大地缩短了过江距离；（3）木兰县将直接与国道G1011与国道G221相连，间接与哈尔滨至佳木斯铁路相连。

随着交通条件的改善，将对整个木兰县的农产品流通业带来深远的影响，主要表现为：

农产品流通成本有望大大降低。据初步估算，跨江大桥建成后，松花江两岸经济动脉全线贯通，仅粮食一项木兰县每年将增收4400万元以上。如果再考虑引进种子、化肥等生产资料所节约的成本，每年将增收超过6000万元。据统计2011年庆安粮食产量在5亿公斤以上，莫旗2011年的粮食产量更是达到了15亿公斤，该项目会大大降低莫旗至木兰沿线的粮食运输成本，每年为国家节约粮食运输成本将会超过3亿元。

极大地改善农产品流通的发展环境和投资环境。莫延公路的建成将使木兰县与大城市相连的时空距离大幅缩短，拓宽了农产品的发展空间，向外获取市场优势要素会更加便捷，其实质是将木兰县推上了更高、更广阔的发展平台，使当地农产品物流业与外界加深联系，相互促进提高。此外，交通改善使大宗农产品物资通达深度加深、运输时效提高、流通成本降低，提升了木兰县的城市竞争力，使投资吸引力大幅度增强，这给外界企业在当地市场布局，网络建设上主动进入木兰、投资木兰创造了条件，从而使木兰县获得更大的发展空间。

促进当地农产品物流不断发展、完善。高速公路的接入、跨江大桥的启用将为批发业、铁路公路联运、仓储业甚至高新冷链物流等在此布局提供良好的外部条件。运输能力的成倍增长，货物在途中的时间缩短，运输效率的提高，物流成本的降低，将使木兰县农产品物流业具有强有力的竞争优势。随着木兰县大力发展特色农产品产业，不断加快区域内部及与发达地区的经济交流，客观上对物流产生了较大的需求，这就给物流业快速发展提供了机遇，同时也对物流业服务的广度、深度和服务水平提出了要求，促进物流业及其附属的储存、加工、包装、配送等相关环节在服务中不断改进、完善、提高，在为本地经济服务的基础上逐渐发展，从而提升为区域服务的公共服务能力。

带来当地居民消费观念的深刻变化。出行时间的缩短、出行方式的多样化，将给当地居民心理上带来较大的影响。主要表现为"城市感觉"逐步形成，向省城"靠拢"的愿望逐步增强，进一步获得"求新、求变"的变化欲望，从而改变当地目前的闭塞状态。与省城联系交流进一步加大，可以使得当地居民逐步接受城市消费理念，模仿都市消费行为等。与此同时，便捷的交通不断地交换人流、物流、信息流，不断地带来新的观念、理念，人的思维更加活跃、思想转变、观念更新加快，随之带来新的消费、生活方式的转变。

（二）加大农业信息化的建设力度

农业信息化在推进社会主义新农村建设中具有重要的作用。信息技术科技含量高、发展速度快、整合能力高和带动力强，信息产业和信息化在促进农业生产经营、农村社会事业发展、提高农民整体素质、拓宽信息来源渠道等各个方面都具有十分重要的作用。但是，目前木兰县绝大多数农户还没有上网，农业信息网站服务还需要依赖其他设施或是其他渠道才能够到达农民手中，再加上当地农民普遍文化水平不高，对市场信号反应迟钝，农业生产经营具有较大的盲目性和模仿性。

相比而言，欧美等西方发达国家在农业信息化方面发展很快，农业生产率得到很大提高，农业信息市场建设、信息体系法制化制度化等方面不断得到加强与完善。发达国家的农业信息技术近年来不断得到推广普及，农业信息网络不断扩大，农业生产大多数工作是通过操作计算机来完成的。通过电子计算机网络，农业新技术、新信息得到快速传递，新想法、新模式得到快速推广。

首先，要解决农村上网难的问题。木兰县较低的农户上网率使得当地的农业信息化建设不能有效开展，当地优质的农产品无法借助网络平台进行销售。当地政府在普及互联网知识、宣传农产品电子商务建设所能带来的利益方面还有待加强。举例来说，当地政府可以制定政策鼓励农户上网，以某一具体农户作为试点，帮助其开展农产品网络销售。当该试点农户获得回报时，其产生的示范效应远远比单纯的普及教育要深刻许多。

其次，要推进农村电子商务建设。随着互联网经济的繁荣，依托信息技术的农产品电子商务的地位逐步凸显。由于目前人们的消费观念从传统单一化向现代多样化、快捷化方向发展，网上购物现在已经成为全国人民最普遍的购物方式。电商已经为各式各样的卖家搭建出一个在全国范围内为全国消费者所接受的大平台。在这个电子商务平台内，农户可以直接与消费者对话，从而省去很多烦冗复杂的中间环节。一是农户自身获取信息的能力大大加强，通过电子商务平台，农户可以直接、迅速、精准地了解市场需求，变被动为主动，获得一手信息，打破信息不对称的局面；二是电子商务可以部分取代诸如小贩等传统中间商，极大地降低流通环节中的各种询价费、中介费等费用，从而加强农户的自销能力。通过融合农产品营销和电子商务，可以改善当地农产品销售渠道较为单一的局面，从而拓宽农产品的产销渠道，加快推进农业产业化发展，进而打造出国家级农产品电子商务示范基地。

最后，要逐步建立当地农业信息数据库。将农业生产环节中的作物生长管理自动化、病虫害诊断、病虫害预测预报、农业技术资源保护、农业气象等与流通环节中的市场信息、农业经营、农产品加工、农产品质量追溯等多个方面纳入当地农业信息大型数据库系统。并把个人计算机用户等联结起来，以便充分利用入网的各种数据。建立起这样一个全面的系统性的数据库，将为当地农户提供极具参考价值的决策信息。

农业信息化建设是一个漫长的过程，不能一蹴而就。一个完善、健全的农业信息数据库需要长时间的积累与沉淀，需要政府政策的大力支持，需要当地各利益相关方的积极响应。信息化建设起步越早，获得的利益就越大。不能因为其难度大、耗时长就不建设、不推广。当今世界的农产品的种植、经营、购销等各方面都在发生深刻的变革，跟不上时代的前进步伐只能导致"弱者越弱"，最终被淘汰出局。

（三）完善农产品物流体系

《中共中央、国务院关于 1998 年农业和农村工作的意见》指出：发展农副产品加工、储藏、保鲜、运销业，实现农产品多次增加值，对提高农业整体素质和效益、增加农民收入具有重要的意义。但是碍于交通条件所限，木兰县至今没有发展出与其农产品产量相匹配的物流服务体系，其冷链物流也相应缺乏，当地仅有 8 家中小规模的物流公司提供农产品的加工配送服务。所以，为了实现农产品的多次增值，木兰县应当建立起一个较为完善的农产品加工储运体系，从而逐步改善原粮外销、利润偏低的局面。

目前我国已有一批规模较大、体系较为完整的农产品物流中心，比如深港农产品物流中心、东北亚农产品物流中心、上海全国农产品物流中心、北京绿色安全农产品物流中心、寿光蔬菜批发市场、莱州粮食物流中心以及大连南菜北运、北菜南运的南北蔬菜物流通道等。这些物流中心设施齐备、体系健全，成为国内农产品物流发展的典范，同时也为改善木兰县农产品流通情况，建立完善的农产品物流体系提供了一些思路。

经过调研组的初步走访与研究发现，木兰县农产品产量大、质量高，就大米而言，由于木兰县乃至黑龙江省都不是大米的主要消费地区，其所产大量优质大米需要销往省外，但碍于交通条件的限制、加工储运设施缺乏、农业信息化程度低等各个方面的原因，当地农产品流通不畅、损耗偏高、农民增产不增收的现象十分严重。这就要求木兰县抓住机遇，改善交通条件。以交通便利为依托，逐步改善投资环境，逐步使当地农户接受新思维、新理念，加大农产品物流体系建设，从而进一步提高当地农产品的核心竞争力，最终实现增产增收。

附表1 历年物流业对各产业部门的 直接消耗系数与排名

1997 年货物运输及仓储业、邮电业分别对各产业部门的直接消耗系数与排名					
位次	各产业部门	货物运输及仓储业对各产业部门的直接消耗系数	位次	各产业部门	邮电业对各产业部门的直接消耗系数
1	石油加工及炼焦业	0.103271	1	电气机械及器材制造业	0.096650
2	交通运输设备制造业	0.054691	2	社会服务业	0.044409
3	货物运输及仓储业	0.043685	3	机械设备修理业	0.038626
4	机械工业	0.024844	4	建筑业	0.033536
5	化学工业	0.023187	5	造纸印刷及文教用品制造业	0.028985
6	社会服务业	0.021444	6	电力及蒸汽热水生产和供应业	0.025000
7	金融保险业	0.018247	7	电子及通信设备制造业	0.024896
8	机械设备修理业	0.018181	8	机械工业	0.023837
9	商业	0.015153	9	商业	0.015741
10	电力及蒸汽热水生产和供应业	0.015118	10	仪器仪表及文化办公用机械制造业	0.015362
11	建筑业	0.013812	11	教育文化艺术及广播电影电视业	0.010214
12	旅客运输业	0.007199	12	货物运输及仓储业	0.009669
13	饮食业	0.006724	13	交通运输设备制造业	0.009441

续表

1997 年货物运输及仓储业、邮电业分别对各产业部门的直接消耗系数与排名					
位次	各产业部门	货物运输及仓储业对各产业部门的直接消耗系数	位次	各产业部门	邮电业对各产业部门的直接消耗系数
14	邮电业	0.006631	14	服装皮革羽绒及其他纤维制品制造业	0.008307
15	煤炭采选业	0.006009	15	金融保险业	0.006964
16	非金属矿物制品业	0.005654	16	石油加工及炼焦业	0.006556
17	食品制造及烟草加工业	0.004963	17	木材加工及家具制造业	0.004240
18	服装皮革羽绒及其他纤维制品制造业	0.004186	18	金属制品业	0.003635
19	造纸印刷及文教用品制造业	0.003981	19	饮食业	0.003258
20	金属冶炼及压延加工业	0.003758	20	化学工业	0.003239
21	教育文化艺术及广播电影电视业	0.003622	21	房地产业	0.003217
22	金属制品业	0.003439	22	自来水的生产和供应业	0.002615
23	其他制造业	0.003350	23	非金属矿物制品业	0.002061
24	电气机械及器材制造业	0.003208	24	其他制造业	0.001658
25	非金属矿采选业	0.003024	25	金属冶炼及压延加工业	0.001493
26	农业	0.003012	26	邮电业	0.000517
27	电子及通信设备制造业	0.002559	27	纺织业	0.000405
28	木材加工及家具制造业	0.002506	28	煤气生产和供应业	0.000293
29	自来水的生产和供应业	0.001899	29	科学研究事业	0.000290

续表

1997 年货物运输及仓储业、邮电业分别对各产业部门的直接消耗系数与排名					
位次	各产业部门	货物运输及仓储业对各产业部门的直接消耗系数	位次	各产业部门	邮电业对各产业部门的直接消耗系数
30	纺织业	0.001598	30	旅客运输业	0.000146
31	房地产业	0.001525	31	卫生体育和社会福利业	0.000048
32	仪器仪表及文化办公用机械制造业	0.001292	32	综合技术服务业	0.000013
33	石油和天然气开采业	0.000986	33	农业	0.000000
34	卫生体育和社会福利业	0.000908	34	煤炭采选业	0.000000
35	综合技术服务业	0.000500	35	石油和天然气开采业	0.000000
36	煤气生产和供应业	0.000131	36	金属矿采选业	0.000000
37	科学研究事业	0.000014	37	非金属矿采选业	0.000000
38	金属矿采选业	0.000000	38	食品制造及烟草加工业	0.000000
39	废品及废料	0.000000	39	废品及废料	0.000000
40	行政机关及其他行业	0.000000	40	行政机关及其他行业	0.000000

2002 年交通运输及仓储业、邮政业分别对各产业部门的直接消耗系数与排名					
位次	各产业部门	交通运输及仓储业对各产业部门直接消耗系数	位次	各产业部门	邮政业对各产业部门直接消耗系数
1	石油加工、炼焦及核燃料加工业	0.126664	1	造纸印刷及文教用品制造业	0.116408
2	交通运输及仓储业	0.112440	2	交通运输及仓储业	0.066863
3	交通运输设备制造业	0.066484	3	建筑业	0.057164

2002 年交通运输及仓储业、邮政业分别对各产业部门的直接消耗系数与排名					
位次	各产业部门	交通运输及仓储业对各产业部门直接消耗系数	位次	各产业部门	邮政业对各产业部门直接消耗系数
4	金融保险业	0.050554	4	交通运输设备制造业	0.047995
5	通用、专用设备制造业	0.023914	5	批发和零售贸易业	0.044399
6	批发和零售贸易业	0.018367	6	通用、专用设备制造业	0.043172
7	电力、热力的生产和供应业	0.012679	7	信息传输、计算机服务和软件业	0.028831
8	建筑业	0.011848	8	金融保险业	0.024561
9	住宿和餐饮业	0.009894	9	服装皮革羽绒及其制品业	0.022247
10	租赁和商务服务业	0.009771	10	电力、热力的生产和供应业	0.021042
11	化学工业	0.009485	11	文化、体育和娱乐业	0.015955
12	农业	0.009341	12	石油加工、炼焦及核燃料加工业	0.013708
13	信息传输、计算机服务和软件业	0.008525	13	通信设备、计算机及其他电子设备制造业	0.011609
14	其他社会服务业	0.004144	14	非金属矿物制品业	0.010409
15	金属冶炼及压延加工业	0.003640	15	教育事业	0.008989
16	电气、机械及器材制造业	0.003439	16	住宿和餐饮业	0.008387
17	造纸印刷及文教用品制造业	0.003422	17	房地产业	0.007589

续表

\多2002 年交通运输及仓储业、邮政业分别对各产业部门的直接消耗系数与排名					
位次	各产业部门	交通运输及仓储业对各产业部门直接消耗系数	位次	各产业部门	邮政业对各产业部门直接消耗系数
18	通信设备、计算机及其他电子设备制造业	0.003115	18	租赁和商务服务业	0.007053
19	煤炭开采和洗选业	0.002916	19	化学工业	0.006962
20	食品制造及烟草加工业	0.002561	20	电气、机械及器材制造业	0.005661
21	服装皮革羽绒及其制品业	0.002393	21	邮政业	0.004502
22	金属制品业	0.002132	22	纺织业	0.003941
23	教育事业	0.002109	23	其他社会服务业	0.003729
24	石油和天然气开采业	0.001859	24	水的生产和供应业	0.003625
25	房地产业	0.001740	25	木材加工及家具制造业	0.003369
26	仪器仪表及文化办公用机械制造业	0.001547	26	其他制造业	0.002930
27	卫生、社会保障和社会福利事业	0.001450	27	科学研究事业	0.002178
28	非金属矿物制品业	0.001446	28	煤炭开采和洗选业	0.002010
29	水的生产和供应业	0.001357	29	金属冶炼及压延加工业	0.001930
30	其他制造业	0.001264	30	燃气生产和供应业	0.001264
31	木材加工及家具制造业	0.001105	31	金属制品业	0.000950
32	燃气生产和供应业	0.001055	32	仪器仪表及文化办公用机械制造业	0.000829
33	纺织业	0.001055	33	综合技术服务业	0.000115

续表

位次	各产业部门	交通运输及仓储业对各产业部门直接消耗系数	位次	各产业部门	邮政业对各产业部门直接消耗系数
全	2002 年交通运输及仓储业、邮政业分别对各产业部门的直接消耗系数与排名				
34	非金属矿采选业	0.000672	34	卫生、社会保障和社会福利事业	0.000078
35	综合技术服务业	0.000548	35	食品制造及烟草加工业	0.000028
36	邮政业	0.000513	36	农业	0.000000
37	文化、体育和娱乐业	0.000416	37	石油和天然气开采业	0.000000
38	旅游业	0.000124	38	金属矿采选业	0.000000
39	科学研究事业	0.000044	39	非金属矿采选业	0.000000
40	金属矿采选业	0.000000	40	废品废料	0.000000
41	废品废料	0.000000	41	旅游业	0.000000
42	公共管理和社会组织	0.000000	42	公共管理和社会组织	0.000000

2007 年交通运输及仓储业、邮政业分别对各产业部门的直接消耗系数与排名

位次	各产业部门	交通运输及仓储业对各产业部门直接消耗系数	位次	各产业部门	邮政业对各产业部门直接消耗系数
1	石油加工、炼焦及核燃料加工业	0.18636	1	交通运输及仓储业	0.09612
2	交通运输及仓储业	0.06821	2	交通运输设备制造业	0.08611
3	交通运输设备制造业	0.06649	3	批发和零售业	0.05929
4	金融业	0.04983	4	邮政业	0.03402
5	通用、专用设备制造业	0.02052	5	石油加工、炼焦及核燃料加工业	0.03382
6	居民服务和其他服务业	0.01916	6	建筑业	0.03162

2007 年交通运输及仓储业、邮政业分别对各产业部门的直接消耗系数与排名					
位次	各产业部门	交通运输及仓储业对各产业部门直接消耗系数	位次	各产业部门	邮政业对各产业部门直接消耗系数
7	化学工业	0.01320	7	租赁和商务服务业	0.03033
8	住宿和餐饮业	0.01212	8	造纸印刷及文教体育用品制造业	0.02375
9	农林牧渔业	0.01198	9	信息传输、计算机服务和软件业	0.01733
10	批发和零售业	0.01127	10	电力、热力的生产和供应业	0.01410
11	电力、热力的生产和供应业	0.01106	11	房地产业	0.01219
12	信息传输、计算机服务和软件业	0.00900	12	金融业	0.00891
13	食品制造及烟草加工业	0.00765	13	通用、专用设备制造业	0.00856
14	纺织服装鞋帽皮革羽绒及其制品业	0.00638	14	通信设备、计算机及其他电子设备制造业	0.00816
15	租赁和商务服务业	0.00458	15	文化、体育和娱乐业	0.00643
16	金属冶炼及压延加工业	0.00368	16	住宿和餐饮业	0.00628
17	金属制品业	0.00350	17	纺织服装鞋帽皮革羽绒及其制品业	0.00593
18	房地产业	0.00340	18	木材加工及家具制造业	0.00405
19	建筑业	0.00315	19	化学工业	0.00275
20	造纸印刷及文教体育用品制造业	0.00281	20	非金属矿物制品业	0.00268

续表

位次	各产业部门	交通运输及仓储业对各产业部门直接消耗系数	位次	各产业部门	邮政业对各产业部门直接消耗系数
		2007 年交通运输及仓储业、邮政业分别对各产业部门的直接消耗系数与排名			
21	通信设备、计算机及其他电子设备制造业	0.00277	21	教育	0.00222
22	电气、机械及器材制造业	0.00255	22	水的生产和供应业	0.00207
23	石油和天然气开采业	0.00239	23	食品制造及烟草加工业	0.00206
24	煤炭开采和洗选业	0.00211	24	工艺品及其他制造业	0.00196
25	教育	0.00187	25	电气、机械及器材制造业	0.00152
26	文化、体育和娱乐业	0.00180	26	居民服务和其他服务业	0.00137
27	非金属矿物制品业	0.00163	27	煤炭开采和洗选业	0.00129
28	仪器仪表及文化办公用机械制造业	0.00127	28	纺织业	0.00119
29	纺织业	0.00117	29	仪器仪表及文化办公用机械制造业	0.00107
30	木材加工及家具制造业	0.00106	30	燃气生产和供应业	0.00073
31	燃气生产和供应业	0.00101	31	金属制品业	0.00063
32	综合技术服务业	0.00097	32	研究与试验发展业	0.00043
33	工艺品及其他制造业	0.00093	33	公共管理和社会组织	0.00026
34	水的生产和供应业	0.00078	34	卫生、社会保障和社会福利业	0.00017
35	卫生、社会保障和社会福利业	0.00067	35	综合技术服务业	0.00012

续表

2007 年交通运输及仓储业、邮政业分别对各产业部门的直接消耗系数与排名					
位次	各产业部门	交通运输及仓储业对各产业部门直接消耗系数	位次	各产业部门	邮政业对各产业部门直接消耗系数
36	水利、环境和公共设施管理业	0.00030	36	农林牧渔业	0.00000
37	研究与试验发展业	0.00029	37	石油和天然气开采业	0.00000
38	非金属矿及其他矿采选业	0.00024	38	金属矿采选业	0.00000
39	公共管理和社会组织	0.00024	39	非金属矿及其他矿采选业	0.00000
40	邮政业	0.00023	40	金属冶炼及压延加工业	0.00000
41	金属矿采选业	0.00000	41	废品废料	0.00000
42	废品废料	0.00000	42	水利、环境和公共设施管理业	0.00000
2010 年交通运输及仓储业、邮政业分别对各产业部门的直接消耗系数与排名					
位次	各产业部门	交通运输及仓储业对各产业部门直接消耗系数	位次	各产业部门	邮政业对各产业部门直接消耗系数
1	石油加工、炼焦及核燃料加工业	0.18643	1	交通运输及仓储业	0.14421
2	交通运输及仓储业	0.08440	2	交通运输设备制造业	0.08000
3	交通运输设备制造业	0.07038	3	批发和零售贸易业	0.07585
4	金融业	0.05898	4	建筑业	0.04277
5	通用、专用设备制造业	0.02408	5	邮政业	0.04243
6	农林牧渔业	0.02388	6	租赁和商务服务业	0.03926

续表

2010 年交通运输及仓储业、邮政业分别对各产业部门的直接消耗系数与排名					
位次	各产业部门	交通运输及仓储业对各产业部门直接消耗系数	位次	各产业部门	邮政业对各产业部门直接消耗系数
7	居民服务和其他服务业	0.02275	7	石油加工、炼焦及核燃料加工业	0.02985
8	化学工业	0.01760	8	造纸印刷及文教体育用品制造业	0.02682
9	住宿和餐饮业	0.01593	9	信息传输、计算机服务和软件业	0.02055
10	批发和零售贸易业	0.01293	10	房地产业	0.01540
11	电力、热力的生产和供应业	0.01198	11	电力、热力的生产和供应业	0.01382
12	食品制造及烟草加工业	0.00787	12	金融业	0.01185
13	信息传输、计算机服务和软件业	0.00718	13	通用、专用设备制造业	0.01060
14	纺织服装鞋帽皮革羽绒及其制品业	0.00714	14	通信设备、计算机及其他电子设备制造业	0.00888
15	金属制品业	0.00556	15	文化、体育和娱乐业	0.00757
16	租赁和商务服务业	0.00555	16	纺织服装鞋帽皮革羽绒及其制品业	0.00729
17	金属冶炼及压延加工业	0.00515	17	住宿和餐饮业	0.00728
18	房地产业	0.00488	18	木材加工及家具制造业	0.00504
19	建筑业	0.00430	19	非金属矿物制品业	0.00350
20	造纸印刷及文教体育用品制造业	0.00367	20	化学工业	0.00336

续表

2010 年交通运输及仓储业、邮政业分别对各产业部门的直接消耗系数与排名					
位次	各产业部门	交通运输及仓储业对各产业部门直接消耗系数	位次	各产业部门	邮政业对各产业部门直接消耗系数
21	煤炭开采和洗选业	0.00345	21	工艺品及其他制造业（含废品废料）	0.00256
22	电气、机械及器材制造业	0.00281	22	食品制造及烟草加工业	0.00252
23	通信设备、计算机及其他电子设备制造业	0.00252	23	电气、机械及器材制造业	0.00179
24	非金属矿物制品业	0.00212	24	水的生产和供应业	0.00163
25	文化、体育和娱乐业	0.00206	25	居民服务和其他服务业	0.00161
26	仪器仪表及文化办公用机械制造业	0.00159	26	纺织业	0.00153
27	纺织业	0.00129	27	煤炭开采和洗选业	0.00142
28	石油和天然气开采业	0.00124	28	仪器仪表及文化办公用机械制造业	0.00120
29	木材加工及家具制造业	0.00122	29	教育	0.00101
30	综合技术服务业	0.00118	30	燃气生产和供应业	0.00096
31	燃气生产和供应业	0.00094	31	金属制品业	0.00079
32	工艺品及其他制造业（含废品废料）	0.00092	32	研究与实验发展业	0.00055
33	教育	0.00075	33	公共管理和社会组织	0.00033
34	水的生产和供应业	0.00060	34	卫生、社会保障和社会福利业	0.00019
35	卫生、社会保障和社会福利业	0.00054	35	综合技术服务业	0.00018

续表

2010 年交通运输及仓储业、邮政业分别对各产业部门的直接消耗系数与排名					
位次	各产业部门	交通运输及仓储业对各产业部门直接消耗系数	位次	各产业部门	邮政业对各产业部门直接消耗系数
36	邮政业	0.00031	36	农林牧渔业	0.00000
37	研究与实验发展业	0.00031	37	石油和天然气开采业	0.00000
38	水利、环境和公共设施管理业	0.00030	38	金属矿采选业	0.00000
39	公共管理和社会组织	0.00028	39	非金属矿及其他矿采选业	0.00000
40	非金属矿及其他矿采选业	0.00026	40	金属冶炼及压延加工业	0.00000
41	金属矿采选业	0.00000	41	水利、环境和公共设施管理业	0.00000

附表2 历年各产业部门对物流业的 直接消耗系数与排名

	1997 年各产业部门对货物运输及仓储业、邮电业的直接消耗系数与排名				
位次	各产业部门	各产业部门对货物运输及仓储业的直接消耗系数	位次	各产业部门	各产业部门对邮电业的直接消耗系数
1	金属矿采选业	0.054485	1	行政机关及其他行业	0.04474
2	非金属矿采选业	0.047315	2	非金属矿采选业	0.03536
3	旅客运输业	0.045016	3	教育文化艺术及广播电影电视业	0.02606
4	货物运输及仓储业	0.043685	4	建筑业	0.01843
5	煤气生产和供应业	0.041652	5	金属制品业	0.01837
6	非金属矿物制品业	0.038127	6	金融保险业	0.01657
7	电力及蒸汽热水生产和供应业	0.030329	7	自来水的生产和供应业	0.01451
8	金属冶炼及压延加工业	0.027920	8	仪器仪表及文化办公用机械制造业	0.01285
9	石油加工及炼焦业	0.023885	9	煤气生产和供应业	0.01121
10	金属制品业	0.022115	10	综合技术服务业	0.01112
11	其他制造业	0.020048	11	机械工业	0.00983
12	煤炭采选业	0.018717	12	科学研究事业	0.00978
13	化学工业	0.018706	13	社会服务业	0.00966
14	建筑业	0.017977	14	卫生体育和社会福利业	0.00917

续表

	1997 年各产业部门对货物运输及仓储业、邮电业的直接消耗系数与排名				
位次	各产业部门	各产业部门对货物运输及仓储业的直接消耗系数	位次	各产业部门	各产业部门对邮电业的直接消耗系数
15	木材加工及家具制造业	0.016703	15	木材加工及家具制造业	0.00854
16	造纸印刷及文教用品制造业	0.015082	16	其他制造业	0.00847
17	机械工业	0.013988	17	交通运输设备制造业	0.00830
18	电气机械及器材制造业	0.012741	18	金属冶炼及压延加工业	0.00800
19	仪器仪表及文化办公用机械制造业	0.011744	19	商业	0.00767
20	综合技术服务业	0.011675	20	货物运输及仓储业	0.00663
21	机械设备修理业	0.011263	21	煤炭采选业	0.00623
22	交通运输设备制造业	0.011134	22	电气机械及器材制造业	0.00594
23	商业	0.010973	23	服装皮革羽绒及其他纤维制品制造业	0.00505
24	食品制造及烟草加工业	0.010846	24	石油和天然气开采业	0.00473
25	纺织业	0.010116	25	化学工业	0.00437
26	农业	0.009706	26	机械设备修理业	0.00416
27	邮电业	0.009669	27	旅客运输业	0.00400
28	电子及通信设备制造业	0.009023	28	非金属矿物制品业	0.00384
29	科学研究事业	0.008420	29	石油加工及炼焦业	0.00369
30	服装皮革羽绒及其他纤维制品制造业	0.007138	30	纺织业	0.00332
31	行政机关及其他行业	0.006919	31	电子及通信设备制造业	0.00300

1997 年各产业部门对货物运输及仓储业、邮电业的直接消耗系数与排名					
位次	各产业部门	各产业部门对货物运输及仓储业的直接消耗系数	位次	各产业部门	各产业部门对邮电业的直接消耗系数
32	教育文化艺术及广播电影电视业	0.006693	32	房地产业	0.00277
33	社会服务业	0.006657	33	金属矿采选业	0.00270
34	卫生体育和社会福利业	0.006042	34	造纸印刷及文教用品制造业	0.00255
35	石油和天然气开采业	0.005947	35	电力及蒸汽热水生产和供应业	0.00213
36	饮食业	0.004879	36	饮食业	0.00193
37	自来水的生产和供应业	0.004539	37	食品制造及烟草加工业	0.00162
38	房地产业	0.003646	38	农业	0.00052
39	金融保险业	0.002698	39	邮电业	0.00052
40	废品及废料	0.000000	40	废品及废料	0.00000

2002 年各产业部门对交通运输及仓储业、邮政业的直接消耗系数与排名					
位次	各产业部门	各产业部门对交通运输及仓储业的直接消耗系数	位次	各产业部门	各产业部门对邮政业的直接消耗系数
1	旅游业	0.161357	1	文化、体育和娱乐业	0.008953
2	交通运输及仓储业	0.112440	2	公共管理和社会组织	0.008530
3	非金属矿采选业	0.068634	3	邮政业	0.00450
4	邮政业	0.066863	4	金融保险业	0.00422
5	燃气生产和供应业	0.062020	5	卫生、社会保障和社会福利事业	0.00339
6	非金属矿物制品业	0.057978	6	教育事业	0.00281
7	木材加工及家具制造业	0.045909	7	旅游业	0.00196

续表

2002 年各产业部门对交通运输及仓储业、邮政业的直接消耗系数与排名					
位次	各产业部门	各产业部门对交通运输及仓储业的直接消耗系数	位次	各产业部门	各产业部门对邮政业的直接消耗系数
8	建筑业	0.045266	8	租赁和商务服务业	0.00188
9	石油加工、炼焦及核燃料加工业	0.044882	9	批发和零售贸易业	0.00174
10	金属冶炼及压延加工业	0.042494	10	服装皮革羽绒及其制品业	0.00097
11	煤炭开采和洗选业	0.041872	11	科学研究事业	0.00082
12	电力、热力的生产和供应业	0.039968	12	通用、专用设备制造业	0.00076
13	金属矿采选业	0.037140	13	其他社会服务业	0.00075
14	金属制品业	0.035582	14	电气、机械及器材制造业	0.00069
15	造纸印刷及文教用品制造业	0.034376	15	化学工业	0.00066
16	公共管理和社会组织	0.033107	16	煤炭开采和洗选业	0.00065
17	化学工业	0.032472	17	其他制造业	0.00065
18	科学研究事业	0.032413	18	信息传输、计算机服务和软件业	0.00063
19	通用、专用设备制造业	0.031620	19	纺织业	0.00061
20	批发和零售贸易业	0.030586	20	造纸印刷及文教用品制造业	0.00060
21	文化、体育和娱乐业	0.030034	21	仪器仪表及文化办公用机械制造业	0.00060
22	电气、机械及器材制造业	0.028913	22	木材加工及家具制造业	0.00058
23	教育事业	0.027511	23	综合技术服务业	0.00056

2002 年各产业部门对交通运输及仓储业、邮政业的直接消耗系数与排名					
位次	各产业部门	各产业部门对交通运输及仓储业的直接消耗系数	位次	各产业部门	各产业部门对邮政业的直接消耗系数
24	仪器仪表及文化办公用机械制造业	0.027250	24	交通运输及仓储业	0.00051
25	综合技术服务业	0.027151	25	金属制品业	0.00047
26	其他制造业	0.026842	26	农业	0.00045
27	食品制造及烟草加工业	0.026541	27	水的生产和供应业	0.00043
28	租赁和商务服务业	0.025341	28	燃气生产和供应业	0.00042
29	金融保险业	0.024042	29	食品制造及烟草加工业	0.00038
30	服装皮革羽绒及其制品业	0.022913	30	金属矿采选业	0.00037
31	交通运输设备制造业	0.022641	31	非金属矿物制品业	0.00036
32	农业	0.021079	32	非金属矿采选业	0.00036
33	纺织业	0.018848	33	通信设备、计算机及其他电子设备制造业	0.00035
34	其他社会服务业	0.018008	34	交通运输设备制造业	0.00034
35	通信设备、计算机及其他电子设备制造业	0.017692	35	住宿和餐饮业	0.00026
36	住宿和餐饮业	0.015625	36	石油和天然气开采业	0.00023
37	石油和天然气开采业	0.014171	37	电力、热力的生产和供应业	0.00017
38	水的生产和供应业	0.011181	38	金属冶炼及压延加工业	0.00013

续表

2002 年各产业部门对交通运输及仓储业、邮政业的直接消耗系数与排名					
位次	各产业部门	各产业部门对交通运输及仓储业的直接消耗系数	位次	各产业部门	各产业部门对邮政业的直接消耗系数
39	房地产业	0.009279	39	石油加工、炼焦及核燃料加工业	0.00009
40	信息传输、计算机服务和软件业	0.009256	40	建筑业	0.00009
41	卫生、社会保障和社会福利事业	0.008086	41	房地产业	0.00005
42	废品废料	0.000000	42	废品废料	0.00000
2007 年各产业部门对交通运输及仓储业、邮政业的直接消耗系数与排名					
位次	各产业部门	各产业部门对交通运输及仓储业的直接消耗系数	位次	各产业部门	各产业部门对邮政业的直接消耗系数
1	邮政业	0.096117	1	邮政业	0.03402
2	批发和零售业	0.089292	2	公共管理和社会组织	0.00870
3	建筑业	0.075320	3	教育	0.00342
4	交通运输及仓储业	0.068213	4	金融业	0.00293
5	非金属矿及其他矿采选业	0.064316	5	文化、体育和娱乐业	0.00237
6	煤炭开采和洗选业	0.051518	6	住宿和餐饮业	0.00169
7	金属矿采选业	0.047690	7	纺织服装鞋帽皮革羽绒及其制品业	0.00162
8	租赁和商务服务业	0.042047	8	研究与试验发展业	0.00149
9	非金属矿物制品业	0.039394	9	居民服务和其他服务业	0.00148
10	综合技术服务业	0.037296	10	租赁和商务服务业	0.00111
11	公共管理和社会组织	0.030704	11	综合技术服务业	0.00108

2007 年各产业部门对交通运输及仓储业、邮政业的直接消耗系数与排名					
位次	各产业部门	各产业部门对交通运输及仓储业的直接消耗系数	位次	各产业部门	各产业部门对邮政业的直接消耗系数
12	木材加工及家具制造业	0.030454	12	信息传输、计算机服务和软件业	0.00107
13	教育	0.028001	13	仪器仪表及文化办公用机械制造业	0.00093
14	食品制造及烟草加工业	0.026438	14	通用、专用设备制造业	0.00082
15	研究与试验发展业	0.025917	15	批发和零售业	0.00081
16	石油加工、炼焦及核燃料加工业	0.024521	16	水利、环境和公共设施管理业	0.00066
17	化学工业	0.024461	17	木材加工及家具制造业	0.00066
18	文化、体育和娱乐业	0.024426	18	农林牧渔业	0.000659
19	燃气生产和供应业	0.023808	19	纺织业	0.00064
20	通用、专用设备制造业	0.023071	20	化学工业	0.00064
21	工艺品及其他制造业	0.022466	21	电气、机械及器材制造业	0.00061
22	造纸印刷及文教体育用品制造业	0.022130	22	卫生、社会保障和社会福利业	0.00046
23	金属冶炼及压延加工业	0.020895	23	造纸印刷及文教体育用品制造业	0.00045
24	金融业	0.020087	24	房地产业	0.00044
25	金属制品业	0.020078	25	水的生产和供应业	0.00033
26	纺织服装鞋帽皮革羽绒及其制品业	0.020008	26	煤炭开采和洗选业	0.000302
27	电气、机械及器材制造业	0.019784	27	非金属矿及其他矿采选业	0.00030

续表

2007 年各产业部门对交通运输及仓储业、邮政业的直接消耗系数与排名					
位次	各产业部门	各产业部门对交通运输及仓储业的直接消耗系数	位次	各产业部门	各产业部门对邮政业的直接消耗系数
28	石油和天然气开采业	0.018196	28	通信设备、计算机及其他电子设备制造业	0.00029
29	信息传输、计算机服务和软件业	0.017552	29	工艺品及其他制造业	0.00028
30	仪器仪表及文化办公用机械制造业	0.017343	30	金属冶炼及压延加工业	0.00025
31	居民服务和其他服务业	0.017328	31	交通运输及仓储业	0.00023
32	交通运输设备制造业	0.016590	32	非金属矿物制品业	0.00023
33	纺织业	0.016539	33	食品制造及烟草加工业	0.00023
34	农林牧渔业	0.015651	34	建筑业	0.00021
35	住宿和餐饮业	0.013157	35	金属矿采选业	0.00019
36	通信设备、计算机及其他电子设备制造业	0.012738	36	石油和天然气开采业	0.00017
37	水利、环境和公共设施管理业	0.012275	37	金属制品业	0.00017
38	电力、热力的生产和供应业	0.011417	38	交通运输设备制造业	0.00015
39	水的生产和供应业	0.008731	39	电力、热力的生产和供应业	0.00011
40	废品废料	0.006067	40	燃气生产和供应业	0.00011
41	卫生、社会保障和社会福利业	0.005372	41	石油加工、炼焦及核燃料加工业	0.00004
42	房地产业	0.003734	42	废品废料	0.00002

续表

2010 年各产业部门对交通运输及仓储业、邮政业的直接消耗系数与排名

位次	各产业部门	各产业部门对交通运输及仓储业的直接消耗系数	位次	各产业部门	各产业部门对邮政业的直接消耗系数
1	邮政业	0.144211	1	邮政业	0.04243
2	建筑业	0.093063	2	公共管理和社会组织	0.01022
3	交通运输及仓储业	0.084399	3	租赁和商务服务业	0.00465
4	批发和零售贸易业	0.066287	4	金融业	0.00430
5	非金属矿及其他矿采选业	0.064388	5	文化、体育和娱乐业	0.00228
6	综合技术服务业	0.059698	6	教育	0.00193
7	租赁和商务服务业	0.048692	7	研究与实验发展业	0.00170
8	煤炭开采和洗选业	0.047563	8	纺织服装鞋帽皮革羽绒及其制品业	0.00169
9	金属矿采选业	0.046934	9	居民服务和其他服务业	0.00139
10	非金属矿物制品业	0.045095	10	信息传输、计算机服务和软件业	0.00131
11	研究与实验发展业	0.041967	11	批发和零售贸易业	0.00128
12	公共管理和社会组织	0.039837	12	综合技术服务业	0.00120
13	木材加工及家具制造业	0.034974	13	仪器仪表及文化办公用机械制造业	0.00110
14	信息传输、计算机服务和软件业	0.030731	14	水利、环境和公共设施管理业	0.00099
15	文化、体育和娱乐业	0.029387	15	通用、专用设备制造业	0.00088
16	化学工业	0.028868	16	化学工业	0.00071
17	食品制造及烟草加工业	0.028737	17	电气、机械及器材制造业	0.000652

续表

2010 年各产业部门对交通运输及仓储业、邮政业的直接消耗系数与排名				
位次	各产业部门	各产业部门对交通运输及仓储业的直接消耗系数	位次	各产业部门	各产业部门对邮政业的直接消耗系数
18	通用、专用设备制造业	0.028407	18	木材加工及家具制造业	0.00065
19	造纸印刷及文教体育用品制造业	0.026342	19	房地产业	0.00064
20	燃气生产和供应业	0.026222	20	农林牧渔业	0.00063
21	金融业	0.024754	21	纺织业	0.00059
22	电气、机械及器材制造业	0.024691	22	住宿和餐饮业	0.00057
23	水利、环境和公共设施管理业	0.024014	23	造纸印刷及文教体育用品制造业	0.00046
24	纺织服装鞋帽皮革羽绒及其制品业	0.024006	24	通信设备、计算机及其他电子设备制造业	0.00034
25	教育	0.023595	25	交通运输及仓储业	0.000314
26	金属制品业	0.023507	26	卫生、社会保障和社会福利业	0.00031
27	仪器仪表及文化办公用机械制造业	0.022535	27	水的生产和供应业	0.00031
28.	居民服务和其他服务业	0.020895	28	金属冶炼及压延加工业	0.00028
29	金属冶炼及压延加工业	0.020732	29	非金属矿及其他矿采选业	0.00028
30	交通运输设备制造业	0.019471	30	煤炭开采和洗选业	0.00025
31	工艺品及其他制造业（含废品废料）	0.019020	31	非金属矿物制品业	0.00024
32	石油加工、炼焦及核燃料加工业	0.018973	32	食品制造及烟草加工业	0.00023

续表

2010 年各产业部门对交通运输及仓储业、邮政业的直接消耗系数与排名					
位次	各产业部门	各产业部门对交通运输及仓储业的直接消耗系数	位次	各产业部门	各产业部门对邮政业的直接消耗系数
33	农林牧渔业	0.018480	33	建筑业	0.00022
34	石油和天然气开采业	0.018041	34	工艺品及其他制造业（含废品废料）	0.00020
35	纺织业	0.017571	35	金属制品业	0.00018
36	通信设备、计算机及其他电子设备制造业	0.017381	36	金属矿采选业	0.00017
37	住宿和餐饮业	0.012110	37	交通运输设备制造业	0.00016
38	电力、热力的生产和供应业	0.011672	38	石油和天然气开采业	0.00015
39	水的生产和供应业	0.009459	39	燃气生产和供应业	0.00013
40	房地产业	0.007607	40	电力、热力的生产和供应业	0.00011
41	卫生、社会保障和社会福利业	0.004852	41	石油加工、炼焦及核燃料加工业	0.00003

附表 3   历年各产业部门影响力系数与排名

位次	各产业部门	影响力系数
	1997 年各产业部门影响力系数与排名	
1	电气机械及器材制造业	1.289751
2	电子及通信设备制造业	1.288785
3	金属制品业	1.253790
4	交通运输设备制造业	1.252206
5	金属冶炼及压延加工业	1.231119
6	仪器仪表及文化办公用机械制造业	1.182434
7	建筑业	1.161993
8	化学工业	1.160582
9	木材加工及家具制造业	1.152796
10	机械工业	1.139407
11	纺织业	1.134003
12	服装皮革羽绒及其他纤维制品制造业	1.128247
13	卫生体育和社会福利业	1.114166
14	其他制造业	1.101727
15	造纸印刷及文教用品制造业	1.096861
16	非金属矿物制品业	1.089871
17	煤气生产和供应业	1.086788
18	科学研究事业	1.079231
19	金属矿采选业	1.060138
20	机械设备修理业	1.051998
21	社会服务业	1.027889
22	食品制造及烟草加工业	1.008017

续表

1997 年各产业部门影响力系数与排名

位次	各产业部门	影响力系数
23	石油加工及炼焦业	0.992830
24	饮食业	0.975100
25	行政机关及其他行业	0.941063
26	电力及蒸汽热水生产和供应业	0.939364
27	非金属矿采选业	0.937289
28	煤炭采选业	0.894933
29	旅客运输业	0.889605
30	自来水的生产和供应业	0.887616
31	商业	0.884108
32	教育文化艺术及广播电影电视业	0.870981
33	邮政业	0.861454
34	交通运输及仓储业	0.831571
35	综合技术服务业	0.809769
36	农业	0.759292
37	金融保险业	0.754136
38	石油和天然气开采业	0.663549
39	房地产业	0.628854
40	废品及废料	0.386687

2002 年各产业部门影响力系数与排名

位次	各产业部门	影响力系数
1	通信设备、计算机及其他电子设备制造业	1.422224
2	仪器仪表及文化办公用机械制造业	1.309322
3	电气、机械及器材制造业	1.285022
4	交通运输设备制造业	1.282465
5	金属制品业	1.268476
6	服装皮革羽绒及其制品业	1.254100
7	通用、专用设备制造业	1.231502
8	建筑业	1.224219
9	纺织业	1.221150
10	化学工业	1.197437

续表

2002 年各产业部门影响力系数与排名		
位次	各产业部门	影响力系数
11	金属冶炼及压延加工业	1.197423
12	木材加工及家具制造业	1.175048
13	其他制造业	1.174992
14	燃气生产和供应业	1.163415
15	租赁和商务服务业	1.109300
16	造纸印刷及文教用品制造业	1.106818
17	非金属矿物制品业	1.094112
18	石油加工、炼焦及核燃料加工业	1.064729
19	邮政业	1.045899
20	食品制造及烟草加工业	1.034458
21	科学研究事业	1.026264
22	其他社会服务业	0.995950
23	金属矿采选业	0.994491
24	卫生、社会保障和社会福利事业	0.975284
25	住宿和餐饮业	0.971981
26	非金属矿采选业	0.962862
27	交通运输及仓储业	0.935070
28	信息传输、计算机服务和软件业	0.921058
29	水的生产和供应业	0.903051
30	电力、热力的生产和供应业	0.889940
31	批发和零售贸易业	0.870983
32	煤炭开采和洗选业	0.851909
33	综合技术服务业	0.834573
34	旅游业	0.834433
35	教育事业	0.811657
36	农业	0.800018
37	金融保险业	0.746676
38	石油和天然气开采业	0.705129
39	房地产业	0.669504
40	文化、体育和娱乐业	0.552700

2002 年各产业部门影响力系数与排名		
位次	各产业部门	影响力系数
41	公共管理和社会组织	0.480560
42	废品废料	0.403796

2007 年各产业部门影响力系数与排名		
位次	各产业部门	影响力系数
1	通信设备、计算机及其他电子设备制造业	1.423545
2	电气、机械及器材制造业	1.335271
3	仪器仪表及文化办公用机械制造业	1.334429
4	交通运输设备制造业	1.329971
5	金属制品业	1.258242
6	通用、专用设备制造业	1.243597
7	化学工业	1.224433
8	纺织服装鞋帽皮革羽绒及其制品业	1.214903
9	纺织业	1.214145
10	金属冶炼及压延加工业	1.208496
11	建筑业	1.188251
12	造纸印刷及文教体育用品制造业	1.154337
13	工艺品及其他制造业	1.149935
14	木材加工及家具制造业	1.142949
15	非金属矿物制品业	1.100279
16	电力、热力的生产和供应业	1.098307
17	卫生、社会保障和社会福利业	1.087312
18	租赁和商务服务业	1.084399
19	石油加工、炼焦及核燃料加工业	1.041760
20	金属矿采选业	1.039764
21	燃气生产和供应业	1.030362
22	食品制造及烟草加工业	0.991732
23	非金属矿及其他矿采选业	0.984961
24	研究与试验发展业	0.970227
25	居民服务和其他服务业	0.922086
26	文化、体育和娱乐业	0.921473

续表

2007 年各产业部门影响力系数与排名

位次	各产业部门	影响力系数
27	住宿和餐饮业	0.917353
28	煤炭开采和洗选业	0.905944
29	水的生产和供应业	0.890161
30	交通运输及仓储业	0.884366
31	邮政业	0.855527
32	水利、环境和公共设施管理业	0.843657
33	综合技术服务业	0.835400
34	公共管理和社会组织	0.793560
35	教育	0.784257
36	石油和天然气开采业	0.783550
37	信息传输、计算机服务和软件业	0.772971
38	农林牧渔业	0.725925
39	批发和零售业	0.721001
40	金融业	0.612710
41	房地产业	0.506825
42	废品废料	0.471623

2010 年各产业部门影响力系数与排名

位次	各产业部门	影响力系数
1	通信设备、计算机及其他电子设备制造业	1.393829
2	电气、机械及器材制造业	1.336084
3	交通运输设备制造业	1.312054
4	仪器仪表及文化办公用机械制造业	1.303915
5	金属制品业	1.278555
6	通用、专用设备制造业	1.258061
7	金属冶炼及压延加工业	1.225693
8	纺织服装鞋帽皮革羽绒及其制品业	1.214967
9	化学工业	1.212532
10	造纸印刷及文教体育用品制造业	1.202360
11	木材加工及家具制造业	1.193953
12	非金属矿物制品业	1.161966

位次	各产业部门	影响力系数
	2010 年各产业部门影响力系数与排名	
13	纺织业	1.156796
14	建筑业	1.152115
15	电力、热力的生产和供应业	1.099596
16	卫生、社会保障和社会福利业	1.064623
17	非金属矿及其他矿采选业	1.051841
18	金属矿采选业	1.037041
19	研究与实验发展业	1.020667
20	燃气生产和供应业	1.006105
21	租赁和商务服务业	1.004845
22	食品制造及烟草加工业	1.004435
23	石油加工、炼焦及核燃料加工业	1.000370
24	水利、环境和公共设施管理业	0.955897
25	邮政业	0.932087
26	交通运输及仓储业	0.926670
27	住宿和餐饮业	0.913652
28	水的生产和供应业	0.908250
29	工艺品及其他制造业（含废品废料）	0.903213
30	煤炭开采和洗选业	0.877494
31	综合技术服务业	0.842151
32	文化、体育和娱乐业	0.838695
33	居民服务和其他服务业	0.836712
34	信息传输、计算机服务和软件业	0.821191
35	石油和天然气开采业	0.775565
36	农林牧渔业	0.716441
37	公共管理和社会组织	0.679387
38	金融业	0.632393
39	批发和零售贸易业	0.599777
40	教育	0.584504
41	房地产业	0.563518

附表 4 历年各产业部门感应度系数与排名

	1997 年各产业部门感应度系数与排名	
位次	各产业部门	感应度系数
1	化学工业	3.326378
2	金属冶炼及压延加工业	2.341171
3	农业	1.905577
4	商业	1.779726
5	机械工业	1.667197
6	纺织业	1.647190
7	电力及蒸汽热水生产和供应业	1.372399
8	电子及通信设备制造业	1.365795
9	石油加工及炼焦业	1.177230
10	电气机械及器材制造业	1.173738
11	非金属矿物制品业	1.170892
12	交通运输设备制造业	1.145392
13	造纸印刷及文教用品制造业	1.140671
14	金属制品业	1.137130
15	石油和天然气开采业	1.095145
16	交通运输及仓储业	1.092184
17	社会服务业	1.076905
18	煤炭采选业	1.062412
19	食品制造及烟草加工业	1.016820
20	金融保险业	0.980486
21	金属矿采选业	0.866773
22	其他制造业	0.735564

续表

1997 年各产业部门感应度系数与排名

位次	各产业部门	感应度系数
23	木材加工及家具制造业	0.695634
24	非金属矿采选业	0.695591
25	邮政业	0.682618
26	饮食业	0.630178
27	服装皮革羽绒及其他纤维制品制造业	0.625874
28	建筑业	0.607803
29	机械设备修理业	0.590763
30	仪器仪表及文化办公用机械制造业	0.569983
31	旅客运输业	0.539849
32	废品及废料	0.522859
33	房地产业	0.503865
34	综合技术服务业	0.499754
35	自来水的生产和供应业	0.472928
36	教育文化艺术及广播电影电视业	0.468766
37	煤气生产和供应业	0.419321
38	卫生体育和社会福利业	0.405846
39	科学研究事业	0.404907
40	行政机关及其他行业	0.386687

2002 年各产业部门感应度系数与排名

位次	各产业部门	感应度系数
1	化学工业	3.336762
2	金属冶炼及压延加工业	2.544082
3	通信设备、计算机及其他电子设备制造业	1.949933
4	交通运输及仓储业	1.916266
5	批发和零售贸易业	1.845577
6	农业	1.724750
7	电力、热力的生产和供应业	1.604036
8	通用、专用设备制造业	1.556052
9	造纸印刷及文教用品制造业	1.351556
10	石油加工、炼焦及核燃料加工业	1.324090

续表

位次	各产业部门	感应度系数
	2002 年各产业部门感应度系数与排名	
11	石油和天然气开采业	1.273391
12	交通运输设备制造业	1.253915
13	金融保险业	1.251326
14	纺织业	1.186451
15	电气、机械及器材制造业	1.145674
16	煤炭开采和洗选业	1.066701
17	金属制品业	1.034233
18	食品制造及烟草加工业	0.962766
19	信息传输、计算机服务和软件业	0.911570
20	租赁和商务服务业	0.901125
21	住宿和餐饮业	0.873886
22	非金属矿物制品业	0.812751
23	木材加工及家具制造业	0.762490
24	金属矿采选业	0.731453
25	其他社会服务业	0.676739
26	建筑业	0.635955
27	仪器仪表及文化办公用机械制造业	0.630120
28	房地产业	0.629514
29	服装皮革羽绒及其制品业	0.618274
30	非金属矿采选业	0.564129
31	其他制造业	0.553222
32	废品废料	0.540172
33	综合技术服务业	0.525923
34	水的生产和供应业	0.490511
35	教育事业	0.468119
36	卫生、社会保障和社会福利事业	0.453498
37	燃气生产和供应业	0.451267
38	旅游业	0.446244
39	邮政业	0.444002
40	科学研究事业	0.433159

续表

2002 年各产业部门感应度系数与排名		
位次	各产业部门	感应度系数
41	文化、体育和娱乐业	0.118314
42	公共管理和社会组织	0.000000

2007 年各产业部门感应度系数与排名		
位次	各产业部门	感应度系数
1	化学工业	3.606002
2	金属冶炼及压延加工业	2.951708
3	电力、热力的生产和供应业	2.411153
4	通信设备、计算机及其他电子设备制造业	1.807929
5	农林牧渔业	1.690857
6	石油和天然气开采业	1.602635
7	通用、专用设备制造业	1.575299
8	石油加工、炼焦及核燃料加工业	1.559872
9	交通运输及仓储业	1.468016
10	食品制造及烟草加工业	1.241727
11	交通运输设备制造业	1.185206
12	电气、机械及器材制造业	1.176201
13	纺织业	1.143250
14	金融业	1.129559
15	造纸印刷及文教体育用品制造业	1.121326
16	批发和零售业	1.051117
17	金属制品业	1.008590
18	煤炭开采和洗选业	1.005349
19	金属矿采选业	0.889739
20	非金属矿物制品业	0.859696
21	租赁和商务服务业	0.795513
22	住宿和餐饮业	0.777694
23	木材加工及家具制造业	0.726832
24	废品废料	0.687817
25	仪器仪表及文化办公用机械制造业	0.653690
26	纺织服装鞋帽皮革羽绒及其制品业	0.638908

位次	各产业部门	感应度系数
2007 年各产业部门感应度系数与排名		
27	信息传输、计算机服务和软件业	0.585136
28	居民服务和其他服务业	0.580937
29	房地产业	0.536094
30	非金属矿及其他矿采选业	0.518196
31	综合技术服务业	0.515994
32	工艺品及其他制造业	0.480581
33	文化、体育和娱乐业	0.447902
34	建筑业	0.424021
35	研究与试验发展业	0.411878
36	水的生产和供应业	0.404641
37	燃气生产和供应业	0.402162
38	水利、环境和公共设施管理业	0.400760
39	教育	0.398819
40	卫生、社会保障和社会福利业	0.397615
41	邮政业	0.381785
42	公共管理和社会组织	0.347795
2010 年各产业部门感应度系数与排名		
位次	各产业部门	感应度系数
1	化学工业	3.517428
2	金属冶炼及压延加工业	2.587688
3	电力、热力的生产和供应业	2.277732
4	农林牧渔业	1.783775
5	通用、专用设备制造业	1.644249
6	交通运输及仓储业	1.603254
7	石油加工、炼焦及核燃料加工业	1.508217
8	通信设备、计算机及其他电子设备制造业	1.494292
9	石油和天然气开采业	1.473181
10	煤炭开采和洗选业	1.343651
11	食品制造及烟草加工业	1.321645
12	金融业	1.195964

位次	各产业部门	感应度系数
13	交通运输设备制造业	1.146671
14	纺织业	1.115837
15	电气、机械及器材制造业	1.100481
16	造纸印刷及文教体育用品制造业	1.086270
17	批发和零售贸易业	1.046058
18	金属制品业	0.986846
19	金属矿采选业	0.986652
20	非金属矿物制品业	0.917495
21	租赁和商务服务业	0.851705
22	住宿和餐饮业	0.788883
23	工艺品及其他制造业（含废品废料）	0.723559
24	木材加工及家具制造业	0.714650
25	仪器仪表及文化办公用机械制造业	0.626812
26	纺织服装鞋帽皮革羽绒及其制品业	0.620277
27	信息传输、计算机服务和软件业	0.566553
28	综合技术服务业	0.555218
29	房地产业	0.538879
30	居民服务和其他服务业	0.532544
31	非金属矿及其他矿采选业	0.495498
32	文化、体育和娱乐业	0.427508
33	建筑业	0.421110
34	研究与实验发展业	0.403369
35	水利、环境和公共设施管理业	0.397517
36	燃气生产和供应业	0.397180
37	邮政业	0.378329
38	卫生、社会保障和社会福利业	0.369821
39	水的生产和供应业	0.367666
40	教育	0.348725
41	公共管理和社会组织	0.336810

2010 年各产业部门感应度系数与排名

附表说明

由于产业分工的演进和统计需要，产业分类标准以及国民经济统计口径在报告期内存在调整，投入产出表中的部门分类和统计口径也相应地存在调整，表现在附表1中（附表2、附表3、附表4情况相同）就是1997、2002、2007、2010不同年份的投入产出表部门分类存在差别，1997年为40部门，2002、2007年为42部门，2010年为41部门，这在第四章的分析中已经给出说明。

报告期内部门类别发生过变化的部门具体说明如下：

	1997	2002	2007	2010
产业部门	农业	农业	农林牧渔业	农林牧渔业
	煤炭采选业	煤炭开采和洗选业	煤炭开采和洗选业	煤炭开采和洗选业
	非金属矿采选业	非金属矿采选业	非金属矿及其他矿采选业	非金属矿及其他矿采选业
	服装皮革羽绒及其他纤维制品制造业	服装皮革羽绒及其制品业	纺织服装鞋帽皮革羽绒及其制品业	纺织服装鞋帽皮革羽绒及其制品业
	石油加工及炼焦业	石油加工、炼焦及核燃料加工业	石油加工、炼焦及核燃料加工业	石油加工、炼焦及核燃料加工业
	机械工业	通用、专用设备制造业	通用、专用设备制造业	通用、专用设备制造业
	电气机械及器材制造业	电气、机械及器材制造业	电气、机械及器材制造业	电气、机械及器材制造业
	电子及通信设备制造业	通信设备、计算机及其他电子设备制造业	通信设备、计算机及其他电子设备制造业	通信设备、计算机及其他电子设备制造业

续表

	1997	2002	2007	2010
产业部门	机械设备修理业	其他制造业	工艺品及其他制造业	工艺品及其他制造业（含废品废料）
	其他制造业	废品废料	废品废料	
	废品及废料			
	电力及蒸汽热水生产和供应业	电力、热力的生产和供应业	电力、热力的生产和供应业	电力、热力的生产和供应业
	煤气生产和供应业	燃气生产和供应业	燃气生产和供应业	燃气生产和供应业
	自来水的生产和供应业	水的生产和供应业	水的生产和供应业	水的生产和供应业
	货物运输及仓储业	交通运输及仓储业	交通运输及仓储业	交通运输及仓储业
	旅客运输业			
	邮电业	邮政业	邮政业	邮政业
		信息传输、计算机服务和软件业	信息传输、计算机服务和软件业	信息传输、计算机服务和软件业
	商业	批发和零售贸易业	批发和零售业	批发和零售贸易业
	饮食业	住宿和餐饮业	住宿和餐饮业	住宿和餐饮业
	社会服务业	租赁和商务服务业	租赁和商务服务业	租赁和商务服务业
	无对应	旅游业	无对应	无对应
	卫生体育和社会福利业	卫生、社会保障和社会福利事业	卫生、社会保障和社会福利业	卫生、社会保障和社会福利业
	教育文化艺术及广播电影电视业	文化、体育和娱乐业	文化、体育和娱乐业	文化、体育和娱乐业
	科学研究事业	科学研究事业	研究与试验发展业	研究与试验发展业
	行政机关及其他行业	公共管理和社会组织	公共管理和社会组织	公共管理和社会组织
	无对应	无对应	水利、环境和公共设施管理业	水利、环境和公共设施管理业
	无对应	其他社会服务业	居民服务和其他服务业	居民服务和其他服务业
	无对应	教育事业	教育	教育

后　记

　　物流业作为国民经济的基础性、战略性产业，在保障经济顺畅运行、实现经济增长过程中发挥着不可替代的作用。随着我国经济进入"新常态"，经济增长方式发生转变，提质增效、集约式发展成为重要内容，而物流业长期以来面临物流效率低下、成本高企等问题，在很大程度上影响着经济转型升级，受到政府管理部门和社会各界的广泛关注。本书是我主持的中国社会科学院财经战略研究院创新工程项目《物流业与经济发展新常态关系研究》的最终成果，对经济新常态下物流业如何发展并发挥怎样的作用、如何更好地实现其功能，促进经济增长方式转变，进行了系统研究。在对物流业与经济发展关系综述的基础上，对新常态下物流业功能定位进行深入阐述，从宏观、中观和微观三个层次，就物流业对宏观经济、相关产业和企业运行产生的影响，进行全方位剖析，并对物流业发展现状进行评价，指出主要区域物流业发展重点，进而提出对策建议。为更全面地反映不同地区物流业发展状况，本书还分别对福建省物流业、浙江省物流业进行了专题论述，并对黑龙江省木兰县粮食物流成本形成调研报告。

　　本书由我负责总体框架设计，并对全部内容进行修改审订，具体分工如下：第一章：依绍华、李锐；第二章：宋则；第三章：常东亮；第四章：依绍华、谢杰（浙江工商大学）；第五章：邹旭鑫；第六章：张昊；第七章：依绍华、李锐；第八章：依绍华；子报告一：庄伟卿（福建工程学院）；子报告二：胡洪力、张鸿（浙江工商大学）；子报告三：依绍华。本书的出版得到中国社会科学出版社的大力支持，尤其是责任编辑王曦女士付出大量辛勤工作，在此深表感谢！在本课题研究过程中，吸收和引用了国内外许多专家学者的研究成果，尽可能在脚注和参考文献中作了说明，在此对相关专家学者一并表示感谢！本书还要特别感谢中国物流信息中心何辉副主任，对课题研究内容给予大力支持，提供了大量数据资料，深表感谢！由于作者研究水平和能力有限，书中还有很多不足，敬请各位同行和读者批评指正！

依绍华

中国社会科学院财经战略研究院

2016 年 10 月